2014
中国信息资源产业与政策
研究报告

钱明辉 主编

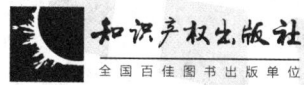

图书在版编目（CIP）数据

2014 中国信息资源产业与政策研究报告/钱明辉主编. —北京：知识产权出版社，2015.12
ISBN 978-7-5130-4094-5

Ⅰ.①2… Ⅱ.①钱… Ⅲ.①信息资源—资源产业—产业政策—研究报告—中国—2014 Ⅳ.①G203

中国版本图书馆 CIP 数据核字（2016）第 053990 号

内容提要

本书详细介绍了信息资源产业的理论和概念、我国信息资源产业的现状及全国分布情况，对典型地区的信息资源发展进行的分析，以及对国家政策及知识产权服务进行了解读，为推动我国当前信息资源产业的发展指明了方向。

责任编辑： 王玉茂   **责任校对：** 谷　洋
封面设计： 麒麟轩文化   **责任出版：** 刘译文

2014 中国信息资源产业与政策研究报告
钱明辉　主编

出版发行：	知识产权出版社有限责任公司	网　　址：	http://www.ipph.cn
社　　址：	北京市海淀区西外太平庄 55 号	邮　　编：	100081
责编电话：	010-82000860 转 8541	责编邮箱：	wangyumao@cnipr.com
发行电话：	010-82000860 转 8101/8102	发行传真：	010-82000893/82005070/82000270
印　　刷：	北京科信印刷有限公司	经　　销：	各大网上书店、新华书店及相关专业书店
开　　本：	720mm×1000mm　1/16	印　　张：	14.5
版　　次：	2015 年 12 月第 1 版	印　　次：	2015 年 12 月第 1 次印刷
字　　数：	276 千字	定　　价：	46.00 元

ISBN 978-7-5130-4094-5

出版权专有　侵权必究
如有印装质量问题，本社负责调换。

编 委 会

主　　任：冯惠玲
副 主 任：赵国俊　钱明辉
委　　员（按姓氏笔画排序）：
　　　　叶光亮　冯惠玲　刘越男　安小米
　　　　杨红艳　吴汉洪　张秀梅　张　斌
　　　　张　璋　陈玉龙　周晓英　赵国俊
　　　　侯卫真　钱明辉　朝乐门

主　　编：钱明辉
副 主 编：黎炜祎　杨建梁
撰 写 人（按姓氏笔画排序）：
　　　　许　伟　李鸿飞　杨建梁　陈德强
　　　　林茂晗　宗一君　赵　京　赵国俊
　　　　钱明辉　黎炜祎

前　言

改革开放以来，中国经济经过了三十余年的高速增长，开始向着尊重规律、重视质量、提高效益和可持续发展的轨道转移，在应对产能过剩危机的同时悄然进行着经济结构的转型和升级。在这一过程中，信息资源受到了全社会的广泛关注。大数据和互联网思维的兴起犹如海啸般冲击着传统产业和经济市场，同时为企业带来前所未有的海量信息，工业互联网将人、信息和机器连接起来。在信息资源的引领下，各行各业迎来一场名为变革的风暴，而这场风暴的核心就是信息资源产业。

近年来，我国信息资源产业发展势如破竹，取得了骄人的成绩。自2004年12月《中共中央办公厅、国务院办公厅关于加强信息资源开发利用工作的若干意见》发布，不到十年的时间，信息资源产业总产值从2004年的5789.72亿元猛增至2013年的31903.60亿元，从业人口达到2888万人。2013年，我国信息消费整体规模达到2.2万亿元，信息产品消费规模达到1.2万亿元。同年，信息资源产业对传统行业的变革开始崭露头角，随着对传统零售行业的改变，电子商务开始被人们广泛接受，仅"双11"一天，淘宝网便创下了350亿元的交易额神话。传统媒体受到互联网的影响，开始了线上线下的联动，传统电视受到网络视频的冲击，出现了网络电视等新产品。互联网金融的诞生改变了银行业务，2013年，刚刚上线的"余额宝"转眼间便抢夺了上千亿的资金市场，为了与新兴产品抗衡，各大银行也纷纷介入互联网。信息资源产业，能够实现信息资源对物质资源、能量资源的替代效应，实现对传统资源的高效率配置，推动产业升级，可以说，信息资源产业犹如被放入沙丁鱼群中的一条凶猛鲶鱼，使传统产业迸发出惊人的活力。

但是，发展过程总是很难一帆风顺，当前信息资源产业还存在诸多问题。总体规模偏小、产业就业贡献偏低、地区间发展不均衡、创新动力不足等问题限制了我国信息资源产业进一步的发展壮大。可以说，我国信息资源产业发展仍处于起步期，远未达到发达国家的水平。盛世立自百战后、大气开于潮起时，虽然信息资源产业可以为国家经济发展提供长足的引导和动力，但是科学地、客观地评价我国信息资源发展情况却尚未引起人们的关注。为此，本书针对我国信息资源产业总体发展情况和区域发展特征展开测评，秉承从特殊到一般再到特殊的研究思路，就信息资源产业典型行业的发展现状与管理政策进行讨论，最后提出我国信息资源产业发展所面临的问题及其政策优化建议。

近年来，为鼓励和规范信息资源产业的发展，针对信息资源产业中的多个行业和领域，有关部门制定并出台了多项政策，其中既有国家层面上的战略性、引导性政策，又有地方政府层面的技术性、指导性政策。例如，国家"十一五"规划纲要明确提出"十一五"期间要"鼓励教育、文化、出版、广播影视等领域的数字内容产业发展，丰富中文数字内容资源，发展动漫产业"的思路，从国家战略的高度将培育信息资源产业作为经济结构调整和转变经济增长方式的重要内容。国家"十二五"规划纲要又提出推动文化产业使其成为国民经济支柱性产业，增强文化产业整体实力和竞争力，"推进文化产业结构调整，大力发展文化创意、影视制作、出版发行、印刷复制、演艺娱乐、数字内容和动漫等重点文化产业"，其中强调的行业有相当一部分属于信息资源产业，可见信息资源产业在国民经济中的地位将越来越受到重视。同时，国家新闻出版广电总局、财政部、文化部、工信部等中央部门和一些地方政府也有针对性地发布一系列鼓励支持新型信息资源产业、调整发展传统信息资源产业的政策措施，例如，国家新闻出版广电总局于2010年先后颁布了《关于发展电子书产业的意见》《关于进一步推动新闻出版产业发展的指导意见》《关于加快我国数字出版产业发展的若干意见》等。北京市颁布了《北京市关于支持影视动画产业发展的实施办法（试行）》（2009年）。深圳市颁布了《深圳互联网产业振兴发展规划（2009～2015年）》（2009年）等。

这些政策在不同程度上推动了我国信息资源产业的发展，但在具体的实施过程中也暴露出一些不足和局限，尤其是缺乏总体规划，缺乏有效的管理体制，政策操作性、实施性不强，对信息资源产业的支撑力度不足、市场监管亟待改进等。由于信息资源产业的管理涉及多个主管部门，而这些部门在调控信息资源产业方面缺乏有效的协调和合作机制，出台的政策也往往存在相互交叉、不衔接和不配套的现象，导致政策的兼容性、可拓展性低下；信息资源产业市场监管体制尚不完善，限制了信息资源产业的价值创造和效率提升。因此，明确信息资源产业在国家战略中的定位，建立科学、全面的产业政策体系，是促进我国信息资源产业发展的关键所在。

国家"十二五"规划纲要指出，加快转变经济发展方式是推动科学发展的必由之路，是我国经济社会领域的一场深刻变革，经济结构战略性调整是加快转变经济发展方式的主攻方向。信息资源产业作为战略性新兴产业，在国民经济深化发展的过程中必将发挥建设性积极作用。在这种背景下，研究信息资源产业政策就显得更具理论和实践价值，而当前的信息资源产业政策研究存在视角狭窄、角度单一等问题，对现有产业政策的梳理评价不足，建设性的研究成果有限。因此，未来对信息资源产业政策的研究需从宏观、中观、微观三个层面展开。宏观层面，需要梳理现阶段我国信息资源产业在各行业的发展规模、发展阶段、发展环境、政策体系及各行业之间的结构关系，界定信息资源产业在整个宏观经济结构中的战略价值；中观层面，需要对信息资源产业内各行业的发展现状、运行态势和前景作出分析和判断，并提出相应的扶植、鼓励、调整、保护或限制的政策建议；微观层面，需要深入探讨信息资源产业的价值增长点和产业价值链中各个行业的企业间的竞争方式和合作模式，提出产业组织政策取向和对策建议，实现产业组织结构优化。总之，立足于我国产业发展实践，借鉴国外先进经验，未来我国信息资源产业政策研究将更具开放性和实践性。学术界应通过更加系统全面地研究信息资源产业政策，充分发挥其在理论发展和实践指导方面的价值。

具体而言，本书共分为五大部分。

第一部分主要介绍信息资源产业的内涵与意义，以及信息资源产业的行业结构与产业发展趋势。信息资源产业的概念是20世纪90年代提出的，随着我国经济的发展与经济结构的转型，信息资源的概念受到越来越多的重视。时至今日，信息资源广泛出现在国家各类政策文件当中。信息资源产业是以信息资源为原料，从事信息形态的产品和服务的生产、加工、传播、提供等活动，并以此创造经济价值。信息资源产业既包括传统的新闻出版、广播电视等，也包括新兴的数字电视、网络内容、手机短信、游戏动漫等。信息资源产业的特征决定了发展信息资源产业，有助于转变经济发展方式、优化产业结构、解决就业问题、提升国民素质。由于尚未有关于信息资源产业构成行业的明确划分，本书设计了信息资源产业关键词表，并依据国家相关统计口径对构成信息资源产业的各个细分行业进行划分和认定。根据本书的研究，信息资源产业细分行业为93个，其中包括14个信息资源采集业，14个信息资源加工业，以及65个信息资源提供业。而后，本研究通过采集数百种公开出版的统计年鉴数据，揭示出我国信息资源产业营业收入、从业人口等经济指标的现状与发展趋势。

第二部分介绍了我国信息资源产业发展指数的测评框架、计算方法与总体排名，并将全国划分为七大区域进行具体分析。这一部分依据本研究所开发的测评指标和方法，给出了2013年我国信息资源产业发展指数（$I_{RI}DI$）排名，以百分制的形式列出了31个省区市的发展指数总体得分、产业价值指标得分与产业环境指标得分,其中发展指数总体得分排名前5位的分别是北京、浙江、广东、江苏和上海,产业价值指标得分排名前5位的分别是广东、北京、江苏、浙江和上海,产业环境指标得分排名前5位的分别是北京、浙江、上海、广东和山东。信息资源产业发展指数测评框架体系的理论支撑是产业竞争力理论,在回顾产业竞争力理论的基础上,结合专家意见法的研究成果,构建起信息资源产业发展指数测评框架——"价值链评价模型"。该测评框架包括四级指标体系,其中一级指标2个,即产业价值和产业环境,二级指标7个,三级指标17个,四级指标44个,共计70个指标。为了科学设置各项指标的权重,采用因子分析法,通过方差贡献率和因子载荷来展开指标权重的设计。并针对我国内陆31个省区市的传统七大地理区中各个地区信息资源产业发展状况展开分析,在分析单个地区信息资源产业的整体发展状况的基础上,对地区间最为发达的省份进行重点介绍。

第三部分是关于信息资源产业两大典型行业的分析。这一部分针对测绘服务业与知识产权服务业进行了介绍。测绘服务业作为信息资源产业中发展较为成熟的行业,其发展的经验对于其他行业具有较好的借鉴作用。测绘服务业是地理信息产业群的主要组成部分,或者从一定意义上来说,它已经能够代表地理信息这一大类行业。知识产权服务业作为尚未形成完整产业链的信息资源产业的典型行业,目前存在从业人口规模、法人单位数量、营业收入增长缓慢等问题,发展速度低于信息资源产业整体水平,因而具有较大的提升空间。由于知识产权包含内容较多,本书选取其中发展情况与知识产权整体发展水平较为一致,且内涵与外延都较为清晰的专利服务作为主要研究对象。

第四部分主要讨论了信息资源产业的具体产业政策,概要介绍了2013年我国相关政府部门制定的与信息资源产业发展相关的若干重要政策,并对其进行了初步的解读。同时在梳理信息资源产业政策研究成果与明确产业政策研究价值的基础上,在信息资源产业与政策研究的大课题下提出了中国信息资源产业经济政策研究(基于中央与地方政策文件量化分析的视角)、我国信息资源产业人力资源政策分析(基于政策文件的定量研究)、信息资源产业的融资结构及政策优化(以数字出版行业为例)和我国网络信息资源产业的民商事法律保护研究这四个专题研究。

第五部分主要讨论了信息资源产业发展存在的问题以及相应的政策优化建议。信息资源产业在近年来取得了长足的发展,呈现了较快的增长势头,但是目前仍然存在五个方面的问题:第一,产业整体发展较弱,就业贡献率偏低;第二,产业发展地区差异较大,产业各构成行业间发展不均衡;第三,我国信息资源产业发展基础设施相对薄弱，配套设施有待完善，产业园区建设有待加强；第四，信息资源产业发展的制度供给不足，政策环境还需优化；第五，信息资源产业的创新性不强，独创性产业活动匮乏。针对上述问题，结合国内其他产业和国外信息资源产业的发展经验，提出了相应的政策优化建议：一是促进信息资源消费，加大政策支持力度；二是鼓励地区协调发展，实现跨地区优势互补；三是合理规划产业园区，加强基础设施建设；四是加速管理体制改革，优化产业政策环境；五是增强产业创新能力，促进产业整体创新。

这是一个充满机遇的时代，经济转型的趋势、大数据的兴起，以及国家对信息消费的重视，不约而同地碰撞在一起，为信息资源产业成长提供了肥沃的土壤。这也是一个充满挑战的时代，我国信息资源产业的发展依然面临着许多问题，某些行业的发展步履维艰。在这样一个时代下，希望本书能够为我国信息资源产业的发展出谋划策，希望书中所涉及的内涵讨论、行业划分、指标体系、排名情况、区域分析、行业研究、问题建议等内容能够为我国信息资源产业的持续增长提供有益的借鉴，增强我国信息资源产业的竞争力，从而为推动我国经济发展方式的优化和经济结构的转型贡献绵薄之力。

编　者
2015 年 10 月

目 录

第一部分 信息资源产业基本印象：理论探源

1 信息资源产业的内涵与发展意义 ………………………………… 3
   1.1 内涵界定 ………………………………………………………… 5
   1.2 发展意义 ………………………………………………………… 5
2 信息资源产业行业构成与发展趋势 ……………………………… 9
   2.1 产业行业结构 …………………………………………………… 9
   2.2 产业发展趋势 …………………………………………………… 15

第二部分 信息资源产业指数述评：发展评价

3 2013年信息资源产业发展概况 …………………………………… 21
   3.1 2013年信息资源产业发展指数（$I_{RI}DI$）排名 ……………… 21
   3.2 2013年信息资源产业发展指数评述 …………………………… 25
4 信息资源产业发展指数分析 ……………………………………… 27
   4.1 $I_{RI}DI$指数测评框架模型 ……………………………………… 27
   4.2 $I_{RI}DI$指数测评框架体系 ……………………………………… 32
   4.3 产业数据与指数拟合 …………………………………………… 36
5 信息资源产业七大区域发展述评 ………………………………… 40
   5.1 华北地区发展述评 ……………………………………………… 40
   5.2 华东地区发展述评 ……………………………………………… 48
   5.3 华南地区发展述评 ……………………………………………… 56
   5.4 华中地区发展述评 ……………………………………………… 63
   5.5 西北地区发展述评 ……………………………………………… 70
   5.6 西南地区发展述评 ……………………………………………… 77
   5.7 东北地区发展述评 ……………………………………………… 84

第三部分 信息资源产业管理对标：典型案例

6 信息资源产业典型行业分析——测绘服务业 ……………………… 95
   6.1 测绘服务业的概况 ……………………………………………… 95
   6.2 行业政策文件分析 ……………………………………………… 102
   6.3 东部西部地区的对比分析 ……………………………………… 107
   6.4 行业发展的主要问题 …………………………………………… 121
   6.5 测绘服务业管理政策优化建议 ………………………………… 124

7 信息资源产业典型行业分析——知识产权服务业 …………… 127
   7.1 知识产权服务业的概况 ………………………………………… 127
   7.2 专利服务及其管理政策 ………………………………………… 134
   7.3 典型地区专利政策分析 ………………………………………… 145
   7.4 专利利用的问题与国外经验 …………………………………… 149
   7.5 行业发展主要问题 ……………………………………………… 151
   7.6 优化我国专利服务政策的管理建议 …………………………… 152

第四部分 信息资源产业政策研究：政策分析

8 信息资源产业政策总体解读 ……………………………………… 157
   8.1 中国信息资源产业政策动向 …………………………………… 157
   8.2 中国信息资源产业政策解读 …………………………………… 158

9 信息资源产业政策专题研究 ……………………………………… 162
   9.1 信息资源产业政策研究价值及其综述 ………………………… 162
   9.2 我国信息资源产业经济政策研究 ……………………………… 168
   9.3 我国信息资源产业人力资源政策分析 ………………………… 178
   9.4 我国信息资源产业的融资结构分析 …………………………… 185
   9.5 我国网络信息资源产业的法律保护 …………………………… 192

第五部分 信息资源产业持续发展：结论建议

10 信息资源产业发展中的问题与建议 …………………………… 203
   10.1 我国信息资源产业发展中存在的主要问题 ………………… 203
   10.2 推动我国信息资源产业发展的建议 ………………………… 208

参考文献 ……………………………………………………………… 214
后　记 ………………………………………………………………… 219

第一部分

信息资源产业基本印象:理论探源

1 信息资源产业的内涵与发展意义

2 信息资源产业行业构成与发展趋势

1 信息资源产业的内涵与发展意义

随着信息时代的深化发展，信息技术所带来的变革在各行各业呈现出独特的反响，并逐渐影响我国经济发展方式。在此背景下，与能源、材料并列的三大资源之一的信息资源在各个领域中受到不同程度的重视，对其进行开发利用已成为一大热点。

随着我国经济社会信息化水平的不断提升，信息资源的战略价值逐渐凸显，日益为社会各方面所关注和重视。早在1984年，邓小平同志为《经济参考报》的题词"开发信息资源，服务四化建设"中就已经明确地提出"信息资源"概念。2001年12月27日，江泽民在为《中国信息化探索与实践》一书所作的序言中指出"材料、能源和信息是现代社会发展的三大资源，要保持我国经济持续快速健康发展，必须把开发信息资源摆在重要战略位置"。2004年12月发布的《中共中央办公厅、国务院办公厅关于加强信息资源开发利用工作的若干意见》（以下简称"34号文件"）则进一步明确指出，信息资源作为生产要素、无形资产和社会财富，与能源、材料资源同等重要，在经济社会资源结构中具有不可替代的地位，已成为经济全球化背景下国际竞争的一个重点。大力开发利用信息资源，构建信息资源大国、强国已经成为重要的国家战略。按照党中央、国务院依据信息资源价值实现规律所做出的判断和部署，信息资源的价值实现必须依赖于广泛深入的开发和利用，我国开发利用信息资源的战略重点有三个方面：一是发挥公共管理与公共服务机制的作用，大力开发利用占社会信息资源总量70%以上的政务信息资源；二是发挥公益机制的作用，大力发展公益性信息资源开发利用与服务；三是发挥市场机制的作用，大力发展信息资源产业。在这三个战略重点中，信息资源产业发展受到社会各方面的特别关注。

"信息资源产业"首次出现在1996年国家信息中心学者朱幼平提出的"我国信息资源业十大问题"中，其中指出信息资源产业是"开发利用信息资源的行业"。2004年的"34号文件"中提到"促进信息资源产业健康快速发展；研究制定促进信息资源产业发展的政策和规划"。在中共中央办公厅、国务院办公厅印发《2006～2020年国家信息化发展战略》中提到"信息资源日益成为重要生产要素、无形资产和社会财富",并指出要"加快文化信息资源整合,加强公益性文化信息基础设施建设"。2013年,国务院印发《国务院关于促进信息消费扩大内需的若干意见》中提出"促进公共信息资源共享和开发利用。制定公共信息资源开放共享管理办法,推动市政公用企事业单位、公共服务事业单位等机构开放信息资源。加快启动政务信息共享国家示范省市建设,鼓励引导公共信息资源的社会化开发利用,挖掘公共信息资源的经济社会效益。"当今我国处于重要的经济转型期,信息资源产业作为典型的第三产业,所带来的经济价值和社会影响是不可估量的。因此,政府部门特别重视信息资源的开发利用,在北大法宝网中以"信息资源"为关键词进行全文检索,可以检索到1836篇相关政策法规,并且法规中大量提到"开发利用信息资源"和"信息资源共享"。在中国知网(CNKI)中以"信息资源产业"为主题检索词进行精确检索,可以找到1990~2013年发布题名关于信息资源产业的文献60篇,其中2004年(包括)之后发布有58篇。可以看出,在2004年"34号文件"发布后,学术界开始重视对有关信息资源产业的研究。从文献调查的结果来看,2004年之后国内学者从信息资源产业的概念和内涵开始,对信息资源产业进行了逐步深入的探讨。

信息资源产业呈现出丰富的产业形态,如互联网、动漫、地理空间信息开发等领域,产业依赖的资源和服务对象范围大,只要有适宜的盈利模式,很快就能形成产业形态(冯惠玲、侯卫真,2011)。信息资源产业的创新性所带来的特征之一便是更新换代快,越来越深刻地影响着传统第一产业、第二产业,甚至第三产业的生产模式,形成了融合传统产业的新型产业形态,表现出强大的辐射力。比如,这种辐射力表现之一就是"互联网思维"浪潮,在移动互联网、大数据等信息技术和信息资源不断发展的背景下,对传统生产要素重新审视,最终利用信息资源优化传统流程,改造传统产业的盈利模式,从而实现传统之上的创新。

但是,信息资源产业尚未得到官方界定,在国家统计局颁布的《国民经济行业分类(GB/T 4754—2011)》中不存在信息资源产业的门类,同样在国家统计局颁布的《统计上划分信息相关产业暂行规定》中也没有出现信息资源产业的提法,只有在"其他信息相关服务"中存在相关的信息资源产业子类产业。国外出现更多的提法是信息内容产业,美国、加拿大和墨西哥在2002年颁布的《北美产业分类系统》中,出现了与信息资源产业相近的"信息业",但是这类产业中也存在与信息资源无关的细分行业。在日本、欧盟、澳大利亚和我国台湾对信息资源产业的认知程度和定义与我国大陆稍有区别,但是总体上集中在出版、广播、数字游戏、动漫、软件、咨询和数据处理等行业中。因此,本书首先需对信息资源产业内涵作出清晰的解释。

1.1 内涵界定

对于信息资源产业内涵，国内学者赖茂生（2008）、韩芸（2006）、宣小红（2008）、冯惠玲（2011）等已展开初步的研究。有学者通过总结国内外已有的研究，认为信息资源产业是1995年西方七国集团"信息社会"部长级会议上提出的内容产业。信息资源产业是以信息资源和信息内容作为产业源头，有成熟的商业模式，利润来源是信息产品和服务的产业（赖茂生，2008）。有学者认为信息资源产业是高技术、高智力、高增长、高附加值产业，其种类繁多、应用广泛、综合规模大、价值链长；信息资源产业是以信息内容产品的生产与服务为产业主体行为的产业群体，具体可分为新产品生产业、信息数据传输业和信息内容服务业；其产业特征可以概括为"四化"，即信息处理数字化、信息传输网络化、信息服务社会化、信息产品市场化（赵京、钮晓红，2012）。也有学者认为，信息资源产业是指从事信息资源生产加工，以信息资源的内容为基础，向社会提供产品或服务的经济部门（董宝青，2005）。

在梳理已有研究成果的基础上，本书将基本沿用冯惠玲教授（2011）的观点，把信息资源产业概括为对信息资源进行开发利用，以信息形态的产品和服务创造经济利润的产业，其内涵是"以信息资源为原料，从事信息形态的产品和服务的生产、加工、传播、提供等活动，并以此创造经济价值的国民经济部门。信息资源产业既包括传统的新闻出版、广播电视等部门，也包括新兴的数字电视、网络内容、手机短信、游戏动漫等部门。"

1.2 发展意义

对于我国而言，信息资源产业是一个新兴产业，但这个产业的发展却对我国经济社会的发展具有不可轻视的重要战略价值。

第一，发展信息资源产业有助于转变经济发展方式、降低物耗、创造绿色GDP，具有巨大战略价值。改革开放以来，我国经济持续高增长，为世界瞩目，现在GDP总量是1978年的几十倍，扣除价格因素也要达到十几倍。要达到党中央设定的12年后实现更高水平的小康社会、40年后基本实现现代化的目标，就必须保持这样的经济增长势头高速发展。但实际的情况是，要做到这一点，继续采用以往那种高投入、高物耗、高能耗、高排放、低效率、不协调、难循环的经济发展方式是绝对不行的，必须加快调整，实现经济发展方式的根本性转变，特别要提高非物质生产在GDP中的比重，尽快改变经济结构中的资源结构,用清洁的(低污染)、可反复利用的资源建立循环型经济、节约型经济。唯有如此,我国经济发展才能保持持续的后劲,才能使国家和民族真正从经济发展中受益。信息资源就是这种清洁、可复用资源的重要组成部分。信息资源产业正是经济发展中不可或缺的"新资源"的供给者,它将为经济发展提供新的清洁"原料",从而实现经济发展所必须的资源结构的根本性转变。江泽民同志在《新时期我国信息技术产业的发展》一文中明确指出,"在现代社会,经济增长的要素已经从资本、土地和劳动扩展到技术、知识和信息。信息作为一种可以无限利用的生产要素,能够产生递增收益,拓展增长源泉,促进经济的持续发展。信息的开发利用,使技术、知识等新的生产要素得以在经济发展中充分发挥作用,对经济发展的贡献越来越大。"2011年,英国各类私营企业和公共部门数据的资产估值达到251亿英镑。按照这个增长速度估计2017年将达400亿英镑以上;韩国认为公共数据已成为具有社会和经济价值的重要国家资产。"智慧首尔2015"计划指出,韩国将建设的开放性数据中心——"首尔开放数据广场",已有880个数据集,33个数据库,为用户提供包括巴士到站时间、育儿服务、各地区天气预报、公共交通路线、巴士到站时间、停车位及餐厅推荐等十大类的公共数据信息,涵盖生活方方面面。2011年,根据欧盟报告,与欧盟公共机构相关的地理信息、统计数据、公共资金资助的研究项目、数字图书馆等数字资源全面开放后,预计每年将带来400亿的经济增长。我国的信息资源产业也显示出良好的发展势头:2009年,我国大陆地区数字内容产业市场规模已达5368亿元人民币;2010年,仅地理信息资源行业总产值将近1000亿元人民币;2012年我国大数据市场规模为4.5亿元人民币,同比增长达到40.6%,预计在未来的四年内,数据行业规模将突破百亿。

第二,信息资源产业的发展有助于优化产业结构,助力传统产业优化升级,带动相关产业的发展,实现国民经济的包容性增长。首先,与发达国家相比,我国第一、第二产业的比重仍偏高,耗费大量的物质资源;我国服务业的总量逐年下降,"十一五"期间服务业的比重始终未能达到40%。造成这些产业结构问题的重要原因在于我国信息资源产业还比较薄弱,未能充分发挥应有作用。因此,大力发展信息资源产业是我国调整产业结构的迫切要求。其次,我国传统产业当然不能全部消失,正确的道路是全面优化升级。传统产业优化升级主要通过增加技术和知识含量来实现,而技术和知识的生产都需要依靠信息资源产业供给。举例来讲,技术专利是制造业发展的重要资源,发达国家把失效专利作为宝贵的信息资源。以日本为例,通过引进国外专利和使用失效专利,大约节省2/3的开发时间和9/10的研究开发费用;

而我国却因为缺乏信息资源产业支持，使大量沉积失效的技术专利信息资源依旧"深藏闺中"未能发挥应有作用，从而无法帮助传统制造业以较低成本实现优化升级。此外，信息资源产业具有较强的产业辐射性，其生产的产品和服务在进入最终消费领域的同时，也能够带动相关产业产品或服务的消费，实现与相关产业同步增长，促进我国经济实现包容性增长。有研究表明，网络游戏产业每增加1元的产值，就可以带动通信产业4.16元和信息技术产业1.77元的消费。根据国家文化部发布的《2013中国网络游戏市场年度报告》，我国网络游戏市场主要包括互联网和移动网络两大市场，2013年市场总规模达到819亿元，同比增长36.3%。其中互联网游戏市场规模达到690.9亿元，移动网络游戏达到128.2亿元，移动网络游戏市场规模增长迅速，同比增长97.2%，呈现爆发式增长。

我国地理信息行业也在高速发展中，预计到"十二五"末期，我国地理信息产业产值将超过2000亿元，到2020年将成为万亿元级产值的产业，根据中国互联网络信息中心（CCNIC）2013年4月发布的《中国移动互联报告》，手机地图在我国手机网民中的渗透率达到了35.4%，已经具备一定的市场规模。另外，信息资源产业生产的产品大多带有原创的性质，这些原创内容还可带动文化、服装、玩具等产业的发展，比如2014年上映的美国电影《美国队长2》，在我国上映一个月之内，达到7.09亿人民币的票房收入。2014年，中央电视台制作的纪录片《舌尖上的中国2》，前期投资约3000万，而播出权冠名、版权销售及其他广告营销等收益达上亿元。在对传统行业改造优化上，工业互联网在航空、铁路运输、发电、石油与天然气开发及保健服务等行业展示了不凡的力量，有研究指出，工业互联网效率增长1%，将带来巨大影响。在商用航空领域，每节省1%的燃料意味着在未来15年中减少300亿美元的支出。若全球燃气电厂运作效率提升1%，将节省660亿美元的能耗支出。医疗保健行业效率每增长1%，将节省630亿美元。这只是工业互联网潜力的很小一部分。

第三，大力发展信息资源产业，有利于解决我国多类人才，尤其是知识型人才的就业问题。信息资源产业是"知识-劳动双密集型产业"，其生产过程既需要大量的技术、研发等知识创新性活动，又涉及大量的数据处理、产品提供等一般劳动。因此，信息资源产业具有巨大的吸纳就业人口的能力，不仅能解决大量"蓝领"的就业问题，对于吸纳知识型"白领"就业更是具有不可替代的作用。例如，美国化学文摘属于典型的信息资源产业，它的运营为500~700名博士提供了就业岗位；美国SAS软件的研发和营销，可解决数千人的就业问题；日本东京利用政府所采集的交通信息资源，开展商业化的交通出行服务，同样也解决了数千人的就业问题。在 2012 年，我国信息资源产业从业人口达到 2615 万，截至 2013 年，信息资源产业从业人口更是达到 2887 万。根据《2013 年中国大学生就业报告》，2012 年大学毕业生毕业半年后就业率为 90.9%，而 2012 年全国高校毕业生约 680 万人，这就意味着 2012 年有近 60 万高校毕业生未找到工作。传统的"劳动密集型"产业，很难吸纳高校毕业生这类的知识型人才，而信息资源产业则具有"双密集型"特征，应在解决高校毕业生就业问题中发挥重要作用。

第四，信息资源产业的发展有助于提升国民素质，改善公众生活质量，提升国家的文化软实力，最终提升国际竞争力。国民素质的提升很大一部分依赖于信息和知识的传播，而信息资源产业，特别是以教育学习和商业应用为导向的数字出版、网络学习和数据库等行业的发展，能够促进信息和知识在更加宽广的时空范围内流动和传播。这些产业的发展在很大程度上能够满足接触不到传统优质教育资源的人群需求，促使广大民众在获取更多、更全面的信息和知识的同时实现知识内容的丰富、知识结构的改善，从而获得自身素质的提升。另外，信息资源产业的产品或者服务又具有明显的娱乐文化特性，公众在消费的同时可以获得生活质量尤其是精神生活的改善。比如我国信息资源产业中的动漫、电影和网络游戏等行业，为丰富公众精神生活内容、提升公众文化内涵提供了不小的作用，极大改善了公众的生活质量。在国际文化交流中，信息资源产业的发展也起到了提升国家文化软实力和信息控制力的作用。比如美国的"电影大片"使西方自由、冒险等文化精神传播到了整个世界。近年来，韩国电影、电视剧的大量出口，使世界了解了韩国的文化，在我国甚至出现了"哈韩族"，使原有的中华文化和价值观受到冲击。在国际化背景下，文化软实力对于强化民族凝聚力、形成中华民族共同的价值观和文化精神都非常重要，因此，这一点也是发展信息资源产业的重要意义之一。

2 信息资源产业行业构成与发展趋势

本部分主要从信息资源产业的行业结构与整体发展趋势两个方面展开分析,在信息资源产业的行业结构方面介绍了信息资源产业行业构成与分类的方法,在整体发展趋势方面则基于信息资源产业已有的发展情况对未来发展趋势进行了探索。

2.1 产业行业结构

确定信息资源产业的细分行业构成是进行产业发展研究的基础工作。只有确定了细分行业,才能够根据具体行业的数据,获得信息资源产业发展的整体情况。

2.1.1 产业构成分析

在信息资源产业的行业构成问题上,国内各学者和机构有着不同的解释。国家信息中心按传统产业、数字化产业和新兴产业把信息资源产业划分成三大类:传统信息资源产业(新闻出版业、广播、电视、影视和音像业、文化艺术业、商务服务业、专业技术服务业和其他),数字化、网络化信息资源产业(互联网信息服务、计算机服务业,包括数据库)和新兴信息资源产业(手机移动通讯终端内容提供服务、创业产业)。赛迪顾问把内容服务业划分为两层:互联网服务、数字电视、在线游戏、在线教育、数字动画无限内容六类属于核心细分行业;游戏娱乐、电影电视、教育、通信、音乐、医疗、广播、出版等领域属于外围细分行业。

在分析信息资源产业细分行业的构成时,应该参照信息资源产业的内涵。信息资源产业的关键解释在于"以信息资源为原料",并在生产、加工、传播、提供各个环节"创造经济价值"。按照这个思路,通过细分行业的定义便可以判断其是否属于信息资源产业的范畴。以图书出版业为例,图书出版是对书稿信息资源进行加工出版,并通过销售给消费者而创造经济利润,根据产业内涵可以确定,图书出版业是典型的信息资源产业。

但是,对于本研究,直接将内涵与细分行业名称对应的甄别工作仍有一定困难。为了更有效地对信息资源产业细分行业进行划分,本书采用主题词表分析法(马费成,2011)对信息资源产业的主题词进行筛选。基于文献的发现理论(梁战平,2002)对关键词进行提取,首先,查阅2003~2013年涉及"信息资源产业内涵、构成或分类"的文献26篇,选取文献中涉及有关信息资源产业行业分类特征的主题词共计97个,在去掉其中重复、内涵或外延近似的名词后,针对剩余74个主题词,分别计算其在选定的12篇相关度较高的文献中出现的频度。由于与信息资源产业构成与分类相关度高的文献数较少,主题词出现频度相对较低,因此在选取过程中,主题词至少在两篇文献中出现过即进行统计,也就是对其中频度大于15%的主题词进行统计(张云秋,2009),并据此选定51个主题词作为判断信息资源产业小类行业构成的主题词,如表2-1所示。

表2-1 信息资源产业小类行业判定的关键词频度汇总

序号	关键词	01	02	03	04	05	06	07	08	09	10	11	12	频度
1	信息评估		+	+	+		+	+	+	+		+	+	75.00%
2	咨询与调查		+	+	+		+	+		+		+	+	66.67%
3	信息服务		+		+		+		+	+	+	+		58.33%
4	数字内容		+					+	+	+	+		+	58.33%
5	数据处理		+			+		+		+	+	+	+	58.33%
6	存储服务		+	+			+	+		+		+		50.00%
7	调查监测	+		+					+	+		+	+	50.00%
8	测绘服务		+					+	+			+		41.67%
9	市场调查			+	+	+	+			+				41.67%
10	质量检测		+						+		+	+	+	41.67%
⋮	⋮	⋮	⋮	⋮	⋮	⋮	⋮	⋮	⋮	⋮	⋮	⋮	⋮	⋮
43	规划管理	+			+									16.67%
44	代理服务						+				+			16.67%
45	中介服务						+				+			16.67%
46	零售批发				+							+		16.67%
47	呼叫中心			+	+									16.67%
48	发行						+			+				16.67%
49	会议展览					+				+				16.67%
50	人力资源				+			+						16.67%
51	劳务派遣					+						+		16.67%

注:"+"表示在文献中出现过至少两次。

随后结合专家小组的意见，考虑信息资源产业内涵所揭示的产业过程，将51个信息资源产业主题词划分为采集类、加工类与提供类，得到如表2-2所示的判断信息资源产业小类行业的主题词表。

表2-2 信息资源产业关键词汇总

类别	关键词
采集类	调查监测、测绘服务、市场调查、质量监测、勘察勘探、质检技术、生态监测、气象、环境保护
加工类	广播电视、电影、数据处理、存储服务、设计开发、设计服务、广告、新闻、文艺创作、数字内容、录音制作、内容服务、软件开发、系统集成
提供类	动漫、出版、互联网、信息服务、代理中介、咨询与调查、推广服务、信息评估、图书馆、博物馆、档案、专业服务、管理服务、文化娱乐、教育培训、技术服务、风险管控、法律服务、公证服务、规划管理、代理服务、中介服务、零售批发、呼叫中心、发行、会议展览、人力资源、劳务派遣

在确定信息资源产业关键词的基础上，本书进一步针对国家统计局发布的《国民经济行业分类（GB/T 4754—2011）》中1095个小类行业（四级代码对应的行业）展开分析。首先，根据由代码表中提供的行业名称和内涵描述所构成的行业简介，并结合信息资源产业的基本内涵与特点，剔除明显与信息资源产业无关的行业，如谷物种植业、家具制造业、水产养殖业等，对剩余的207个小类行业进行词频分析。根据信息资源产业关键词在小类行业简介中出现的次数（出现一个主题词计数为1，同一主题词出现多次计数为1），对小类行业进行一次划分，简介中出现5个主题词及以上的产业直接划分为信息资源产业，简介中出现1~4个主题词的产业划分为待判定产业，由专家小组来评分判定，简介中未出现主题词的产业直接剔除，第一轮筛选后共确定了111个小类行业（包含确定的信息资源产业和待定产业），结果如表2-3所示。

表2-3 信息资源产业一次划分结果

产业类型	关键词数量	行业数量
信息资源产业	大于等于5	36
待定产业	1~4个	75
非信息资源产业	0个	96

而后，本研究采用专家小组成员背对背打分的方法，对待定的75个小类行业进行二次划分，根据小类行业的内涵及其涉及的劳动对象、加工方式、产出

成果等进行分析,从相关性高到无相关性按照1~0分进行打分,将平均分大于0.5的小类行业划归为信息资源产业。经过二次划分,共确定93个小类行业为信息资源产业。在确定信息资源产业小类行业的基础上,按照行业简介中涉及的主题词对小类行业进行进一步的加工整理。信息资源产业主题词涉及采集类、加工类和提供类三种,根据小类行业简介中涉及三类主题词的数量,赋予小类行业在三类主题词上从0~6分不等的得分值。随后,本研究根据93个小类行业在三类主题词中的得分对小类行业进行聚类分析,同时将聚类分析结果与专家小组的意见相结合,最终得到信息资源产业的构成,行业结果如表2-4所示。

表2-4 信息资源产业二次划分结果

信息资源产业类型	小类行业数量	小类行业
信息资源采集业	14	气象服务(7410)、地震服务(7420)、海洋服务(7430)、水文服务(7640)、生态监测(7462)、环境保护监测(7461)、质检技术服务(7450)、市场调查(7232)、能源矿产地质勘查(7471)、固体矿产地质勘查(7472)、水、二氧化碳等矿产地质勘查(7473)、基础地质勘查(7474)、地质勘查技术服务(7475)、测绘服务(7440)
信息资源加工业	14	广告业(7240)、新闻业(8510)、广播(8610)、电视(8620)、电影和影视节目制作(8630)、录音制作(8660)、文艺创作与表演(8710)、数据处理和存储服务(6540)、数字内容服务(6591)、软件开发(6510)、信息系统集成服务(6520)、集成电路设计(6550)、工程勘察设计(7482)、专业化设计服务(7491)
信息资源提供业	65	图书服务(8731)、档案服务(8732)、博物服务(8750)、信息技术咨询服务(6530)、其他资本市场服务(6790)、风险和损失评估(6891)、金融信息服务(6940)、律师及相关法律服务(7221)、公证服务(7222)、会计、审计及税务服务(7231)、社会经济咨询(7233)、其他专业咨询(7239)、知识产权服务(7250)、信用服务(7295)、金融信托与管理服务(6910)、工程管理服务(7481)、规划管理(7483)、贸易代理(5181)、其他贸易经纪与代理(5189)、货物运输代理(5821)、旅客票务代理(5122)、其他运输代理业(5829)、保险经纪与代理服务(6850)、文化娱乐经纪人(8941)、体育经纪人(8942)、其他文化艺术经纪代理(8949)、房地产中介服务(7030)、公共就业服务(7261)、职业中介服务(7262)、劳务派遣服务(7263)、其他人力资源服务(7269)、会议及展览服务(7292)、科技中介服务(7520)、图书出版(8521)、报纸出版(8522)、期刊出版(8523)、音像制品出版(8524)、电子出版物出版(8525)、其他出版业(8529)、电影和影视节目发行(8640)、电影放映(8650)、图书批发(5143)、报刊批发(5144)、音像制品及电子出版物批发(5145)、图书、报刊零售(5243)、音像制品及电子出版物零售(5244)、图书出租(7122)、音像制品出租(7123)、农业技术推广服务(7511)、生物技术推广服务(7512)、新材料技术推广服务(7513)、节能技术推广服务(7514)、其他技术推广服务(7519)、其他科技推广和应用服务业(7590)、学前教育(8210)、职业技能培训(8291)、体校及体育培训(8292)、文化艺术培训(8293)、教育辅助服务(8294)、其他未列明教育(8299)、其他电信服务(6319)、互联网信息服务(6420)、呼叫中心(6592)、其他未列明信息技术服务业(6599)、邮政基本服务(6010)

注:小类行业名称后括号内数字为《国民经济行业分类(GB/T 4754—2011)》中的行业代码。

2.1.2 细分行业介绍

基于信息资源产业的基本内涵,本书识别了属于信息资源产业的小类行业。在这些小类行业当中,其中有些行业是把信息资源作为其生产原料的一部分,但在"生产、加工、传播、提供"创造的经济价值中只有部分属于信息资源所创造的。对于这类产业,在统计分析其经济指标时,如果有关的指标数据完全被纳入信息资源产业的范畴,则会放大信息资源产业的实际成果而使研究不准确。另外,美国经济学家马克·尤里·波拉特(1977)曾依据信息产品或服务的市场化程度(是否进入市场交易)为标准,将国家信息部门划分为一级部门和二级部门。沿续波拉特的产业研究思想,本书提出了"信息资源依赖度"指标来解决上述问题。信息资源依赖度是用来反映某个行业实现经济价值的过程中对"信息资源原料"的依赖程度,以及在生产环节中信息资源所创造价值的比重高低。本部分的研究采取主题词分析与专家评价相结合的研究方法,一方面计算信息资源小类行业对信息资源产业主题词的覆盖度,另一方面组织专家小组对信息资源小类行业的信息资源依赖程度进行打分,对二者的结果进行综合分析后得出信息资源产业各个小类行业对信息资源的依赖度,进而对小类行业进行分类。

利用主题词计算信息资源产业对信息资源小类行业的覆盖度,即根据选定的信息资源产业主题词与划分出来的93个信息资源小类行业的简介内容进行覆盖度计算。每个小类行业与三类信息资源产业均有可能存在大于零的覆盖度,为了便于分类,将每个小类行业覆盖度最大的信息资源产业类型保留,其余覆盖度数值删除,这样就将93个信息资源小类行业划分为信息资源采集业、信息资源加工业和信息资源提供业三类主要产业,图2-1显示了细分行业与信息资源产业关键词的覆盖度。

对于划分的93个小类行业,通过专家背对背打分法对信息资源依赖程度进行了评分,提出了"信息资源依赖程度综合评分"的指标,评分从1分到3分不等,1分代表产业生产过程中存在部分信息资源开发利用的活动,信息资源所创造的经济利润在产业的产出中所占比重较低;3分代表产业所创造经济利润几乎完全依赖于开发利用信息资源,其他类型的资源所创造的经济价值所占比重很小。然后,再将专家小组对各行业的综合评分换算成该行业在价值创造过程中对信息资源的依赖程度系数。结合主题词覆盖度的数据得分与评分结果,由专家小组进行讨论后,将93个小类行业划分为高度信息资源依赖产业、中度信息资源依赖产业和低度信息资源依赖产业(见表2-5)。

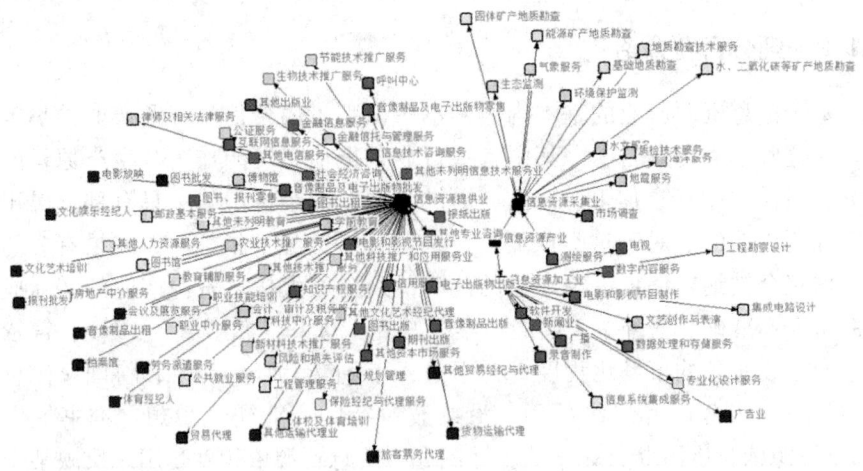

图 2-1 信息资源细分行业与信息资源产业关键词覆盖度

表 2-5 信息资源行业对信息资源依赖程度分类

信息资源依赖程度	信息资源依赖程度系数	大类产业	小类行业
高	0.85~1.00	信息资源采集业	市场调查;测绘服务
		信息资源加工业	新闻业;电影和影视节目制作;录音制作;数据处理和存储服务;数字内容服务
		信息资源提供业	信息技术咨询服务;金融信息服务;社会经济咨询;其他专业咨询;知识产权服务;信用服务;图书出版;期刊出版;音像制品出版;电子出版物出版;其他出版业;电影和影视节目发行;图书、报刊零售;图书出租;音像制品出租;其他电信服务;互联网信息服务;呼叫中心了其他未列明信息在技术服务业
	0.7~0.85	信息资源加工业	广播;电视
		信息资源提供业	其他资本市场服务
中	0.40~0.70	信息资源采集业	气象服务;地震服务;海洋服务;水文服务;生态监测;环境保护监测;质检技术服务
		信息资源加工业	文艺创作与表演
		信息资源提供业	博物馆;风险和损失评估;律师及相关法律服务;公证服务;会计、审计及税务服务;金融信托与管理服务;科技中介服务;农业技术推广服务;生物技术推广服务;新材料技术推广服务;节能技术推广服务;其他技术推广服务;其他技术推广及应用服务业

续表

信息资源依赖程度	信息资源依赖程度系数	大类产业	小类行业
低	0.30~0.39	信息资源采集业	能源矿产地质勘查；固体矿产地质勘查；水、二氧化碳等矿产地质勘查；基础地质勘查；地质勘查技术服务
		信息资源加工业	软件开发；信息系统集成服务；集成电路设计；工程勘查涉及；专业化设计服务
		信息资源提供业	图书馆；工程管理服务；规划管理；保险经济与代理服务；房地产中介服务；公共就业服务；职业中介服务；劳务派遣服务；其他人力资源服务；学前教育；职业技能培训；体校及体育培训；文化艺术培训；教育辅助服务；其他未列明教育；邮政基本服务
	0.15~0.29	信息资源加工业	广告业
		信息资源提供业	档案馆；贸易代理；其他贸易经济与代理；货物运输代理；旅客票务代理；其他运输代理业；文化娱乐经纪人；体育经纪人；其他文化艺术经纪代理；会议及展览服务

2.2 产业发展趋势

对于产业结构特征的分析，可以通过对不同地域产业的营业收入及从业人口等数据信息的梳理，得出产业整体布局。对信息资源产业的结构分析，目前学术界主要是根据产业的定义、内涵及现有的产业分类对信息资源行业大类进行分析（赖茂生，2008）。本书拟在对产业结构特征分析的研究部分，结合对信息资源构成和分类的研究基础，从信息资源产业的行业类别、地域特征和信息资源的依赖程度等方面对我国信息资源产业的发展情况展开分析。

由于本书对信息资源产业小类行业的划分依据了《国民经济行业分类（GB/T 4754—2011）》，这使得信息资源产业发展指数评价中所需要的产业基础数据可以协调现有的统计口径，通过中国统计年鉴、经济普查年鉴、人口普查年鉴等获取。通过上述数据来源，并结合不同数据缺失情况所采取的针对性的数据估算方法，最终采集了我国31个省区市各个信息资源产业小类行业2004~2013年在营业收入、法人单位数、从业人口等经济指标上的基础数据。如表 2-6 所示，从总体来看，2009~2013 年，中国信息资源产业持续发展，信息资源产业的总营业收入不断提高，从 2009 年的 18018.3 亿元增长到 2013 年的 30613.2 亿元（GDP 占比为 5.38%），法人单位数也从 2009 年的 61 万家增长至 2013 年的 100 万家，从业人口数量从 2009 年的 1712.7 万人增长到 2013 年的 2887.5 万人，总体产业规模不断扩大，影响力也逐步提升。

表 2-6 2009~2013 年信息资源产业营业收入、法人单位、从业人口汇总

年份	营业收入（亿元）	营业收入在当年 GDP 的占比	法人单位数（个）	从业人口（万人）	从业人口在当年劳动人的占比
2009	18018.3	5.29%	616428	1712.7	2.26%
2010	21069.0	5.25%	705534	2005.1	2.63%
2011	25179.5	5.32%	813032	2302.9	3.01%
2012	27608.5	5.32%	911278	2615.6	3.41%
2013	30613.2	5.38%	1007119	2887.5	3.75%

2.2.1 信息资源产业结构：基于产业过程的视角

根据信息资源产业小类行业的内涵，将信息资源产业范畴内的 93 个小类行业划分为三大类，分别是信息资源采集业、信息资源加工业和信息资源提供业。其中信息资源采集业包括 14 个小类行业，信息资源加工业包括 14 个小类行业，信息资源提供业包括 65 个小类行业。

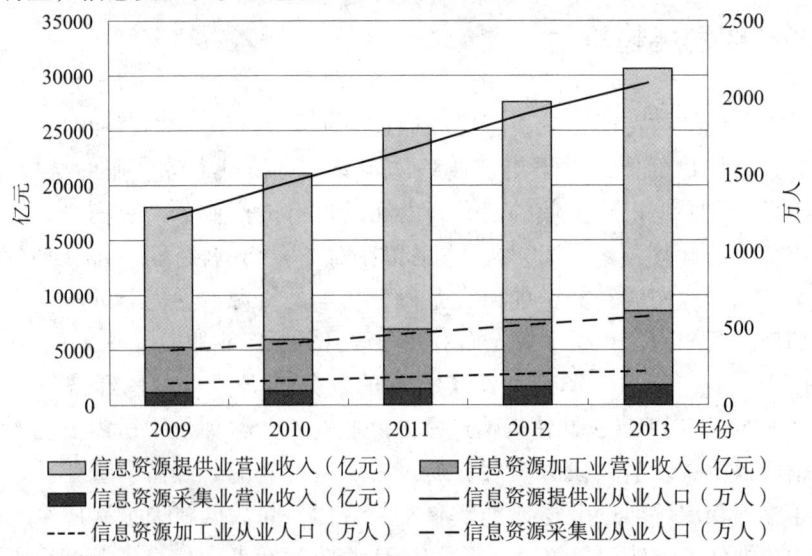

图 2-2 2009~2013 年信息资源产业在行业大类方面的营业收入和从业人口趋势

从图 2-2 可以看出，2009~2013 年，信息资源采集业、信息资源加工业和信息资源提供业各自的营业收入和从业人口均有所增加，由于信息资源提供业涉及的行业较多，所以其在信息资源产业整体营业收入、法人单位和从业人口中占比较大。

2.2.2 信息资源产业结构：基于依赖度的视角

根据信息资源产业小类行业对信息资源的依赖度，可以将 93 个信息资源细分产业划分为三大类，分别是信息资源高度依赖型产业（得分在 0.7~1.0，共有 35 个）、信息资源中度依赖产业（得分在 0.4~0.69，共有 21 个）和信息资源低度依赖产业（得分在 0.0~0.39，共有 37 个）。

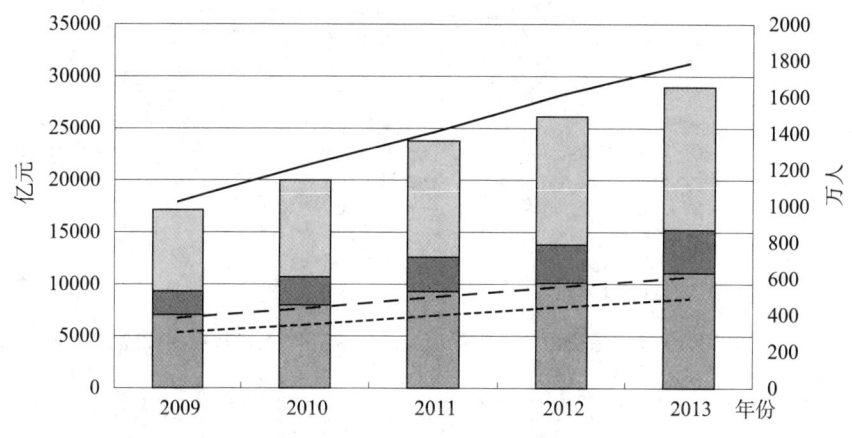

图 2-3　2009~2013 年信息资源产业在依赖度方面的营业收入和从业人口趋势

从图 2-3 可以看出，2009~2013 年，对信息资源不同依赖程度的产业在营业收入和从业人口数方面均有所增加。其中，占比最大的是对信息资源依赖程度较低的产业，其次是高度依赖型的产业，中度依赖型产业较少。与信息资源依赖程度较低的产业进行对比，虽然对信息资源高度依赖型产业的从业人口数较少，但其贡献的营业收入占比相对较大，说明对信息资源高度依赖的产业主要是智力密集型产业，从业人口平均创造的价值较高。

2.2.3 信息资源产业结构：基于地域的角度

根据地域位置将全国信息资源产业按区域结构进行划分，分成华北、华东、华南、华中、西南、西北、东北七大区域，图2-4是七大区域信息资源产业在2013年的营业收入比例、法人单位比例和从业人口比例。

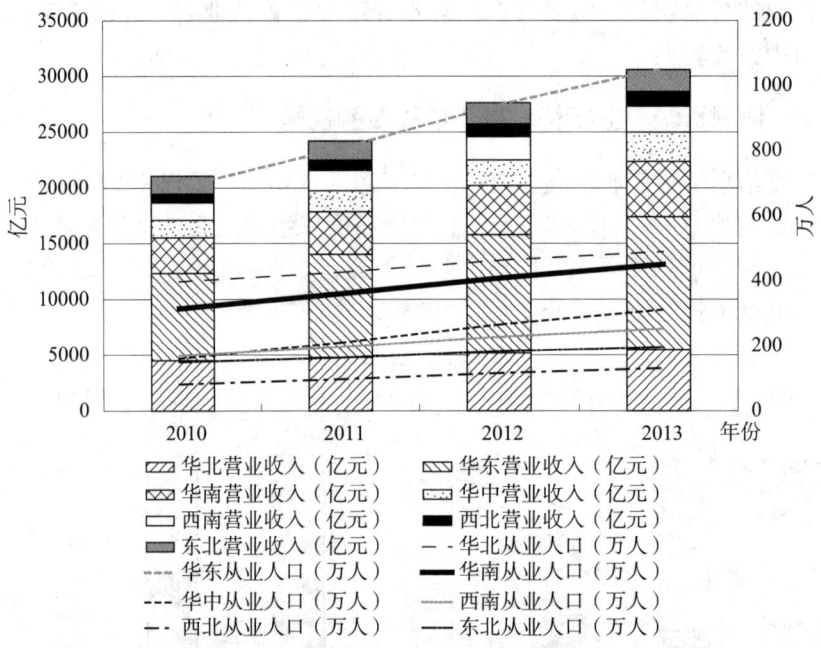

图2-4 2013年信息资源产业在区域方面的营业收入和从业人口趋势

从图2-4中可以看出，各地信息资源产业的从业人口、法人单位和营业收入占比呈正相关，其中华东地区的信息资源整体规模较大，发展较好，西北地区整体发展程度最为薄弱。

通过对信息资源结构特征的分析可以看出，目前我国信息资源产业总体发展趋势良好，具有如下特点：（1）信息资源采集业、信息资源加工业和信息资源提供业三类行业在营业收入、法人单位和从业人口数量上均保持稳定增长，其中信息资源提供业涉及行业较广，发展速度相对较快；（2）信息资源产业是智力密集型产业，对信息资源的依赖程度越大，行业整体发展水平越好，创造的经济效益就越大；（3）信息资源产业在地域发展上存在一定的不平衡，华东地区信息资源产业发展水平高，增长速度快，而西北地区则属于刚起步阶段。因此，应加大对信息资源采集业和提供业的扶持程度，进一步鼓励信息资源产业的发展，加大对偏远地区信息资源产业的优惠政策，促进信息资源产业整体又好又快地发展。

第二部分

信息资源产业指数述评：发展评价

3 2013年信息资源产业发展概况

4 信息资源产业发展指数分析

5 信息资源产业七大区域发展述评

3 2013年信息资源产业发展概况

这一章介绍了2013年信息资源产业发展指数排名,并针对2013年信息资源产业整体发展水平进行了述评。

3.1 2013年信息资源产业发展指数($I_{RI}DI$)排名

本节列出了信息资源产业发展指数排名、产业价值指标排名与产业环境指标排名(见表3-1~表3-3)。

3.1.1 产业发展指数排名

2013年,中国信息资源产业的发展指数如表3-1所示。

表3-1 2013年中国信息资源产业发展指数排名

省区市	综合得分	排名	产业价值	排名	产业环境	排名
北京	91.83	1	92.37	2	91.30	1
浙江	90.37	2	90.74	4	89.99	2
广东	90.31	3	92.64	1	87.98	4
江苏	88.62	4	91.86	3	85.37	6
上海	88.41	5	88.30	5	88.53	3
山东	87.34	6	86.87	6	87.81	5
福建	84.10	7	85.45	9	82.74	8
重庆	83.98	8	83.88	12	84.07	7
天津	83.84	9	84.98	11	82.69	9
湖北	83.72	10	85.71	8	81.73	14
安徽	83.24	11	85.81	7	80.67	18
辽宁	82.80	12	83.65	13	81.96	11
陕西	82.72	13	85.37	10	80.07	20
湖南	81.98	14	82.17	16	81.79	12

续表

省区市	综合得分	排名	产业价值	排名	产业环境	排名
云南	81.91	15	83.15	15	80.67	19
四川	81.72	16	80.96	21	82.48	10
广西	81.56	17	83.23	14	79.89	23
河北	81.40	18	81.42	19	81.39	15
黑龙江	81.30	19	80.84	22	81.77	13
海南	80.94	20	81.81	17	80.06	21
山西	80.93	21	81.08	20	80.77	17
河南	80.87	22	80.66	24	81.07	16
江西	80.78	23	81.75	18	79.80	24
吉林	80.30	24	80.60	25	80.00	22
新疆	80.08	25	80.79	23	79.37	27
内蒙古	79.84	26	79.89	28	79.80	25
贵州	79.55	27	79.72	29	79.39	26
宁夏	79.20	28	79.90	27	78.51	28
甘肃	78.94	29	79.97	26	77.90	29
青海	78.02	30	78.67	30	77.36	31
西藏	77.87	31	78.24	31	77.49	30

3.1.2 产业价值指标排名

2013年，中国信息资源产业的价值指标排名如表3-2所示。

表3-2 2013年中国信息资源产业价值指标排名

省区市	产业价值	排名	产业规模	产业贡献	产业发展	产业结构
广东	92.64	1	94.31	82.43	94.55	85.77
北京	92.37	2	94.87	88.42	82.01	88.92
江苏	91.86	3	89.65	80.03	96.61	87.06
浙江	90.74	4	88.22	83.88	89.32	87.63
上海	88.30	5	83.86	82.19	82.24	89.96
山东	86.87	6	83.89	77.28	86.20	87.04
安徽	85.81	7	80.84	82.41	82.50	85.94
湖北	85.71	8	81.30	82.51	85.08	83.81

续表

省区市	产业价值	排名	产业规模	产业贡献	产业发展	产业结构
福建	85.45	9	78.65	80.87	83.75	86.63
陕西	85.37	10	77.45	87.62	80.33	85.51
天津	84.98	11	77.45	84.23	79.34	87.08
重庆	83.88	12	76.52	81.60	80.42	85.98
辽宁	83.65	13	80.56	77.48	78.96	86.00
广西	83.23	14	76.41	81.47	79.29	85.29
云南	83.15	15	75.64	80.90	78.98	86.10
湖南	82.17	16	79.66	76.03	77.39	84.93
海南	81.81	17	74.54	79.88	75.81	86.18
江西	81.75	18	77.15	76.74	76.24	85.87
河北	81.42	19	75.75	75.07	77.47	86.19
山西	81.08	20	74.60	76.18	77.39	85.60
四川	80.96	21	77.73	74.90	75.55	85.11
黑龙江	80.84	22	75.07	76.25	76.26	85.37
新疆	80.79	23	73.45	75.27	78.91	85.27
河南	80.66	24	76.43	74.51	75.86	85.29
吉林	80.60	25	75.20	74.98	75.33	86.00
甘肃	79.97	26	73.05	76.34	74.29	85.80
宁夏	79.90	27	72.48	76.29	74.44	85.93
内蒙古	79.89	28	74.05	74.45	75.39	85.36
贵州	79.72	29	73.34	75.83	74.54	85.16
青海	78.67	30	72.32	74.86	73.79	84.41
西藏	78.24	31	72.49	75.53	73.81	82.94

3.1.3 产业环境指标排名

2013年，中国信息资源产业的环境指标排名如表3-3所示。

表3-3 2013年中国信息资源产业环境指标排名

省区市	产业环境	排名	公共政策	基础设施	决策强度
北京	91.30	1	86.18	95.01	92.34
浙江	89.99	2	97.47	91.26	81.18

续表

省区市	产业环境	排名	公共政策	基础设施	决策强度
上海	88.53	3	83.47	95.64	85.80
广东	87.98	4	84.51	93.09	85.85
山东	87.81	5	84.36	92.76	85.84
江苏	85.37	6	86.78	91.06	77.77
重庆	84.07	7	84.84	85.53	81.72
福建	82.74	8	79.68	89.66	78.25
天津	82.69	9	78.18	89.48	79.77
四川	82.48	10	80.16	85.52	81.47
辽宁	81.96	11	77.46	88.23	79.58
湖南	81.79	12	78.59	84.95	81.52
黑龙江	81.77	13	79.77	84.96	80.28
湖北	81.73	14	80.31	86.11	78.35
河北	81.39	15	79.20	85.78	78.77
河南	81.07	16	79.39	84.64	78.86
山西	80.77	17	77.69	85.68	78.49
安徽	80.67	18	78.43	85.03	78.13
云南	80.67	19	78.55	84.20	78.91
陕西	80.07	20	81.21	81.13	77.78
海南	80.06	21	75.22	85.51	78.94
吉林	80.00	22	76.37	85.57	77.54
广西	79.89	23	77.00	84.14	78.14
江西	79.80	24	76.11	83.86	79.04
内蒙古	79.80	25	74.70	85.84	78.27
贵州	79.39	26	75.98	84.16	77.56
新疆	79.37	27	78.49	80.02	79.53
宁夏	78.51	28	75.50	80.29	79.57
甘肃	77.90	29	76.81	79.16	77.61
西藏	77.49	30	72.56	79.60	80.08
青海	77.36	31	73.94	79.83	78.08

3.2 2013年信息资源产业发展指数评述

在信息资源产业发展指数中,产业价值和产业环境是两个一级指标,它们分别反映了信息资源产业所创造的经济价值和区域内对信息资源产业产生影响的环境因素。对内陆31个省级行政区域进行计量研究,可以发现:

(1)综合指数排名前十位的区域分别是:北京、浙江、广东、江苏、上海、山东、福建、重庆、天津、湖北。

(2)产业价值指数排名前十位的区域分别是:广东、北京、江苏、浙江、上海、山东、安徽、湖北、福建、陕西。

(3)产业环境指数排名前十位的区域分别是:北京、浙江、上海、广东、山东、江苏、重庆、福建、天津、四川。

从$I_{RI}DI$指数来看,我国信息资源产业发展呈现明显的东西部分布规律,东部沿海地区的省市在产业价值和产业环境上明显优于中部、北部和西部省市,这与我国的经济政策有很大的关联。而中部省市的综合指数明显优于西部指数,西部地区中,西南省市的指数又要好于西北省市。

通过对比省市的基本经济指标,本研究发现综合指数与省市GDP及人均可支配收入有一定的关联,但是关联程度较低(见表3-4)。

表3-4 2013年中国各省区市GDP与人均可支配收入

排名	省区市	GDP(亿元)	GDP增长/%	CPI涨幅/%	城镇居民人均可支配收入(元)	农村居民人均纯收入(元)	城乡收入差距比
1	广东	57068	8.20	2.80	30226	10542	2.8672
2	江苏	54058	10.10	2.60	29677	12202	2.43214
3	山东	50013	9.80	2.10	25755	9446	2.72655
4	浙江	34606	8.00	2.20	34550	14552	2.37424
5	河南	30000	10.10	2.50	20442	7524	2.71691
6	河北	26575	9.60	2.60	20543	8081	2.54214
7	辽宁	24801	9.50	2.80	23223	9384	2.47474
8	四川	23850	12.60	2.50	20307	7001	2.90059
9	湖北	22250	11.30	2.90	20839	7851	2.65431
10	湖南	22154	11.30	2.00	21319	7440	2.86546
11	上海	20101	7.50	2.80	40188	17401	2.30952
12	福建	19702	11.40	2.40	28055	9967	2.81479

续表

排名	省区市	GDP（亿元）	GDP 增长/%	CPI 涨幅/%	城镇居民人均可支配收入（元）	农村居民人均纯收入（元）	城乡收入差距比
13	北京	17801	7.70	3.30	36469	16476	2.21346
14	安徽	17212	12.10	2.30	21024	7160	2.93631
15	内蒙古	15988	11.70	3.10	23150	7611	3.04165
16	陕西	14451	12.90	2.50	20442	5763	3.54711
17	黑龙江	13692	10.00	3.20	17760	8604	2.06416
18	广西	13031	11.30	3.20	21243	6008	3.53579
19	江西	12949	11.00	2.70	19860	7828	2.53705
20	天津	12885	13.80	2.70	29626	13537	2.18852
21	山西	12113	10.10	2.50	20412	6357	3.21115
22	吉林	11938	12.00	2.50	20208	8598	2.35031
23	重庆	11459	13.60	2.60	22968	7383	3.11093
24	云南	10310	13.00	2.70	21075	5417	3.89053
25	新疆	7530	12.00	3.80	17921	6394	2.80278
26	贵州	6802	13.60	2.70	18700	4753	3.93436
27	甘肃	5569	12.60	2.70	17237	4495	3.83471
28	海南	2855	9.10	3.20	20918	7408	2.8237
29	宁夏	2327	11.50	2.00	22211	6922	3.20875
30	青海	1884	12.30	3.10	17566	5364	3.27479
31	西藏	701	11.80	3.50	18056	5645	3.19858

大多数 GDP 高的省市，信息资源产业发展指数排名相对靠前，但是也有一些例外。信息资源产业的细分行业主要集中在第三产业中，而按照一般产业发展顺序，第三产业是以第一、第二产业为发展基础。也就是说，一个省市第三产业的繁荣需要有第一、第二产业作为基础支撑。但是本研究也发现一个例外，比如北京、上海等市的 GDP 排名比较靠后，但是信息资源产业发展指数却排名靠前，这是由其所处的特殊地位和发展政策决定的。直辖市通常在政治、经济上有特殊地位，所以发展政策偏向于第三产业，这导致北京、上海等地 GDP 排名与信息资源产业发展指数排名相差巨大。

人均可支配收入高的省市，其信息资源产业的营业收入指数排名也比较靠前。信息消费和产业投资是信息资源产业发展的直接驱动力。人均可支配收入高的省市，其信息消费指数也明显高于其他省市，因此人均可支配收入排名和信息资源产业营业收入发展指数排名呈正相关。

4 信息资源产业发展指数分析

这一章主要介绍了 $I_{RI}DI$ 指数的测评框架模型、测评框架体系、产业数据与指标拟合情况三大主要内容。

4.1 $I_{RI}DI$ 指数测评框架模型

本节从指数测评的理论基础文献综述开始,构建信息资源产业指数的测评框架,从而确定评价体系的整体结构。

4.1.1 产业发展和竞争力评价研究概述

在产业竞争力领域,评价产业竞争力的模型是一项核心研究,其中,迈克尔·波特提出的竞争优势理论在产业竞争力评价领域较为典型。波特的竞争力理论认为,某一产业的国际竞争优势是受到六大要素的影响,它们分别是生产要素、需求状况、相关产业、企业策略、结构或竞争对手、政府行为和机遇,这六大要素所形成的关系与实体模型又被称为"钻石模型"。在迈克尔·波特所著《竞争策略》一书中,认为影响产业竞争态势的因素又分为 5 项,分别是新加入者的威胁、购买者(客户)的议价能力、取代品(或服务)的威胁、供货商的议价能力及现有竞争者之对抗态势。国内有学者以波特的"钻石模型"为理论基础,将六大要素设计为相应的指标对中国煤炭产业竞争力进行评价(梁姗姗,2007)。总的说来,波特的竞争力理论为本研究评价产业发展提供了一定参考:政府政策、机遇和相关支撑产业可以被认为是产业发展的外部环境,资源禀赋、公司战略、组织结构、竞争态势以及市场需求代表着产业的内部环境。

国际上认可程度比较高的竞争力评价方法有国际产出与生产力比较方法(ICOP)和联合国工业发展组织提出的工业竞争力指数。无论波特的竞争力理论还是联合国的工业竞争指数,主要都是在国际层面上对竞争力的描述指数。对于一些特定产业的评价,有学者根据科学性原则、客观性原则和系统性原则,利用产业特征直接设计可操作强的指标进行评价(陈红川,2009)。

也有学者提炼世界经济论坛（WEF）和瑞士洛桑国际管理发展学院（IMD）的国家竞争力评价体系，提出竞争力是由"资产"与"过程"共同决定的，并且以"过程"因素为主，"资产"是指条件，"过程"是指将资产转化为经济结果，在国际市场测量的结果所产生出来的竞争力（姚宽一，2007）。还有学者从区域产业经济增长和增长结构角度出发，提出使用偏离份额法（SSM）原理设计区域产业竞争力模型，SSM 模型能够说明区域经济增长的两大决定性因素，即结构因素与竞争力因素所起作用程度的分析方法，同时能够比较不同区域结构因素和竞争力因素的差异（程玉鸿，2007）。有学者综合了大量竞争力研究，认为各个维度都存在影响地区产业竞争力因素，如自然条件、经济发展、社会生活和政府行为等（千庆兰，2006）。有学者通过比较国内外产业竞争力评价方法，认为中国产业竞争力评价的要素应该包括资源、技术水平、政策环境、经营管理和产品实现等方面。但根据不同国家不同产业的特点，评价的侧重点有所不同（赵儒煜，2008）。UNESCO Jodhpur 论坛对文化产业的评价提出了三个评价维度：资本、基础设施和政策环境、产品及服务（彭翊，2011）。

国内外有关发展评价和竞争力的指标体系比较丰富，这些指标体系的设计方法在一定程度上丰富了本研究对信息资源产业发展指数指标体系的设计思路（见表 4-1）。

表 4-1 相关发展评价指标体系汇总

序号	名称	发布单位	指标体系介绍
1	中国城市文化产业发展评价体系	中国人民大学	指标体系分为 3 个一级指标，8 个二级指标，选取了 46 个测度变量。其中 3 个一级指标分别是产业生产力、产业影响力和产业驱动力；8 个二级指标分别是文化资源、文化资本、人力资源、经济影响、社会影响、市场环境、公共环境和创新环境
2	中国文化产业发展指数	上海交通大学	由内涵指数和表征指数两套体系综合而成，共计包括 16 个一级指标、51 个二级指标、91 个三级指标和 151 个四级指标的指标体系。16 个一级指标分别是文化产业发展水平、文化产业经济影响、文化产业发展社会文化影响、文化产业发展模式、文化资源丰富程度、重点文化产业发展水平、文化产业布局和产业结构、文化产业增长方式、文化市场主体、各类文化市场、文化产品流通组织和方式、骨干文化企业、对外文化贸易、文化产业政策、文化产业创新能力和社会经济基础

续表

序号	名称	发布单位	指标体系介绍
3	IMD 国家竞争力评价体系（2005）	瑞士洛桑国际管理学院（IMD）	以 2005 年 IMD 国际竞争力指标为例，指标体系中要素项 4 项，分别是经济运行、政府效率、商务效率和基础设施，子要素 20 项，指标为 314 项。IMD 体系中的指标按数据获得方式和数据类型分为三类，分别是统计指标、调查指标和参考指标
4	全球竞争力指数	世界经济论坛（WEF）	指标体系分为 3 个一级指标，分别是基本要求指标、效果提升指标和革新与社会因素指标；基本要求指标下有 4 个子指标，分别是体系建设、基础设施、宏观经济环境和健康与基础教育；效果提升指标则包括高等教育与训练水平、商品市场效率、劳动市场效率、金融市场发展、技术成熟水平、市场规模；革新与社会因素指标则分为商业成熟度和创新水平
5	中国信息化发展指数（IDI）	国家统计局	一级指标包括：基础设施指数、使用指数、知识指数、环境与效果指数和信息消费指数。基础设施指数下的二级指标为电视机拥有率（台/百人）、固定电话拥有率（部/百人）、移动电话拥有率（部/百人）和计算机拥有率（台/百人）；使用指数包括每百人互联网用户数（户/百人）、知识指数下的二级指标为教育指数；环境与效果指数下的二级指标为信息产业增加值占 GDP 比重、信息产业研究与开发经费占 GDP 自重、人均 GDP；消费信息指数下的二级指标为消费系数

通过对比研究，可以发现一些产业评价指标体系设计的共性：

（1）国内对区域产业竞争力的评价，基本都参考了波特的竞争力理论，虽然波特的竞争力理论主要应用于国家层面上的竞争力研究，但是可以借鉴其竞争力模型设计思路来描述区域的产业竞争力。

（2）对产业竞争力的评价，基本分为内部因素和外部因素两部分。内部因素主要表现为产业规模程度和影响力，外部因素主要包括发展环境，如基础设施建设等。

（3）现有指标体系对政府政策和政府决策关注程度不够。在国内，对于大部分产业，政府的态度有着决定性的作用，如何更有效地反应政府因素在产业发展中的作用，应该是本研究设计指标体系时着重考虑的。

4.1.2 信息资源产业发展指数模型

通过对国内外产业竞争力和信息化指标体系的分析，本研究发现这些指标体系在设计的时候基本都是从内部情况和外部环境两个维度进行评价,这个思路和本研究的指标体系设计思路基本相同。在评价信息资源产业发展程度时,本研究同样对产业的价值和产业所处的环境两方面进行评价。产业价值和产业环境是相辅相成的,产业价值的增加会提升产业环境,有利的产业环境会促进产业价值的增长,两者对信息资源产业发展情况的评价都是正向指标。对于产业价值,根据产业的维度,可以通过产业规模、产业贡献、产业发展和产业结构共同体现产业价值的规模程度。对于产业环境,可以通过决策强度、公共政策和基础设施体现。如图4-1所示,本研究使用波特的价值链模型描述了产业环境指标的关系。

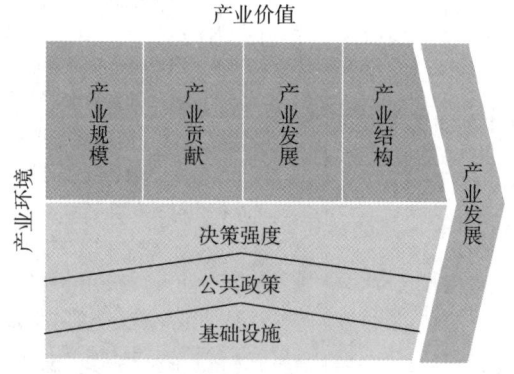

图4-1 信息资源产业发展指数模型

注:产业价值反映区域信息资源产业综合价值的相对水平。

产业环境反映区域信息资源环境优越程度的发展水平。

波特价值链模型是由迈克尔·波特提出的,该模型将企业的盈利过程分为基本活动和支持性活动。基本活动如生产、销售和售后服务等,支持性活动如财务、人力和计划运营等。本研究采用波特价值链模型描述了产业发展的各个要素以及它们之间的关系。产业环境和产业价值的关系是支撑与被支撑的关系,产业环境支撑着产业价值。产业规模、产业贡献、产业发展和产业结构四大要素决定了产业价值的大小。产业环境内部也有层次关系,基础设施是产业环境的基础,在基础设施之上是公共政策环境,再上是政府和领导人的决策强度。产业价值和产业环境共同决定着产业发展的特征。

4.1.3 信息资源产业价值描述模型

雷达图原本是财务分析报表中的一种,现主要应用于描述企业的经营状况,展现出一种类似雷达的形状,帮助管理者清楚地看到企业经营特征,描述其优势和劣势。信息资源产业价值由产业规模、产业结构、产业贡献和产业发展四大要素构成，这四大要素体现了产业价值的不同维度，为了更好地表示四大要素对产业价值的影响，可以使用雷达图对信息资源产业价值进行解释，如图4-2所示。

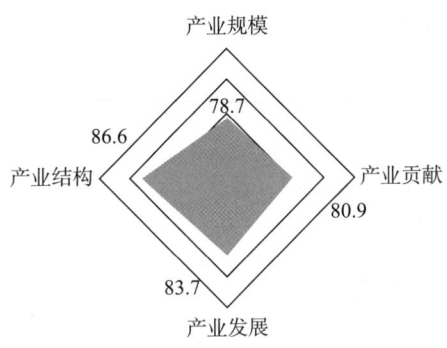

图4-2 信息资源产业价值描述模型

通过图4-2中的信息资源产业价值描述模型，可以看到产业规模、产业贡献、产业结构和产业发展的得分情况。而产业规模、产业贡献、产业结构和产业发展所构成雷达图的面积可以反映出该省级行政区域的产业价值大小。

4.1.4 信息资源产业环境描述模型

信息资源产业环境由基础设施、政策环境和决策强度三大要素组成。在信息资源产业环境的描述上，本研究采用三维坐标的模型对三大要素进行了描述（见图4-3）。

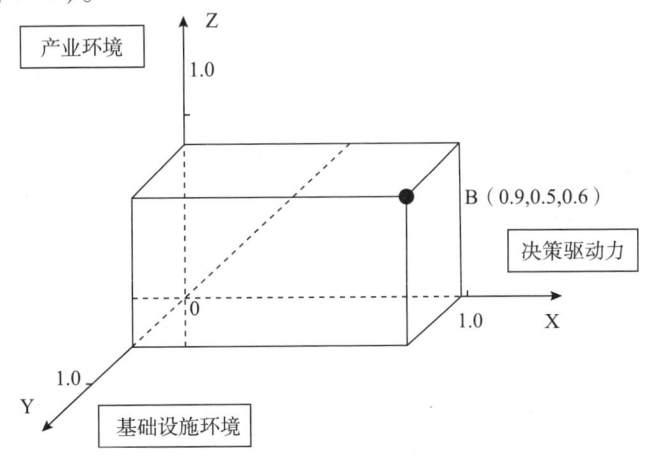

图4-3 信息资源产业环境描述模型

信息资源产业环境的描述要素：决策驱动力、基础设施环境和产业环境，分别对应坐标轴的 X 轴、Y 轴和 Z 轴。三大要素可以描述为在空间内的一个长方体，通过长方体的体积，可以表达一个地区的信息资源产业环境的优劣。

4.2 $I_{RI}DI$ 指数测评框架体系

4.2.1 测评指标体系

信息资源产业发展指数可以表述为：

$$F = （产业价值，产业环境） \quad 式（1）$$

产业价值指标可以表述为：

$$F_1 = （产业规模，产业贡献，产业发展，产业结构） \quad 式（2）$$

产业环境指标可以表述为：

$$F_2 = （公共政策，基础设施，决策强度） \quad 式（3）$$

指标体系分为四级，70 个指标。其中一级指标 2 个，二级指标 7 个，三级指标 17 个，四级指标 44 个。指标体系以科学性、系统性和真实性为原则，在对信息资源产业特征深度分析的基础上进行设计，旨在对全国各省市信息资源产业发展提供一个科学的量化描述。指标体系框架如表 4-2 所示。

表 4-2 信息资源产业发展指数测评体系

一级指标	二级指标	三级指标	四级指标
产业价值	产业规模	产业产值规模	信息资源完全依赖型产业经济规模
			信息资源中度依赖型产业经济规模
			信息资源轻度依赖型产业经济规模
		从业人口规模	信息资源完全依赖型产业从业人口规模
			信息资源中度依赖型产业从业人口规模
			信息资源轻度依赖型产业从业人口规模
		法人单位规模	信息资源完全依赖型产业发展规模
			信息资源中度依赖型产业发展规模
			信息资源轻度依赖型产业发展规模
		上市公司规模	信息资源产业上市公司数量
			信息资源产业上市公司平均加权平均净资产收益率
			信息资源产业上市公司营业总收入
			信息资源产业上市公司归属于上市公司股东的净利润

续表

一级指标	二级指标	三级指标	四级指标
产业价值	产业贡献	产业就业贡献	就业人口贡献
			就业人口增加贡献
		经济总量贡献	产业收入贡献
			产业收入增加贡献
	产业发展	产值规模发展	2012~2013年增长量
			2004~2012年增长量
			2004~2013年平均增长率
		法人单位发展	2012~2013年增长量
			2004~2012年增长量
			2004~2013年平均增长率
		从业人口发展	2012~2013年增长量
			2004~2012年增长量
			2004~2013年平均增长率
	产业结构	产业资源结构	完全依赖型产值比重
			完全依赖型从业人口比重
			完全依赖型法人单位数比重
		产业要素密集	产业价值密集度
			从业人口的平均产值
产业环境	公共政策	产业政策供给	各省政策规模数量
		政务开放互动	各省党政机关微博开设率
			各省党政机构账号数量
			各省党政干部微博开设率
	基础设施	产业园区发展	园区数量
			园区租金
		信息技术利用	互联网利用率
			电话网使用率
			有线广播/电视网利用率
	决策强度	决策层关注度	党委领导关注度
			政府领导关注度
		政府工作强度	2011年政府工作报告强度
			2012年政府工作报告强度

4.2.2 测评指标解释

信息资源产业发展指标体系的一级指标为产业价值和产业环境。产业价值反映了该区域信息资源产业综合价值的相对水平，通过产业规模指数、产业贡献指数、产业发展指数和产业结构指数来测算。产业环境反映了该区域信息资源产业政策环境的相对水平，通过公共政策指数、基础设施指数、决策强度指数来测算，表4-3列出了对各指标的解释。

表4-3 信息资源产业发展指数测评指标解释

	名称	解释
一级指标	产业价值	反映该地区信息资源产业综合价值的相对水平，以该地区的产业规模指数、产业贡献指数、产业发展指数和产业结构指数来测算
	产业环境	反映该地区产业发展环境优化程度的相对水平，以该地区的公共政策指数、基础设施指数、决策强度指数来测算
二级指标	产业规模	反映该地区信息资源产业发展规模的相对水平，通过产业营业收入规模指数、从业人口规模指数、法人单位规模指数和上市公司规模指数来测算
	产业贡献	反映该地区信息资源产业对全地区总体经济发展贡献的相对水平，通过产业就业贡献指数和经济总量贡献指数来测算
	产业发展	反映该地区自2004年来信息资源产业动态发展程度的相对水平，通过产业规模发展指数、法人单位发展指数和从业人口发展指数来测算
	产业结构	反映该地区信息资源产业结构优化程度的相对水平，通过产业资源结构指数和产业要素密集指数来测算
	政策环境	反映该地区信息资源产业政策环境优化程度的相对水平，通过产业政策供给指数和政务开放互动指数来测算
	基础设施	反映该地区信息资源产业相关基础设施配套程度的相对水平，通过产业园区发展指数和信息技术利用指数来测算
	决策强度	反映该地区政府部门对信息资源产业发展重视程度和工作强度的相对水平，通过决策层关注度指数和政府工作强度指数来测算
三级指标	产业产值规模	反映该地区信息资源产业营业收入综合规模的相对水平，以信息资源完全依赖型产业、中度依赖型产业和轻度依赖型产业三类产业的营业收入水平来测算
	从业人口规模	反映该地区信息资源产业从业人口规模的相对水平，以信息资源完全依赖型产业、信息资源中度依赖型产业和信息资源轻度依赖型产业三类产业的从业人口规模来测算

续表

	名称	解 释
三级指标	法人单位规模	反映该地区信息资源产业法人单位规模的相对水平，以信息资源完全依赖型产业、信息资源中度依赖型产业和信息资源轻度依赖型产业等三类产业的法人单位规模来测算
	上市公司规模	反映该地区信息资源产业上市公司整体规模的相对水平，以信息资源产业上市公司数量、信息资源产业上市公司平均加权平均净资产收益率、信息资源产业上市公司营业总收入、信息资源产业上市公司归属于上市公司股东的净利润四个指标来测算
	产业就业贡献	反映该地区信息资源产业对全地区劳动人口就业贡献的相对水平，以该地区信息资源产业从业人口占全地区从业人口的比重、该地区信息资源产业从业人口增加值占全地区同期从业人口增加值的比重等指标来测算
	经济总量贡献	反映该地区信息资源产业对全地区GDP总量贡献的相对水平，以产业收入贡献和产业收入增加贡献两个指标来测算
	产值规模发展	反映该地区信息资源产业营业收入规模增长程度的相对水平，以2012~2013年增长量、2004~2012年增长量和2004~2013年平均增长率三个指标来测算
	法人单位发展	反映该地区信息资源产业法人单位规模增长程度的相对水平，以2012~2013年增长量、2004~2012年增长量和2004~2014年平均增长率三个指标来测算
	从业人口发展	反映该地区信息资源产业从业人口规模增长程度的相对水平，以2012~2013年增长量、2004~2012年增长量和2004~2015年平均增长率三个指标来测算
	产业资源结构	反映该地区信息资源产业发展对信息资源依赖程度的相对水平、完全依赖型产值比重指数、以完全依赖型信息资源产业在全部信息资源产业中所占的三项指标比重来测算
	产业要素密集	反映该地区信息资源产业资本与劳动力生产要素密集程度的相对水平（揭示该地区信息资源产业的竞争状况）、以产业价值密集度指数和从业人口平均产值两个指标来测算
	产业政策供给	反映该地区信息资源产业相关政策供给的相对水平，通过各省信息资源完全依赖型产业、中度依赖型产业和轻度依赖型产业等三类产业的产业政策供给水平三个指标来测算
	政务开放互动	反映该地区政务开放与互动程度的相对水平，通过各省市党政机关微博开设率，各省市党政机构账号数量和各省市党政干部微博开设率三个指标来测算

续表

	名称	解 释
三级指标	产业园区发展	反映该地区信息资源产业园区发展规模和商业价值的相对水平,通过园区数量和园区租金两个指标来测算
	信息技术利用	反映该地区对信息技术总体利用程度的相对水平,通过互联网利用率、电话网使用率和有线广播/电视网利用率三个指标来测算
	决策层关注度	反映该地区党政核心领导对信息资源产业相关问题关注程度的相对水平,通过党委领导关注度和政府领导关注度两个指标来测算
	政府工作强度	反映该地区政府工作中对信息资源产业重视程度和工作强度的相对水平,通过2011年政府工作报告强度和2012年政府工作报告强度两个指标来测算

4.3 产业数据与指数拟合

产业数据处理是信息资源产业发展指数分析的关键步骤,在权重设计的基础上,本研究采用综合评分法中的线性加权法计算信息资源发展指数:

$$F = \sum P_i \cdot w_i \qquad 式(4)$$

其中,F为信息资源产业发展指数,p_i为评价指标i无量纲化处理后的结果,w_i为评价指标i的权重。

4.3.1 产业数据采集

信息资源产业发展指数中所需要的基础数据主要来源于中国基本单位统计年鉴、中国经济普查年鉴、中国经济与社会发展统计数据库、中国政务微博客评估报告、第六次人口普查报告、中国电子信息产业统计年鉴、各省市经济普查年鉴、信息资源开发利用报告以及信息资源产业上市公司的公开财报。本书对信息资源产业构成行业的划分依据是《国民经济行业分类(GB/T 4754—2011)》,目的是便于协调现有的统计口径,采集我国内地31个省区市各个信息资源产业细分行业在2004~2013年,关于营业收入、法人单位数、从业人口等经济指标上的基础数据。

4.3.2 数据标准化处理

标准化处理是为了解决信息资源产业发展指数中各指标项的量纲差异。常用的标准化处理方法包括极差标准化法、极大化法、极小化法、均值化法、

Z-score 法等。本书采用极差标准化法进行数据量纲处理。极差标准化法公式如下：

$$x' = \frac{x - x_{\min}}{x_{\max} - x_{\min}} \qquad 式（5）$$

其中，x' 为目标值，x 为原始值，$x_{\min}$ 为该指标数据组中的最小值，$x_{\max}$ 为该指标数据组中的最大值。

4.3.3 数据估算与矫正

在对信息资源产业发展相关数据进行处理的过程中，个别细分行业或地区的指标所对应数据可能存在缺失或失真的问题，这就需要对数据进行估算和矫正，以减少缺失或失真数据对信息资源产业发展指数的影响。从实际数据采集的情况来看，缺失数据主要集中在部分地区、部分行业的营业收入、从业人口等指标上。为了解决数据采集过程中所遇到的部分数据缺失的问题，本节还针对不同的数据缺失情形，分别设计了不同的缺失数据估算方法与模型，如表4-4所示。通过多轮估算和微调，最后确定了指数计算所需的全部产业数据。

表4-4 信息资源产业发展指数缺失数据的估算方法

情形	描述	对策	算法
1	原始数据中没有某4级行业❶的营业收入，只包含4级行业的法人单位数（或从业人口数）	通过该行业今年法人单位数与上一年法人单位数的比值，以及上一年该4级产业营业收入进行估算	$A_4^x = \frac{C_4^x}{C_4^{x-1}} \cdot A_4^{x-1}$
2	原始数据没有某4级产业的所有数据，但是包含其相对应产业的3级产业法人单位数（企业法人单位数）	通过3级产业当年与上一年的比值和上一年该4级产业的营业收入进行估算	$A_4^x = \frac{C_3^x}{C_3^{x-1}} \cdot A_4^{x-1}$

---

❶ 本书中所列举的一级行业、二级行业、三级行业和四级行业是对国家统计局颁布的《国民经济行业分类（GB/T 4754—2011）》中行业结构的另一种表达。《国民经济行业分类（GB/T 4754—2011）》中设有从A到T共20个行业分类目录，以I：信息传输、软件和信息技术服务业为例：信息传输、软件和信息技术服务业即是本书所指的一级行业；其下包含电信、广播电视和卫星传输服务（63）、互联网和相关服务（64），软件和信息技术服务业（65）三个大类，行业代码由两位数字组成的行业，即是本书所指的二级行业；在电信、广播电视和卫星传输服务下包含电信（631）、广播电视传输服务（632）、卫星传输服务（633），行业代码由三位数字组成的行业，即是本书所指的三级行业；在广播电视传输服务下包含有线广播电视传输服务（6321），无线广播电视传输服务（6322），行业代码由四位数字组成的行业，即是本书所指的四级行业。

续表

情形	描述	对策	算法
3	原始数据某项4级产业及对应父级（3级）产业数据全部缺失	通过当年现有的产业法人单位数和上一年相同产业法人数的比值和上一年该4级产业各个数据项进行估算	$A_4^x = \dfrac{A_3^{x\text{全国}}}{A_3^{x-1\text{全国}}} \cdot A_4^{x-1}$
4	原始数据缺乏产业法人单位数据的地区产业	采用布朗指数平滑的时间序列方法，通过往年数据进行估算	$S_t = aY_t + (1-a)S_{t-1}$

4.3.4 指数拟合方法

在现有产业评价指标体系中，指数拟合往往采取等权重相加或使用德尔菲法设计权重。但是，等权重法无法显示出各个指标的相对价值，而德尔菲法主观性比较强，说服力略显不足，因此，本研究在设计信息资源产业发展指标体系时，就这些问题进行考虑，最终确定了以因子分析法确定指标权重的思路。

因子分析法是从多个变量中提取共性因子的统计学方法，用于减少变量数目，起到降维的作用。在进行拟合时，首先对三级指标下的四级指标所有数据进行归一化；然后对各个三级指标下的四级指标归一化后进行因子分析，获得各个变量的公因子，通过巴特利特球度检验和KMO检验测试因子相关性，对于符合测试的变量组，根据因子载荷设计变量权重，对于不符合测试的指标组，采用等权重的方式进行（见表4-5）。

表4-5 信息资源产业指标权重设置

	名 称	权 重
一级指标	产业价值	0.500
	产业环境	0.500
二级指标	产业规模	0.280
	产业贡献	0.242
	产业发展	0.260
	产业结构	0.218
	公共政策	0.322
	基础设施	0.354
	决策强度	0.324

续表

名　　称	名　　称	权　　重
三级指标	产值规模指数	0.272
	从业人口规模指数	0.272
	法人单位规模指数	0.271
	上市企业规模指数	0.185
	就业贡献指数	0.500
	经济总量贡献指数	0.500
	产值规模增长指数	0.336
	法人单位规模增长指数	0.332
	从业人口规模增长指数	0.332
	资源结构指数	0.500
	产业密集指数	0.500
	产业政策供给指数	0.500
	政务开放互动指数	0.500
	产业园区发展指数	0.500
	区域信息化指数	0.500
	决策层关注度指数	0.500
	政府工作强度指数	0.500

5 信息资源产业七大区域发展述评

本章将我国信息资源产业发展的情况按华北、华东、华南、华中、西北、西南、东北七大区域进行了具体分析与述评。

5.1 华北地区发展述评

华北地区在信息资源产业的发展上呈现了"一超一强多弱"的不平衡态势：北京多项指标排名全国第一，天津在某些指标上能够进入前十，河北和山西大部分指标能够排在中等水平，而内蒙古大部分指标均排在比较靠后的位置。这表明华北地区虽然有着北京这样的龙头城市，但是发展情况存在很大的不平衡，所以华北地区在保持北京优势发展的情况下，解决城市之间不平衡发展显得尤为重要。

5.1.1 产业发展基本状况

华北地区信息资源产业总体情况的综合排名并不高，虽然北京总体排名居全国第一，天津进入前十（第九），但是平均排名第15位，主要原因是地区内部的差距比较大，全国排名方差79，河北、山西、内蒙古分别排在第17位、第21位、第26位，均处于比较靠后的位置（见表5-1）。

表5-1 华北地区各省市信息资源产业得分及排名

地 区	信息资源产业总得分	全国排名
北 京	91.83	1
天 津	83.84	9
河 北	81.40	17
山 西	80.93	21
内 蒙 古	79.84	26
华北平均	83.57	15
方 差	18.79	79

从图 5-1 可以看出，总体来看，华北地区平均产业价值及平均产业环境处于一个中等偏上水平；从各省市来看，北京作为我国的首都，是我国的政治、文化、科教和国际交往中心，我国经济、金融的决策和管理中心，北京的产业价值及产业环境均处于领先地位，产业价值比华北平均高 8.42，比全国高 8.74，而产业环境比华北平均高 8.11，比全国平均高 9.22；天津作为我国直辖市之一，在近几年的发展中，渐渐展现出其经济发展的潜力，对信息资源产业有着较强的依赖，其产业价值及产业环境均高于华北地区及全国平均水平，处于中等水平；而河北、山西及内蒙古三个省区，由于其经济较薄弱，信息资源产业发展起步相对较晚，与北京和天津存在一定差距，产业价值及产业环境均低于华北平均水平和全国平均水平，信息资源产业还有待发展。

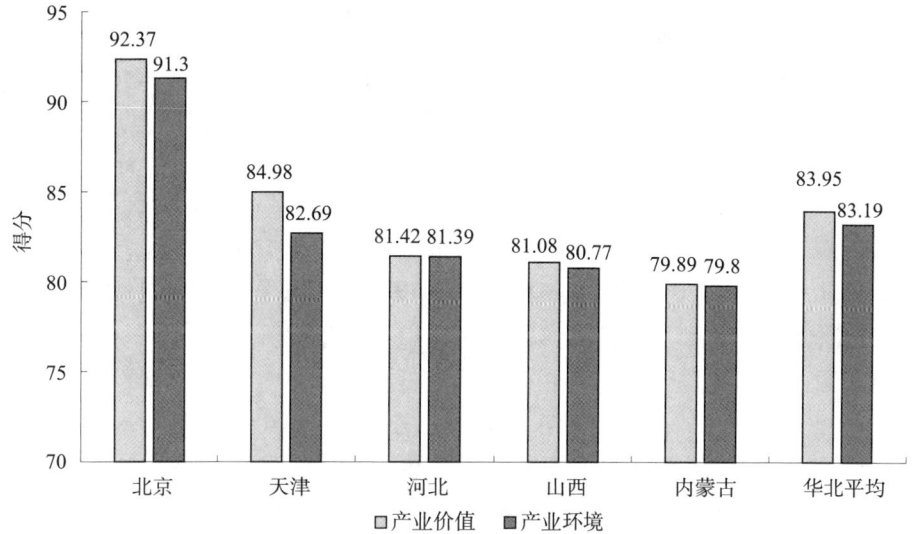

图 5-1　华北地区各省市产业价值与产业环境

5.1.2　一级指标分项分析

从表 5-2 可以看出，华北地区的信息资源产业发展水平相对比较落后，并且区域内部相差很大，虽然有北京这样信息资源产业发展较好的城市，但是大部分地区处于中等偏下的水平，而内蒙古在产业贡献及公共政策两个指标的排名中更是排在了最后，使得华北地区信息资源产业的总体水平比较靠后。

表 5-2　华北地区各省区市信息资源产业价值指标得分与排名

省区市	产业规模	排名	产业贡献	排名	产业发展	排名	产业结构	排名
北京	94.87	1	88.42	1	82.01	9	88.92	2
天津	77.45	13	84.23	3	79.34	12	87.08	4
河北	75.75	19	75.07	26	77.47	17	86.19	8
山西	74.60	23	76.18	21	77.39	18	85.60	19
内蒙古	74.05	25	74.45	31	75.39	25	85.36	22
华北平均	79.34	16	79.67	16	78.32	16	86.63	11
方差	61.61	75	31.59	149	4.96	30	1.66	65

从产业规模来看，华北地区平均水平略高于全国平均水平，北京以 94.87 分位居全国第一，比全国平均及华北平均分别高出 16.26 分和 15.53 分，体现了北京信息资源产业的发展较好，而天津、河北、山西以及内蒙古在产业规模上均低于全国平均水平（78.61 分）和华北地区平均水平（79.34 分），这几个省区市信息资源产业规模还有待发展；华北地区产业规模排名方差为 75，体现了华北地区信息资源产业规模的发展呈现不平衡的态势，各省区市差距较大。

从产业贡献来看，华北地区的信息资源产业贡献属于中下水平，并且内部发展十分不平衡，经济贡献排名方差为 149，产业贡献指数平均值为 79.67，各省区市平均排名全国第 16 位，这表明相比其他地区，华北地区的信息资源产业在该地区经济发展中占据较低的比重。北京和天津的产业贡献位于全国领先位置，分别处于第一和第三的位置，而山西、河北及内蒙古的排名则位于靠后的位置，分别为第 21 位、第 26 位及第 31 位。因此，就产业贡献指数而言，缩小地区差距、保持平衡发展对于华北地区而言是当务之急。

从产业发展来看，相对于其他指标而言，华北地区产业发展情况并不理想，华北地区的产业发展指标较低，除北京之外，其他各省市均未能进入全国前十名，而北京也仅排在第九，在这种情况之下，华北各省区市平均排名全国第 16 位，指数平均值 78.32，低于全国平均水平（79.67）。

从产业结构来看，华北地区的产业结构平均排在全国第 11 位，北京、天津及河北均进入全国前十，而山西和内蒙古排名则相对靠后，各省市之间差距较小，指数方差 1.66。这表明华北地区整体信息资源产业结构优化程度较高。

如表 5-3 所示，从公共政策来看，华北地区平均排名全国第 17 位，指数平均值为 79.19，略低于全国平均水平（79.64）。总体处于中下水平，地区各省区市发展非常不平衡。其中,北京排在全国第三,而天津、河北、山西则处于全国中等水平,而内蒙古位于全国第 29 名,已经位于相当靠后的位置。

表 5-3 华北地区各省份信息资源产业环境指标得分及排名

省区市	公共政策	排名	基础设施	排名	决策强度	排名
北京	86.18	3	95.01	2	92.34	1
天津	78.18	19	89.48	8	79.77	11
河北	79.20	14	85.78	12	78.77	19
山西	77.69	20	85.68	13	78.49	20
内蒙古	74.70	29	85.84	11	78.27	22
华北平均	79.19	17	88.36	9	81.53	15
方差	14.48	72	13.13	16	29.48	60

从基础设施来看,华北地区的基础设施总体发展位于全国第九位,指数平均值为 88.36,高于全国平均水平(86.06),位于全国上游水平。五个省区市均集中在前 15 位中,说明华北地区比较重视信息资源产业的基础设施配置。

从决策强度来看,华北地区的决策强度平均值位于全国第 15 位,处于中游水平。指数平均值为 81.53,略高于全国平均水平(80.16)。和其他指数情况类似,华北地区的决策强度指数方差为 29.5,在决策强度指数上呈现了不平衡的状态。北京以 92.34 分位居全国第一,体现了政治中心决策的强度较高,天津、河北和山西处于中等水平,而内蒙古则排在第 22 位,相对而言比较靠后。

5.1.3 重点分析:北京市

5.1.3.1 信息资源产业发展概况

北京的信息资源产业总得分 91.83,居于全国第一,各项指标均名列前茅,其产业规模、产业贡献和决策强度指标均为全国第一,产业结构、公共政策和基础设施指标均进入全国前三,而产业贡献指数也进入全国前十(见图 5-2)。

如图 5-3 所示,北京的信息资源产业产值保持持续增长趋势,2009 年产值为 2832.50 亿元,2013 年产值增长到 3109.08 亿元,占全国比重达 9.75%,是全国平均产值的 3 倍,同比增长 2.04%,由于北京具有较大的产值基数,近年来北京的产值增长率逐步放缓,在这样的情况下,北京需要考虑产业结构转型,扩大信息资源产业发展优势,保持平稳增长。

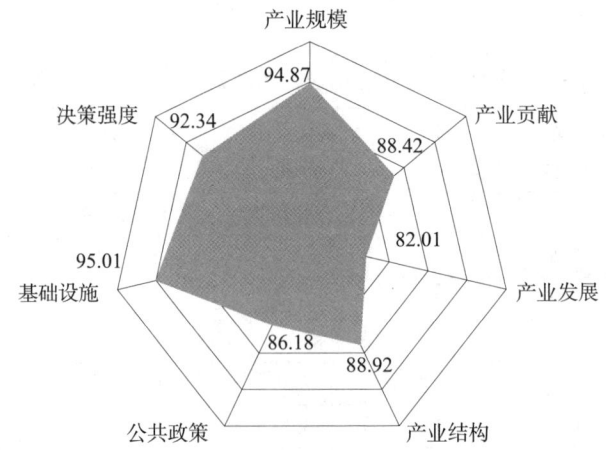

图 5-2 北京信息资源产业二级指标雷达图

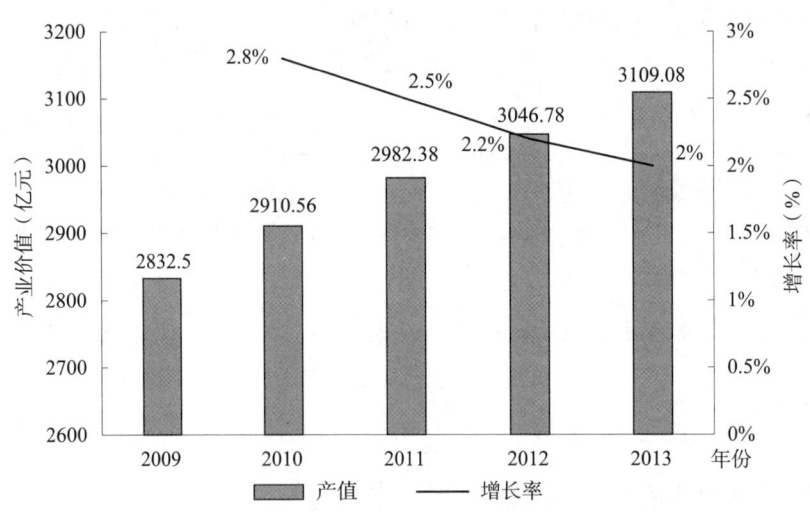

图 5-3 2009~2013 年北京信息资源产业产值变化情况

如图 5-4 所示,北京的信息资源产业从业人口数量在 2009~2011 年有所增长,从 2009 年的 14.91 万人增长到 2011 年的 15.46 万人,但在 2012 年却有所下降,下降到 15.21 万人,同比下降 1.6%,而 2013 年又增加到 15.99 万人,同比增长 5.15%,总的来说,北京信息资源产业从业人口数量有着较大增长。

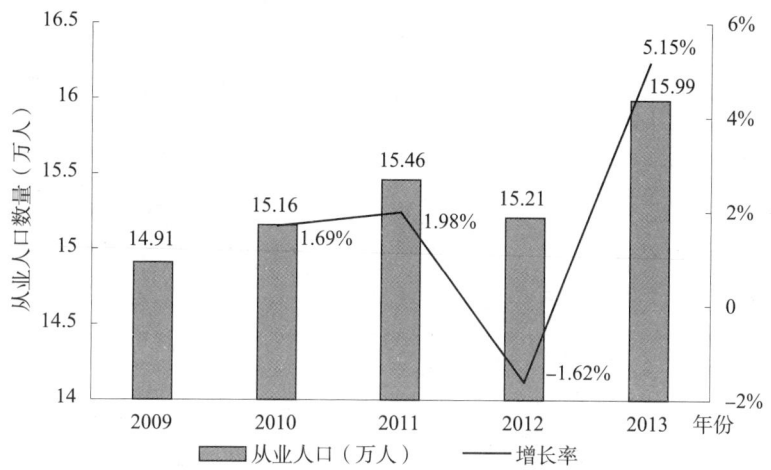

图 5-4　2009~2013 年北京信息资源产业从业人口变化趋势

如图 5-5 所示，2009~2013 年，北京信息资源产业法人单位数保持持续增长趋势，从 2009 年的 102.18（千个）增长到 2013 年的 110.27（千个），同比增长 3.39%，占全国 10.56%，是全国平均水平的 3 倍多，数量上居于全国第二，仅次于广东省。

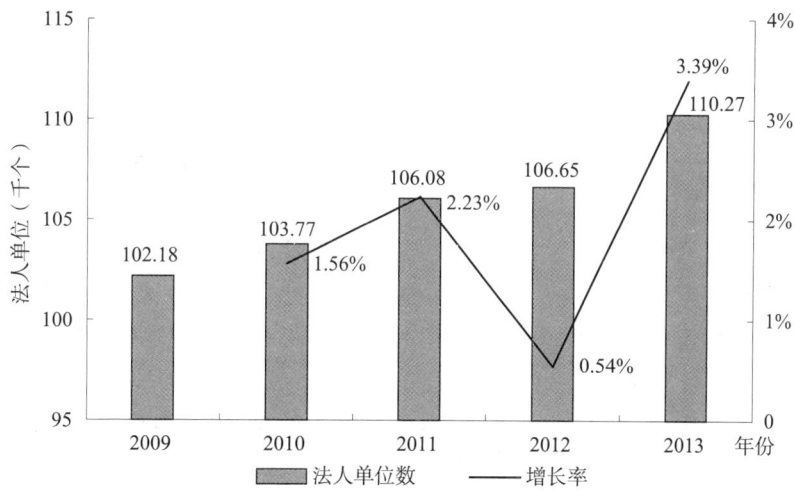

图 5-5　2009~2013 年北京信息资源产业法人单位数量变化情况

如表 5-4 所示，从产业规模指标来看，北京市产业规模下属四项指标均居全国前三，在上市企业规模指数这一指标上更是居全国首位，反映了北京在发展产业规模工作上成绩突出。

表5-4 北京三级指标得分及排名汇总

指标		得分	排名
产业规模	产值规模	93.89	2
	从业人口规模	94.45	2
	法人单位规模	95.42	2
	上市企业规模	96.12	1
产业贡献	就业贡献	86.20	2
	经济总量贡献	90.64	3
产业发展	产值规模增长	83.24	6
	法人单位规模增长	81.37	10
	从业人口规模增长	81.39	8
产业结构	资源结构	98.91	1
	产业密集	92.38	4
公共政策	产业政策供给	90.05	3
	政务开放互动	82.31	5
基础设施	产业园区发展	91.80	4
	区域信息化	98.21	2
决策强度	决策层关注度	87.47	1
	政府工作强度	97.20	1

从产业贡献指标来看，北京的信息资源产业就业贡献指数居全国第二，经济总量贡献指数居全国第三，对北京市的经济建设有着很大的促进作用。

相比于其他指标，北京市的信息资源产业发展指标并不理想，产值规模增长指数排在全国第六位，法人单位规模增长指数排在全国第十，从业人口规模增长指数排在全国第八，虽然北京在产业发展这一数据指标上排名并不高，但是并不能说明北京市产业发展前景不好，造成排名不高的原因，主要在于北京的产值规模、法人单位规模、从业人口规模基数较大，虽然有着同样的增长数量，但是增长率却相对较小。

从产业结构指标来看，北京的资源结构指数以98.91分居全国首位，产业密集指数排在全国第四位，就资源结构指数和产业密集指数而言，北京还是具有很大的优势。

从公共政策指标来看，北京产业供给指数居全国第三位，政务开放互动指数居全国第五位，由此可见，在今后公共政策方面，北京需要加大政策的宣传和运用力度。

从基础设施指数来看，北京的产业园区发展指数居全国第四位，区域信息化指数居全国第二位，仅次于上海，表明北京地区的信息资源产业信息化程度较高，对信息资源产业的发展有着较好的推动作用。

从决策强度指数来看，北京的决策层关注度指数和政府工作强度均居全国首位，表明北京地区的政府机关重视信息资源产业发展，将信息资源产业发展工作落到实处，为信息资源产业的发展提供了良好的政治基础。

5.1.3.2 信息资源产业优势行业

将北京的全部信息资源产业的指数得分与全国的全部信息资源产业的指数得分相比，之后根据得到的百分比进行降序排列，2011～2013年北京市的文化娱乐经纪人、图书出版行业、知识产权服务均处于全国比较靠前的位置。具体的产业数据如表5-5所示。

表5-5 北京市在2011～2013年部分信息资源产业情况

产业	指数	2011年	2012年	2013年
文化娱乐经纪人	从业人口（万人）	1.09	1.07	1.06
	产值（亿元）/比率	6.75/0.42	6.65/0.38	6.55/0.35
	法人单位（千个）	1.40	1.37	1.35
图书出版行业	从业人口（万人）	2.35	2.44	2.52
	产值（亿元）/比率	44.33/0.32	45.87/0.31	47.37/0.29
	法人单位（千个）	0.17	0.18	0.18
知识产权服务	从业人口（万人）	1.25	1.28	1.31
	产值（亿元）/比率	22.54/0.22	23.05/0.20	23.55/0.19
	法人单位（千个）	1.23	1.21	1.26

北京的文化娱乐经纪人、图书出版行业、知识产权服务高于全国平均水平。北京作为政治、文化中心，有着大量的高等学府及科研机构，所以上述行业处于全国领先地位是可以预见的。图书出版业和知识产权服务呈逐年递增趋势，而文化娱乐经纪人在2011～2013年，呈缓慢下降趋势。

5.1.3.3 上市公司介绍

北京主要依靠信息资源产业发展的上市公司共有8家，表5-6列出了2013年这8家公司的营业状况。

表 5-6 北京依靠信息资源产业发展的上市公司

行业	名称	资产总规模（亿元）	营业收入（亿元）	归属于上市公司股东净利润（亿元）	加权平均净资产收益率
信息传播服务业	歌华有线	104.28	22.02	2.97	5.50
	人民网	24.45	7.08	2.10	13.08
	蓝色光标	—	21.75	2.36	20.55
	乐视网	—	11.67	1.94	16.90
广播电影电视业	华谊兄弟	—	13.86	2.44	12.73
	光线传媒	—	10.34	3.10	16.59
	华录百纳	—	3.93	1.17	14.81
出版业	ST传媒	2.28	0.77	0.01	0.01

北京歌华有线电视网络股份有限公司（以下简称"歌华有线"）于1999年9月经北京市人民政府批准成立，经营范围：有线电视及无线数字电视发射、传输网络的建设、管理、经营；移动电视、楼宇电视等的编辑制作及播出；组织摄制主旋律影视剧，是北京市科学技术委员会核定的高新技术企业。

歌华有线在规模上优势明显，营业收入较高，但是其整体毛利率较低，2011年仅为7.18%，与行业平均的40%毛利率相差太远。歌华有线毛利率的下降受累于高清交互业务投入增大、设备折旧率高，而收益却相对滞后的现实情况。目前，歌华有线与其他地区的有线电视公司相比，提供的服务内容多，但收费较低，有上涨的空间。加上工程投入逐渐减少，成本下降，盈利有很大的改善空间。从美国有线电视公司的分析可以看到，决定有线电视公司股价的主要因素之一是地理位置。北京的地理位置优越，新兴业务市场需求旺盛。其家庭用户市场潜力也很大。居民的受教育程度、收入水平在中国排名前列，居民的传媒消费意愿较高，对有线电视节目的需求较大。在文化消费水平高的地区，居民倾向于选择更多的频道。因此，意味着歌华有线有更大的发展潜力。

5.2 华东地区发展述评

华东地区包括6个省份（浙江省、山东省、江苏省、安徽省、福建省和江西省）以及1个直辖市（上海市）。华东地区大部分省份处于东南沿海地区，地理条件优越，交通便利，经济发达。华东地区信息资源产业发展的总体水平在全国七大地区中处于比较明显的领先位置。

5.2.1 产业发展基本状况

产业价值是一个地区信息资源产业发展状况的总体体现,从图5-6可以看出,华东地区省市中,江苏的产业价值最高。江苏、浙江是我国经济最为发达的省份,信息资源产业起步早,有很强的经济基础,上海是我国最早开放的经济特区之一,也是我国的金融中心,这些地区对信息资源产业的依赖较强,信息资源产业价值也普遍较高。山东的信息资源产业相对于全国处于领先地位,相比于华东地区的其他省市,其产业价值属中档水平。而安徽、江西、福建三个省份的经济发展与上述省市有较大差距,经济基础薄弱,信息资源产业发展起步晚,产业价值在华东地区也相对比较低。

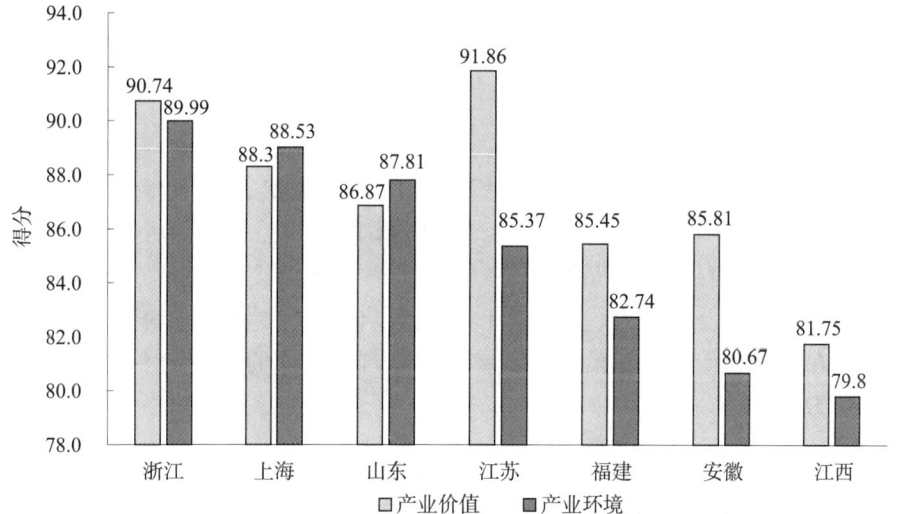

图5-6 华东地区各省市产业价值与产业环境

产业环境反映了该地区产业发展环境优化程度的相对水平,从图5-6可以明显看出,浙江的产业环境处于华东地区的领先地位,其次是上海、山东、江苏,而福建、安徽、江西的产业环境指数较低。表5-7反映了华东地区各省市综合产业价值和产业环境的信息资源产业总得分以及全国排名。华东地区各省市信息资源产业的平均名次为第八位,在全国七大地区中排名最靠前。其中浙江、江苏、上海、山东和福建均处于全国前十名,安徽排名全国第11位。相比而言,江西位于第23名,排名相对靠后。从而导致该地区各省市全国排名数的方差为43,表明地区内部差距较大。

表 5-7 华东地区各省市信息资源产业得分及排名

省市	总得分	全国排名
浙江	90.37	2
江苏	90.31	4
上海	88.62	5
山东	88.41	6
福建	87.34	7
安徽	84.10	11
江西	83.24	23
平均	87.48	8
方差	6.85	43

5.2.2 一级指标分项分析

华东地区的信息资源产业发展水平相对较高，从表 5-8 可以看出，华东地区中，江苏的产业规模指数最高，排在全国第三位，浙江、山东、上海紧随其后，分列第四位、第五位、第六位，安徽排在全国第八位。福建和江西尽管与上述省市差距较大，但全国排名比较靠前。整体来看，华东地区的产业规模在全国处于领先地位，而区域内部各省市之间的差距也不大，各省市发展较为均衡。

表 5-8 华东地区信息资源产业价值与产业环境分项分析

省市	产业规模	排名	产业贡献	排名	产业发展	排名	产业结构	排名
山东	83.89	5	77.28	16	86.20	4	87.04	6
上海	83.86	6	82.19	8	82.24	8	89.96	1
浙江	88.22	4	83.88	4	89.32	3	87.63	3
江西	77.15	15	76.74	17	76.24	22	85.87	16
福建	78.65	11	80.87	12	83.75	6	86.63	7
安徽	80.84	8	82.41	13	82.50	7	85.94	14
江苏	89.65	3	80.03	7	96.61	1	87.06	5
均值	83.18	7	80.49	11	85.27	7	87.16	7
方差	18.66	16	6.12	20	35.20	41	1.65	27

产业贡献反映了一个地区的信息资源产业对该地区总体经济发展贡献的相对水平，华东地区的信息资源产业对该地区经济发展的贡献属于中上等水平。这表明相比于其他地区，华东地区的信息资源产业在该地区经济发展中占据相对较高的比重，产业贡献指数平均值为80.49，各省市平均排名全国为第11位。浙江、上海、江苏的产业贡献处于全国领先位置，福建、安徽属于中等偏上水平，而山东、江西排名位于全国中游。整体来看，华东地区各省市产业贡献发展比较均衡，各省市之间的差距不大，指数方差为6.12。

产业发展指数描述了一个地区自2004年以来信息资源产业动态发展程度的相对水平，该指数也反映了地区信息资源产业发展速度的相对快慢。由于产业发展指数描述的并非是一个地区信息资源产业增长的绝对产值，而是一个相对指数，因此，该指数也可以揭示未来该地区信息资源产业发展的状况。华东地区的产业发展指数表现非常突出，各省市平均排名为第七位，该项指数得分的平均值为85.27。除江西之外，其他各省市均位于全国前十位，其中江苏的产业发展指数得分为全国最高。而江西的产业发展指数仅仅位于全国第22位，与本地区的其他省市差距较大，由于江西本身信息资源产业基数不高，加之发展缓慢，未来很可能会继续加大与其他省市的差距。

如表5-8所示，华东地区的产业结构指数得分的平均排名为全国第七位，除了安徽和江西处于中等水平之外，其他省市均位于全国前十位，各省市之间差距较小，指数方差1.65。这表明华东地区整体信息资源产业结构状况较好。

如表5-9所示，公共政策指数反映了该地区信息资源产业政策环境优化程度的相对水平，华东地区平均排名为全国第十位，指数得分的平均值为83.76。总体处于中上等水平，但地区各省市发展非常不平衡。其中，浙江、江苏排在全国前两位，山东、上海也位于全国前十名。而福建位于第12位，安徽位于第18位，处于全国中游水平。江西位于全国第25位，已经位于比较落后的位置。因此，对于公共政策指数来说，缩小地区差距，保持平衡发展对于华东地区来说是当务之急。

表5-9　华东地区信息资源产业价值与产业环境分项分析

省市	公共政策	排名	基础设施	排名	决策强度	排名
山东	84.36	6	92.76	4	85.84	3
上海	83.47	7	95.64	1	85.80	4
浙江	97.47	1	91.26	5	81.18	8
江西	76.11	25	83.86	25	79.04	15

续表

省市	公共政策	排名	基础设施	排名	决策强度	排名
福建	79.68	12	89.66	7	78.25	23
安徽	78.43	18	85.03	18	78.13	25
江苏	86.78	2	91.06	6	77.77	28
均值	83.76	10	89.90	9	80.86	15
方差	43.02	66	14.95	65	10.92	92

华东地区的基础设施指数平均排名位于全国第九位，指数得分平均值为89.90，位于全国上游水平。但地区各省市之间形成了两极格局，安徽、江西位于全国第18位、第25位，处于比较落后的位置，而其余省市均位于全国前十名。因此，安徽、江西应加紧信息资源产业相关基础设施的建设，特别是地方政府应该在这方面给予更多的重视和支援。

华东地区的决策强度指数的平均得分位于全国第15位，处于中游水平。指数得分的平均值为80.86。相对于其他指数，华东地区决策强度相对较差。其中，福建、安徽和江苏均处于全国落后水平，山东、上海、浙江位于全国前十名，江西省处于中游水平。决策强度反映了地区政府部门对信息资源产业发展的重视程度和工作强度的相对水平，这表明华东地区政府部门整体对于信息资源产业重视程度一般。

5.2.3 重点分析：浙江

5.2.3.1 信息资源产业概况

浙江的信息资源产业比较发达，其信息资源产业发展状况不仅在华东地区，在全国都处于领先地位。浙江产业价值指数为90.7，排在全国第四位，产业环境指数为90.0，排在全国第二位。其信息资源产业指数得分（90.4）仅次于北京（91.8），位列全国第二。具体对于产业价值的分项指标（产业规模、产业贡献、产业发展、产业结构）和产业环境的分项指标（决策强度、基础设施、公共政策）如图5-7所示。

图5-8~图5-10反映了浙江在这五年的信息资源产业产值、从业人口、法人单位的变化情况。2009~2013年，浙江信息资源产业的产值、从业人口、产业单位处于平稳增长的状态。浙江在2009年的产值为8.08亿元，在2013年产值增长到13.48亿元。其中，法人单位数量变化较为平稳，从业人口以及产值变化呈现上下波动的情况。浙江应加强信息资源产业的统筹规划，制定产业增长目标，从而保障信息资源产业的平稳增长。

5 信息资源产业七大区域发展述评

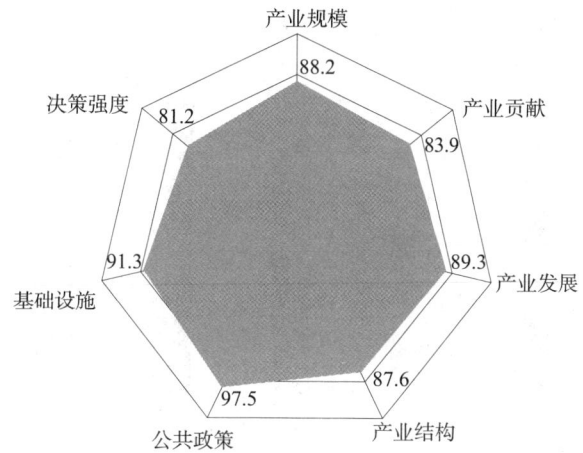

图5-7 浙江信息资源产业价值与产业环境指标得分分布

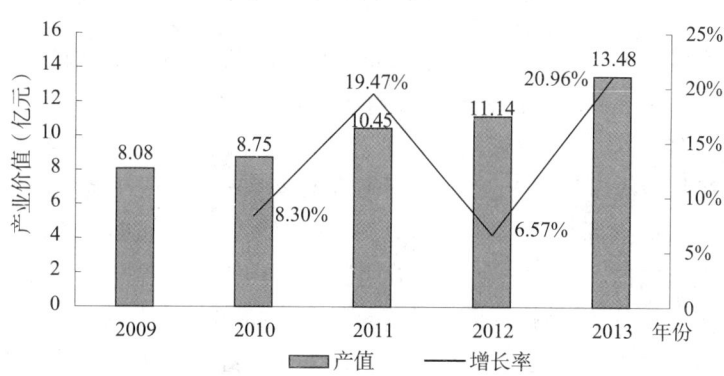

图5-8 2009～2013年浙江信息资源产业产值变化趋势

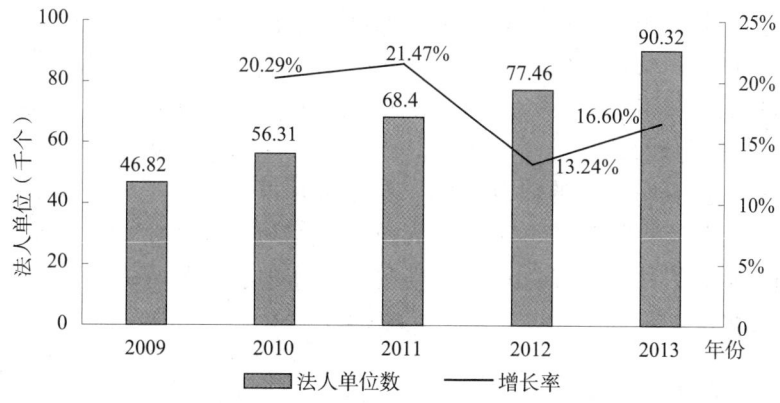

图5-9 2009～2013年浙江信息资源产业法人单位变化趋势

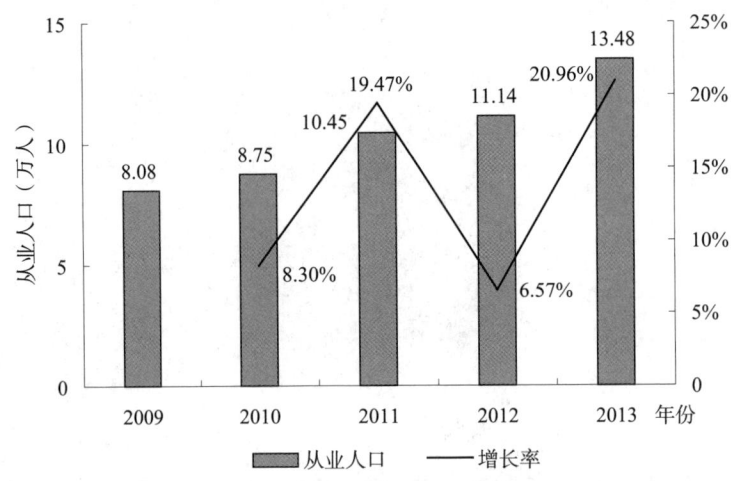

图 5-10 2009~2013 年浙江信息资源产业从业人口变化趋势

浙江产业价值指数的四个分项指标：产业规模（由产值规模、从业人口规模、法人单位规模、上市企业规模指数测定）、产业贡献（由就业贡献、经济总量指数测定）、产业发展（由产值规模增长、法人单位规模增长、从业人口规模增长指数测定）、产业结构（由资源结构和产业密集指数测定）均处于全国前列，各项指标发展均衡。其中，产业规模、产业贡献和产业发展测量指标均排在全国前十名。与其他指数明显不同的是资源结构指数，浙江仅排在全国第 21 位。资源结构指数反映了地区信息资源产业发展对信息资源依赖程度的相对水平，原因可能是浙江的经济发达，经济发展方式多元化，不仅仅对于信息资源有所需求，对于其他各类资源的需求也相对较高，从而造成了对于信息资源的依赖相对较低。

表 5-10 反映了浙江信息资源产业环境指数分项指标：公共政策（由产业政策供给、政策开放互动指数测定）、基础设施（由产业园区发展、区域信息化指数测定）、决策强度（由决策层关注度、政府工作强度指数测定）的具体得分及排名。可以看出，浙江的公共政策指数分项指标均排在全国第一位，表明浙江的信息资源产业政策环境优化水平是非常高的，这可以为其他省市提供借鉴和参考。而政府工作强度指数相对于其他指数排位相对较低，因此，浙江可适当提高政府工作中对信息资源产业重视程度和工作强度。

表 5-10 浙江三级指标指数得分与排名

指标名称		得分	排名
产业规模	产值规模	89.29	3
	从业人口规模	88.33	4
	法人单位规模	89.97	4
	上市企业规模	83.93	6
产业贡献	就业贡献	77.88	4
	经济总量贡献	89.89	4
产业发展	产值规模增长	88.60	3
	法人单位规模增长	91.96	3
	从业人口规模增长	87.41	4
产业结构	资源结构	93.06	21
	产业密集	92.72	3
公共政策	产业政策供给	100.00	1
	政务开放互动	94.94	1
基础设施	产业园区发展	89.11	6
	区域信息化	93.40	3
决策强度	决策层关注度	78.26	4
	政府工作强度	84.09	19

5.2.3.2 信息资源产业优势行业介绍

本研究首先将浙江的全部信息资源产业的指数得分与全国的全部信息资源产业的指数得分进行相比,随后根据得到的百分比进行降序排列,发现2011~2013年,浙江的电视、数字内容服务和软件开发均处于全国比较靠前的位置。该三个信息资源产业的2011~2013年产值、从业人口以及法人单位的具体数值如表5-11所示。

表5-11 浙江在2011~2013年的优势信息资源产业情况

产业	指标	2011年	2012年	2013年
电视	从业人口（万人）	8.22	9.69	11.12
	产值/比率	45.76/0.19	53.71/0.21	61.44/0.22
	法人单位（千个）	0.4	0.47	0.54
数字内容服务	从业人口（万人）	2.04	2.38	2.72
	产值/比率	22.92/0.12	26.73/0.12	30.42/0.13
	法人单位（千个）	0.87	1.01	1.15

续表

产业	指标	2011 年	2012 年	2013 年
软件开发	从业人口（万人）	8.15	9.53	10.87
	产值/比率	261.93/0.12	305.45/0.12	347.67/0.13
	法人单位（千个）	5.68	4.05	4.62

可以看出，浙江的这三个产业在 2011～2013 年均处于稳步上升的状态。同时，三个产业的产值均占据了全国总体产值的很大比重。作为信息资源产业处于全国领先地位的浙江来说，这一结果也是可以预见的。

5.2.3.3 上市公司介绍

浙江主要依靠信息资源产业发展的上市公司共有两家，分别是华策影视和浙报传媒。表 5-12 反映了这两家公司 2013 年的营业状况。

表 5-12 浙江依靠信息资源产业发展的上市公司

行业	名称	资产总规模（亿元）	营业收入（亿元）	归属于上市公司股东的净利润（亿元）	加权平均净资产收益率（%）
影版	华策影视	—	7.21	2.15	15.64
	浙报传媒	26.30	14.38	2.21	20.75

浙江华策影视股份有限公司创立于 2005 年 10 月，是一家致力于制作、发行影视产品的文化创意企业。2010 年 10 月 26 日，于深圳证券交易所创业板上市。

2002 年，浙江日报报业集团出资设立浙江日报报业集团有限公司，率先尝试以报业集团和强势传媒群体为依托，统筹运营报业经营资产，确立了报业经营的独立法人地位。2009 年更名为浙报传媒集团公司，成为统筹运营传媒资产、拓展产业空间的全新市场主体。

5.3 华南地区发展述评

华南地区包括广东、广西以及海南 3 个省区。华南地区毗邻我国南海，其中，广东经济发达，海南和广西相对落后；广东和海南的一些地级市是我国最早的沿海开放城市，也是我国高新技术产业的聚集地之一。整体来看，华南地区的信息资源产业排在全国中等水平，虽然广东的信息资源产业发展比较靠前，但是广西和海南均比较落后。

5.3.1 产业发展基本状况

从图5-11可以看出,无论从产业价值还是产业环境来看,广东都处于华南地区的领先地位。而海南与广西相差不大。其中,广东产业价值指标得分为92.64,位居全国第一位。产业环境得分为87.98,位居全国第四位。信息资源产业总得分为90.31,位居全国第三位。总体来看,广东的信息资源产业发达,产业价值与产业环境发展均衡。

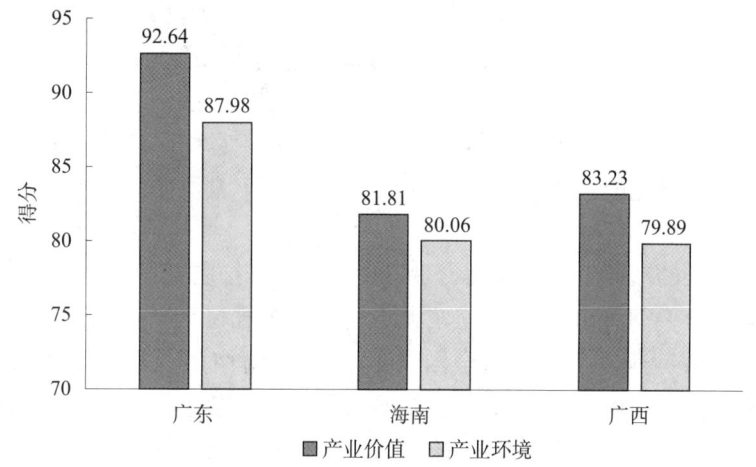

图5-11　华南地区各省区产业价值与产业环境

相比之下,广西和海南的信息资源产业相对落后。海南的产业价值指标得分为81.81,排在全国第17位,产业环境指标得分为80.06,排在全国第21位,信息资源产业总得分为80.94,排在全国中下游;广西的产业价值指标得分为83.23,居于全国第14位,产业环境指标得分为79.89,位居全国第23位,信息资源产业总得分为81.56,排名全国第17位,处于全国中游。表5-13反映了华南地区信息资源产业得分及排名状况。

表5-13　华南地区各省区信息资源产业得分及排名

省区	信息资源产业总得分	全国排名
广东	90.31	3
广西	81.56	17
海南	80.94	20
平均	84.27	13
方差	18.28	54.89

5.3.2 一级指标分项分析

华南地区的信息资源产业总体处于全国中上游,表 5-14 反映了华南地区产业价值与产业环境指标分项的具体得分及排名情况。

其中,华南地区的产业规模平均得分为 81.75,平均排名全国第 15 位,其中广东排名第二,而海南、广西的产业规模相比较为落后,分别排在全国第 24 位、第 18 位。产业规模指数方差 79.41,其中广西、海南之间的差距不大,而广东的产业规模指数很高,与其他两个省区差距较大。

华南地区的产业贡献平均得分为 81.26,平均排名全国第十位,广东、广西、海南分别排在全国第 6 位、第 10 位、第 14 位。因此,总体来看,华南地区的信息资源产业对全地区总体经济发展贡献的相对水平较高,特别是广东,处于全国比较领先的位置。同时广西与海南也处于全国中上游,地区各省区之间差距较小。

华南地区的产业发展平均得分为 83.22,平均排名全国第 13 位,地区排名方差 74,各省区之间的差距比较大。其中广东排名全国第二位,信息资源产业发展非常迅速,广西排名全国第 13 位,而海南仅仅排在全国第 23 位。总体来看,华南地区的产业发展指数排在全国中上游,但由于省区间相差较大,平均得分不能体现整个地区的信息资源产业状况。因此,加强区域各省区之间的交流、互助对于华南地区的信息资源产业的发展平衡至关重要。

华南地区的产业结构平均得分为 85.75,平均排名全国第 17 位。海南、广东、广西分别排在第 9 位、第 18 位、第 24 位,地区整体排名处于全国中游。其中,海南的信息资源产业结构优化程度的相对水平较高,广东、广西相对落后,三个省区之间的差距较大(见表 5-14)。

表 5-14 华南地区信息资源产业价值得分与排名

省区	产业规模	排名	产业贡献	排名	产业发展	排名	产业结构	排名
广东	94.31	2	82.43	6	94.55	2	85.77	18
海南	74.54	24	79.88	14	75.81	23	86.18	9
广西	76.41	18	81.47	10	79.29	13	85.29	24
均值	81.75	15	81.26	10	83.22	13	85.75	17
方差	79.41	86	1.10	11	66.22	74	0.13	38

如表 5-15 所示,华南地区的公共政策平均得分为 78.91,平均排名全国第 18 位;基础设施平均得分为 87.58,平均排名全国第 15 位;决策强度平均

得分为 80.98，平均排名全国第 14 位。华南地区各省区产业环境的三项指标的情况比较相似，都是广东位于全国前列，海南排在全国中游或下游，而广西则处于比较落后的位置，地区间形成了三级阶梯的结构。由于广东和海南开放较早，地区经济比较发达，从而带动了信息资源产业的发展，其信息资源产业的政策环境优化程度比较高。

表 5 – 15　华南地区信息资源产业环境得分与排名

省区	公共政策	排名	基础设施	排名	决策强度	排名
广东	84.51	5	93.09	3	85.85	2
海南	75.22	28	85.51	17	78.94	16
广西	77.00	22	84.14	24	78.14	24
均值	78.91	18	87.58	15	80.98	14
方差	16.20	95	15.50	76	12.00	83

由于地区间的差异较大，广西和海南可向同地区的广东借鉴信息资源产业环境的优化经验，缩小地区间的差距。

5.3.3　重点分析：广东

5.3.3.1　信息资源产业概况

广东的信息资源产业处于全国领先位置，其产业价值指数为 92.64，排在全国第一位，产业环境指数为 87.98，排在全国第四位。其信息资源产业指数得分（90.31）次于北京（91.83）、浙江（90.37），位列全国第三。具体对于产业价值的分项指标（产业规模、产业贡献、产业发展、产业结构）和产业环境的分项指标（决策强度、基础设施、公共政策）如图 5 – 12 所示。

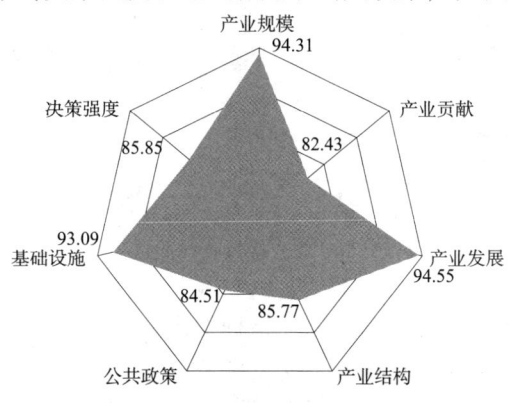

图 5 – 12　广东信息资源产业价值与产业环境指标得分分布

图 5-13~图 5-15 反映了广东在 2009~2013 年的信息资源产业产值、从业人口、法人单位的变化情况。总体来看，三项指标在这五年内都处于上升的状态。从增长速率来看，法人单位数量一直处于相对稳步的增长状态，五年内的增长速率变动较小，而产业产值和从业人口在 2011~2012 年增长相对较缓慢，其他时间一直保持比较稳步快速的增长态势。

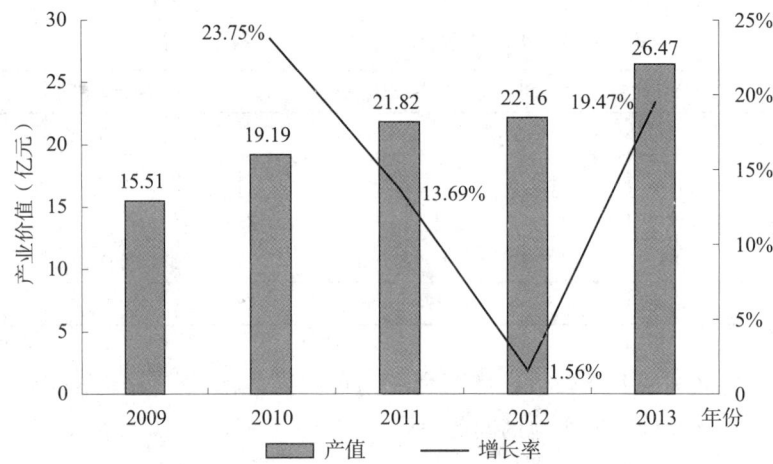

图 5-13　2009~2013 年广东信息资源产业产值变化趋势

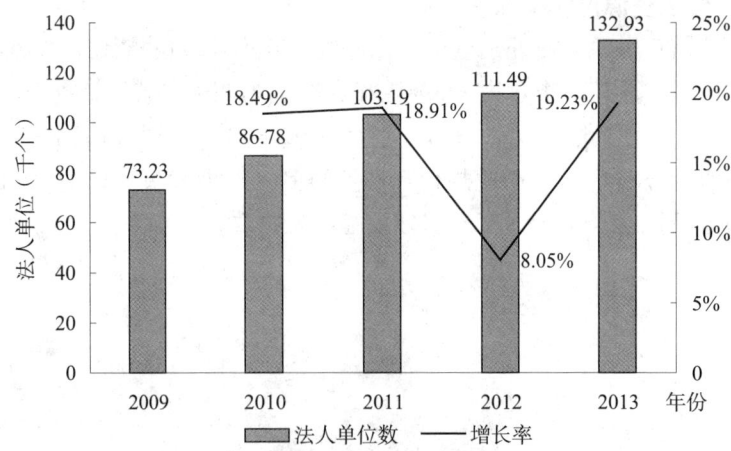

图 5-14　2009~2013 年广东信息资源产业法人单位数量变化情况

广东的产业价值指数的四个分项指标：产业规模（由产值规模、从业人口规模、法人单位规模、上市企业规模指数测定）、产业贡献（由就业贡献、经济总量指数测定）、产业发展（产值规模增长、法人单位规模增长、从业人

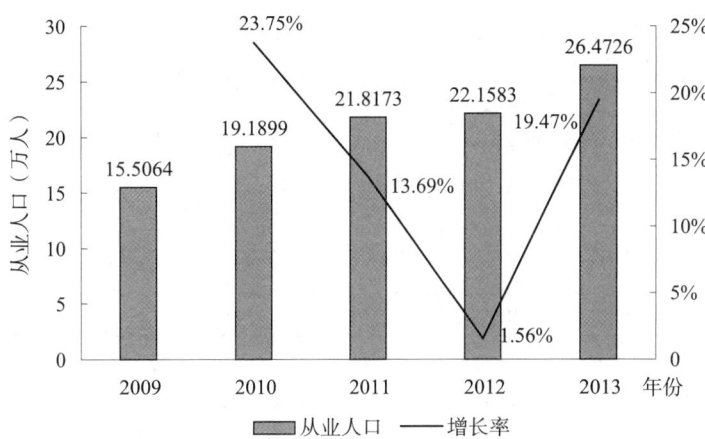

图 5-15　2009~2013 年广东信息资源产业从业人口变化情况

口规模增长指数测定）均处于全国各省区市前列，产业结构（由资源结构和产业密集指数测定）排名相对其他指标排名较为靠后，如表 5-16 所示。其中，资源结构指数排名较为靠后的原因与浙江类似，都是由于资源结构指数反映的是地区信息资源产业发展对信息资源依赖程度的相对水平，但是广东经济发达，经济发展方式多元化，不仅仅对于信息资源有所需求，对于其他各类资源的需求也相对较高，因此造成了对于信息资源的依赖相对较低。

表 5-16　广东三级指标指数得分与排名

指标名称		得分	排名
产业规模	产值规模	97.32	1
	从业人口规模	97.21	1
	法人单位规模	97.22	1
	上市企业规模	81.31	8
产业贡献	就业贡献	76.98	5
	经济总量贡献	87.88	8
产业发展	产值规模增长	95.72	1
	法人单位规模增长	92.08	2
	从业人口规模增长	95.82	1
产业结构	资源结构	92.59	24
	产业密集	89.24	11

续表

指标名称		得分	排名
公共政策	产业政策	85.31	7
	政务开放互动	83.70	3
基础设施	产业园区发展	93.20	2
	区域信息化	92.98	4
决策强度	决策层关注度	80.62	3
	政府工作强度	91.09	3

表5-16反映了广东省信息资源产业环境指数分项指标：公共政策（由产业政策供给、政策开放互动指数测定）、基础设施（由产业园区发展、区域信息化指数测定）、决策强度（由决策层关注度、政府工作强度指数测定）的具体得分及排名。可以看出，广东的公共政策、基础设施、决策强度指数的分项指标均排在全国前列，表明广东的产业发展环境优化程度的相对水平很高，这也可以为华南地区以及全国其他省区提供借鉴和参考。

5.3.3.2 信息资源产业优势行业介绍

通过将广东的全部信息资源产业指数得分与全国的全部信息资源产业的指数得分相比，随后根据得到的百分比进行降序排列，2011~2013年广东的贸易代理、学前教育和软件开发产业均处于全国比较靠前的地位。这三个信息资源产业2011~2013年产值、从业人口以及法人单位的具体数值如表5-17所示。

表5-17 广东在2011~2013年的优势信息资源产业情况

产业	指标	2011年	2012年	2013年
贸易代理	从业人口（万人）	4.28	5.52	6.72
	产值（亿元）/比率	953.94/0.25	1223.55/0.26	1485.06/0.27
	法人单位（千个）	3.91	5.04	6.14
学前教育	从业人口（万人）	33.49	34.94	36.34
	产值（亿元）/比率	13.30/0.24	13.85/0.23	14.39/0.22
	法人单位（千个）	1.15	1.2	1.25
软件开发	从业人口（万人）	11.29	12.96	14.58
	产值（亿元）/比率	362.73/0.16	415.33/0.17	466.36/0.17
	法人单位（千个）	4.8	5.5	6.19

可以看出，广东省的贸易代理、学前教育和软件开发产业均占据了全国总体水平的很大比重。这与广东的珠江三角洲，以及深圳的产业发展状况有一定关系。珠江三角洲地带是全国高新技术的聚集地，因此，其软件开发产业比较发达。广东毗邻南海，与内地的贸易相对比，进出口贸易较频繁，可能也是造成贸易代理产业发达的原因。

5.3.3.3 上市公司介绍

表5-18显示了广东信息资源产业上市公司的情况。其中，粤传媒全称为广东广州日报传媒股份有限公司，于2007年11月16日上市，资产总规模40.88亿元，2013年营业收入18.81亿元。深圳市天威视讯股份有限公司（以下简称"天威视讯"）是我国有线电视网络行业的第一家股份制企业，2008年5月26日于深圳证券交易所上市。方直科技成立于1993年，2011年6月29日在深圳证券交易所创业板挂牌，方直科技致力于多媒体教育软件以及网络教育软件的研发、生产、销售与服务。

表5-18 广东依靠信息资源产业发展的上市公司

行业类型	名称	资产总规模（亿元）	营业收入（亿元）	归属于上市公司股东的净利润（亿元）	加权平均净资产收益率（%）
信息传播服务业	粤传媒	40.88	18.81	2.76	7.96
广播电影电视业	天威视讯	19.69	9.00	1.28	9.07
多媒体教育	方直科技	—	0.77	0.21	7.26

5.4 华中地区发展述评

华中地区包括湖南、湖北以及河南三个省份。三个省份均是我国的人口大省，由于地处内陆，经济发展比东南沿海相对落后，但优于西部地区。总体来看，华中地区的信息资源产业发展水平处于全国中等地位，其中湖北比较靠前，河南比较靠后。

5.4.1 产业发展基本状况

图5-14反映了华中地区的产业价值与产业环境情况。总体来看，华中地区的信息资源产业处于全国中游地位，湖北、湖南、河南分别排在全国第10位、第14位、第22位。就产业价值来说，湖北指标得分为85.7，湖南指标得分为82.2，河南指标得分为80.7。其中，湖北的产业价值较高，排在全

国第八位,湖南排在全国第 16 位,处于中游水平,而河南排在第 24 位,处于比较落后的位置;就产业环境来说,三个省份相差不大,湖北指标得分为 81.7,湖南指标得分为 82.2,河南指标得分为 81.1,均处于全国中游水平,湖南、湖北、河南分别排在全国第 12 位、第 14 位、第 16 位。表 5 - 19 反映了华中地区各省份信息资源产业得分及排名的情况。

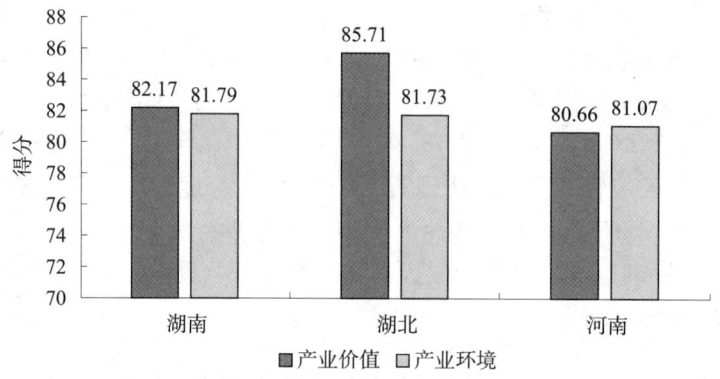

图 5 - 16 华中地区各省份产业价值与产业环境

表 5 - 19 华中地区各省份信息资源产业得分及排名

省份	信息资源产业总得分	全国排名
湖北	83.72	10
湖南	81.98	14
河南	80.87	22
平均	82.19	15
方差	1.37	25

5.4.2 一级指标分项分析

华中地区信息资源产业总体情况处于全国中游水平,表 5 - 20 反映了华中地区各省份湖南、河南、湖北的信息资源产业价值与产业环境分项指标的具体情况,其中,华中地区的产业规模指数均值为 79.13,平均排名全国第 11 位,处于比较靠前的位置。湖北、湖南、河南分列全国第 7 位、第 10 位、第 17 位,湖北产业规模较大,而河南相对比较落后。指数方差 4.09,地区各省份之间的差距较小。

表 5-20 华中地区信息资源产业价值得分与排名

省份	产业规模	排名	产业贡献	排名	产业发展	排名	产业结构	排名
湖南	79.66	10	76.03	22	77.39	19	84.93	23
河南	76.43	17	74.51	30	75.86	22	85.29	28
湖北	81.30	7	82.51	5	85.08	5	83.81	30
均值	79.13	11	77.69	19	79.44	15	84.68	27
方差	4.09	18	12.03	109	16.27	55	0.40	9

华中地区的产业贡献指数均值为 77.69，平均排名全国第 19 位。其中湖北排在全国第五位，说明湖北的信息资源产业对其总体经济发展贡献的相对水平比较高，相比之下，湖南、河南则分别排在第 22 位、第 30 位，处于全国下游水平。这也造成了地区间产业贡献指数的不平衡，各省份之间差距很大。

华中地区的产业发展指数均值为 79.33，平均排名全国第 15 位。其中湖北信息资源产业动态发展程度的相对水平很高，排在全国第五位，而湖南和河南处于全国中下游水平，分别排在全国第 19 位和第 22 位。地区各省份之间的差距较大。

华中地区的产业结构指数均值为 84.68，平均排名全国第 27 位。湖南、河南、湖北分别排在全国第 23 位、第 28 位和第 30 位，均处于比较靠后的位置，表明华中地区各省份的信息资源产业结构优化程度的相对水平较低。

如表 5-21 所示，华中地区的公共政策指数均值为 79.43，平均排名第 12 位；基础设施指数均值为 85.23，平均排名第 17 位；决策强度指数均值为 79.58，平均排名第 15 位。总体来看，华中地区各省份的产业环境各项分项指标位于全国中游水平。其中，湖北的公共政策和基础设施排名比较靠前，湖南的决策强度排名比较靠前，各省份之间的差距并不明显。

表 5-21 华中地区信息资源产业环境得分与排名

省份	公共政策	排名	基础设施	排名	决策强度	排名
湖南	78.59	15	84.95	20.00	81.52	6
河南	79.39	13	84.64	21.00	78.86	18
湖北	80.31	9	86.11	10.00	78.35	21
均值	79.43	12	85.23	17.00	79.58	15
方差	0.50	6	0.40	25.00	1.93	42

5.4.3 重点分析：湖北

5.4.3.1 信息资源产业概况

湖北省信息资源产业处于全国中上游水平，其产业价值指数为 85.7，排在全国第八位，产业环境指数为 81.7，排在全国第 14 位。其信息资源产业指数得分为 83.7，位列全国第十位。具体对于产业价值的分项指标（产业规模、产业贡献、产业发展、产业结构）和产业环境的分项指标（决策强度、基础设施、公共政策）如图 5-17 所示。

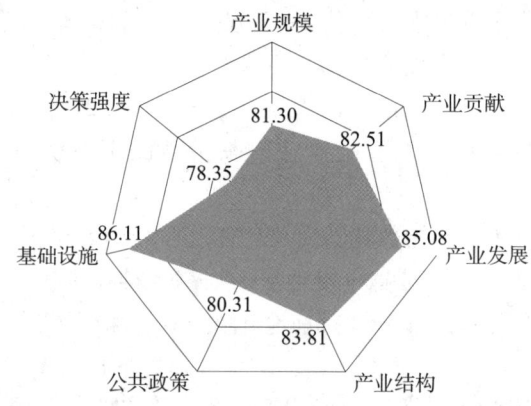

图 5-17 湖北信息资源产业价值与产业环境指标得分分布

图 5-18 ~ 图 5-20 反映了湖北在 2009 ~ 2013 年的信息资源产业产值、从业人口、法人单位的变化情况。总体来看，三项指标在这五年内都处于上

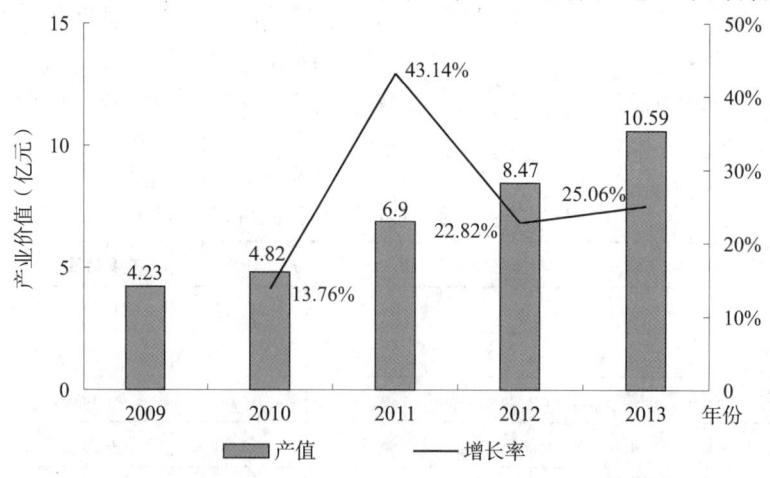

图 5-18 2009 ~ 2013 年湖北信息资源产业产值变化趋势

升的状态。从增长速率来看。可以看出，2009~2013年，湖北的信息资源产业产值、从业人口以及法人单位数量一直处于增长的状态，2010年之后三项指标增长的速度相比2009~2010年更快。同时，产业价值、从业人口、法人单位的增长速度几乎是同步的。

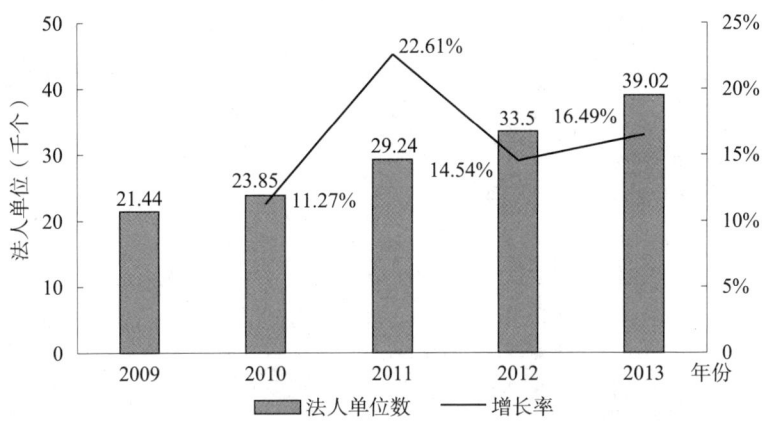

图5-19　2009~2013年湖北信息资源产业法人单位数量变化趋势

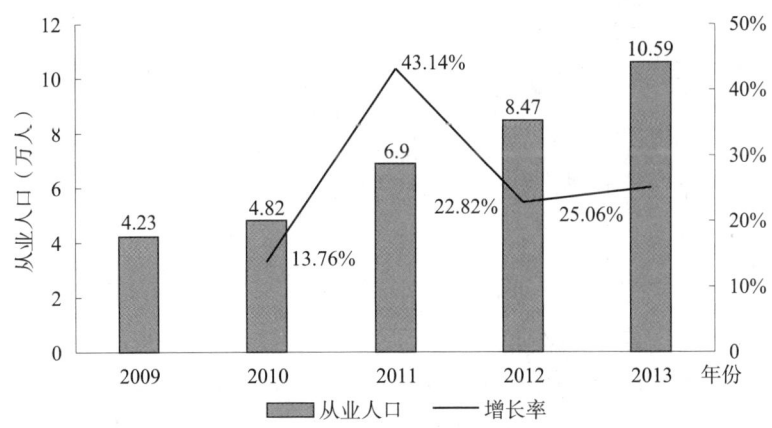

图5-20　2009~2013年湖北信息资源产业从业人口变化趋势

如表5-22所示，除了产业结构指标外，湖北的产业价值指数的分项分项指标产业规模（由产值规模、从业人口规模、法人单位规模、上市企业规模指数测定）、产业贡献（由就业贡献、经济总量指数测定）、产业发展（产值规模增长、法人单位规模增长、从业人口规模增长指数测定）均处于全国前十位。湖北的产业结构（由资源结构和产业密集指数测定）排名相对其他指标排名非常靠后。这说明湖北的信息资源产业结构优化程度的相对水平很差,一方面,湖北的信息资源产业发展对信息资源依赖程度的相对水平很低;另一方面,湖北的信息资源产业资本与劳动力生产要素密集程度的相对水平也很低,其信息资源产业的竞争压力较小。

表5-22 湖北三级指标指数得分与排名

指标名称		得分	排名
产业规模	产值规模	80.93	7
	从业人口规模	83.39	6
	法人单位规模	79.84	9
	上市企业规模	80.91	9
产业贡献	就业贡献	75.85	8
	经济总量贡献	89.18	5
产业发展	产值规模增长	83.56	5
	法人单位规模增长	82.43	8
	从业人口规模增长	89.26	3
产业结构	资源结构	90.61	30
	产业密集	86.32	29
公共政策	产业政策	84.93	8
	政务开放互动	75.69	16
基础设施	产业园区发展	86.81	15
	区域信息化	85.41	12
决策强度	决策层关注度	72.74	11
	政府工作强度	84.96	24

表5-22反映了湖北省信息资源产业环境指数分项指标公共政策(由产业政策供给、政策开放互动指数测定)、基础设施(由产业园区发展、区域信息化指数测定)、决策强度(由决策层关注度、政府工作强度指数测定)的具体得分及排名。湖北的公共政策、基础设施、决策强度指数分项指标均排在全国中游水平,其中产业政策供给水平较高,而政府工作强度相对较低。湖北可根据各个指数的排名情况对其信息资源产业环境进行优化和调整。

5.4.3.2 信息资源产业优势行业介绍

将湖北的全部信息资源产业的指数得分与全国的全部信息资源产业的指数得分相比,随后根据得到的百分比进行降序排列,研究发现2011~2013年湖北省的教育辅助服务、图书出版以及水文服务业均处于全国比较靠前的位置。这三个信息资源产业在 2011~2013 年产值、从业人口以及法人单位的具体数值如表 5-23 所示。

表 5-23　湖北省在 2011~2013 年的优势信息资源产业情况

产业	指数	2011 年	2012 年	2013 年
教育辅助服务	从业人口（万人）	1.43	1.64	1.84
	产值/比率	3.93/0.04	4.49/0.05	5.04/0.05
	法人单位（千个）	0.19	0.22	0.25
图书出版	从业人口（万人）	0.36	0.42	0.48
	产值/比率	6.8/0.05	7.92/0.05	9.02/0.06
	法人单位（千个）	0.03	0.03	0.03
水文服务	从业人口（万人）	0.74	0.95	1.15
	产值/比率	1.49/0.07	1.9/0.07	2.31/0.07
	法人单位（千个）	0.4	0.52	0.63

根据表 5-23 的结果，湖北的教育辅助服务、图书出版以及水文服务在 2011~2013 年均处于稳步增长的状态，并且占据了全国该行业比较高的比重。湖北是我国教育大省，教育产业发达，湖北黄冈更是以优秀的高中教育闻名全国，因此其教育辅助服务以及图书出版行业较为发达。作为长江流经的省份之一，也是三峡工程的所在地，湖北水资源丰富，其水文服务也是领先全国的。

5.4.3.3　上市公司介绍

表 5-24 显示了湖北信息资源产业上市公司的情况。目前湖北的信息资源产业上市公司主要是长江出版传媒股份有限公司（以下简称"长江传媒"），长江出版传媒股份有限公司是湖北长江出版集团有限公司的控股子公司，是一家在上海证券交易所上市的文化企业。截至 2013 年，长江传媒资产总规模 45.17 亿元，营业收入 34.86 亿元，其资产总规模以及营业收入均处于全国信息资源产业上市公司的领先地位。

表 5-24　湖北依靠信息资源产业发展的上市公司

行业类型	名称	资产总规模（亿元）	营业收入（亿元）	归属于上市公司股东的净利润（亿元）	加权平均净资产收益率（%）
出版业	长江传媒	45.17	34.86	3.27	11.76

5.5 西北地区发展述评

西北地区在信息资源产业发展方面，处于七大区域最后的位置，各项指标均处于全国中下游。其中最为严峻的是基础设施方面，西北地区五个省区在这项指标上均处于全国下游水平，平均排名为第 28 位。严重制约了这些地区信息资源产业的发展，因此需要加大基础设施配套力度，为信息资源产业发展提供硬件保障。

5.5.1 产业发展基本状况

从信息资源产业总得分来看，西北地区信息资源产业发展状况颇为严峻。如表 5-25 所示，西北地区平均得分（79.79）低于全国平均水平（82.85），平均排名第 25 位，五个省区中只有陕西处于中等偏上水平，新疆、宁夏、甘肃和青海则处于垫底的水平，分别排在第 25 位、第 28 位、第 29 位和第 30 位，西北地区需要加大发展信息资源产业的力度。

表 5-25 西北地区各省区信息资源产业得分及排名

省区	信息资源产业总得分	全国排名
陕西	82.71	13
新疆	80.07	25
宁夏	79.20	28
甘肃	78.93	29
青海	78.02	30
西北平均	79.79	25
方差	2.57	39

如图 5-21 所示，西北地区信息资源产业发展状况并不好，从产业价值来看，西北地区平均水平（80.94）低于全国平均水平，而地区内只有陕西（85.37）高于全国平均水平；从产业环境来看，西北平均水平（78.64）低于全国平均水平（82.12），并且西北地区五个省区全部低于全国平均水平，这反映了西北地区产业环境形势相当严峻，需要加大信息资源产业环境建设力度。

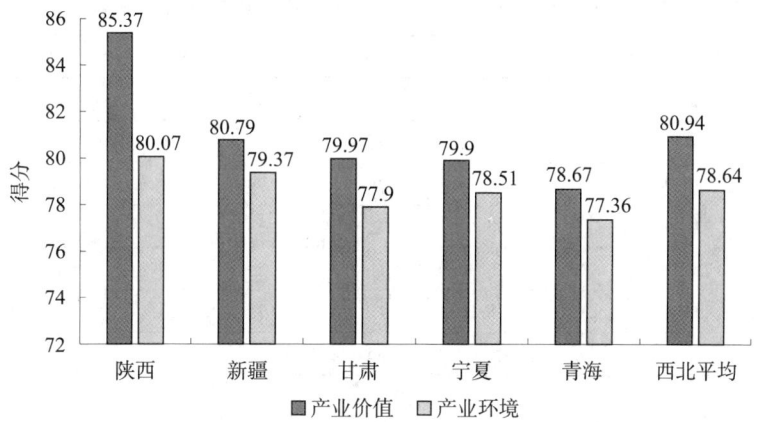

图5-21 西北地区各省区产业价值与产业环境

5.5.2 一级指标分项分析

从产业规模指数来看，西北地区平均得分（73.75）低于全国平均水平（78.61），平均排名第26位。西北地区除了陕西省处于中等水平之外，其余四省区均处于排名的最后，其中青海和宁夏分别排在倒数第一和第二，西北地区迫切需要调整信息资源产业规模，以促进信息资源产业发展。

从产业贡献指数来看，西北地区平均得分（78.0）低于全国平均水平（78.92），指数方差23.1。但是在这一指标上，陕西却以87.62分排全国第二，仅次于北京（88.42），甘肃和宁夏则处于中等偏下水平，而新疆和青海则处于靠后位置。

从产业发展指数来看，西北平均得分（76.35）低于全国平均水平（79.74），平均排名第23位。新疆这一指标与其他指标相比，具有一定优势，处于中等水平，反映了新疆的信息资源产业在未来一段时间将有一个较好的发展；陕西在这一指标上排在第11位，而宁夏、甘肃和青海则分别排在第28位、第29位和第31位，处于最后的位置，需要加大信息资源产业调整力度，才能有所发展。

如表5-26所示，从产业结构指数来看，西北地区平均得分（85.38）略低于全国平均水平（85.94），平均排名第21位。在这一指数上，陕西并没有太大的优势，以85.51分排在第20位，与其他指标相比，处于相对落后的位置，在一定程度上制约了其信息资源产业发展；宁夏和甘肃则排在第15位和第17位，处于中等水平；新疆和青海则排在第25位和第29位，处于靠后的位置。

表 5-26 西北地区各省区信息资源产业价值得分及排名

省区	产业规模	排名	产业贡献	排名	产业发展	排名	产业结构	排名
宁夏	72.48	30	76.29	19	74.44	28	85.93	15
新疆	73.45	26	75.27	25	78.91	16	85.27	25
青海	72.32	31	74.86	29	73.79	31	84.41	29
陕西	77.45	14	87.62	2	80.33	11	85.51	20
甘肃	73.05	28	76.34	18	74.29	29	85.80	17
西北平均	73.75	26	78.08	19	76.35	23	85.38	21
指数方差	3.58	38	23.12	85	7.37	64	0.29	27

从公共政策指数来看，西北平均得分（77.19）低于全国平均水平（79.64），平均排名第21位。陕西以81.2分排在全国第八位，说明陕西为信息资源产业发展提供了较为有利的政策环境；新疆则排在第17位，处于中等水平；而甘肃、宁夏和青海排名相对靠后，需要加大相关公共政策的研究力度。

从基础设施指数来看，西北地区平均水平（80.09）远远低于全国平均水平（86.06），平均排名第28位。西北地区五个省区均处于靠后的位置，排名最高的陕西也仅排在第26位，这反应了西北地区信息资源产业基础设施极度匮乏，需要加大基础设施配套力度，为信息资源产业发展提供有利的硬件条件。

从决策强度指数来看，西北地区平均水平（78.51）低于全国平均水平（80.16），指数方差0.7，平均排名第22位。宁夏和新疆处于中等水平，分别排在第13位和第14位，而青海、陕西和甘肃则处于落后的水平，分别处在第26位、第27位和第29位（见表5-27）。

表 5-27 西北地区各省区二级指标得分及排名

省区	公共政策	排名	基础设施	排名	决策强度	排名
宁夏	75.50	27	80.29	27	79.57	13
新疆	78.49	17	80.02	28	79.53	14
青海	73.94	30	79.83	29	78.08	26
陕西	81.21	8	81.13	26	77.78	27
甘肃	76.81	23	79.16	31	77.61	29
西北平均	77.19	21	80.09	28	78.51	22
指数方差	6.28	61	0.41	38	0.74	85

5.5.3 重点分析：陕西

5.5.3.1 信息资源产业发展概况

陕西省的信息资源产业总得分82.72分，排全国第13位，处于中等偏上水平，也是西南地区唯一进入全国前二十的省份。从二级指标来看，陕西各项指标得分并不高，只有产业贡献比较突出，位居全国第二；产业规模和决策强度则是其信息资源产业发展的短板，均未达到80分；而基础设施虽然得分在80分以上，但是其全国排名非常靠后，排在第26位，制约了其信息资源产业发展（见图5-22）。

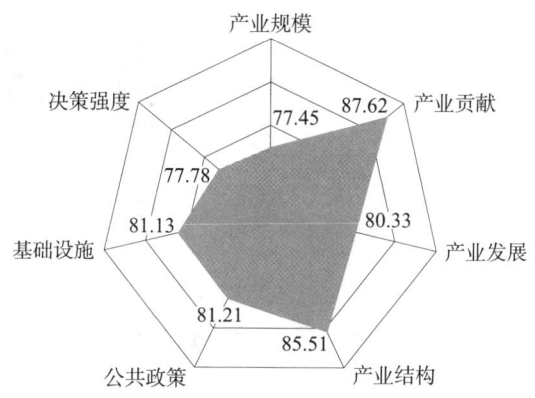

图5-22 陕西二级指标得分分布

如图5-23所示，从信息资源产业产值来看，2009~2013年，陕西的信息资源产业产值高速增长，从2009年的326.89亿元逐年增长到2013年的

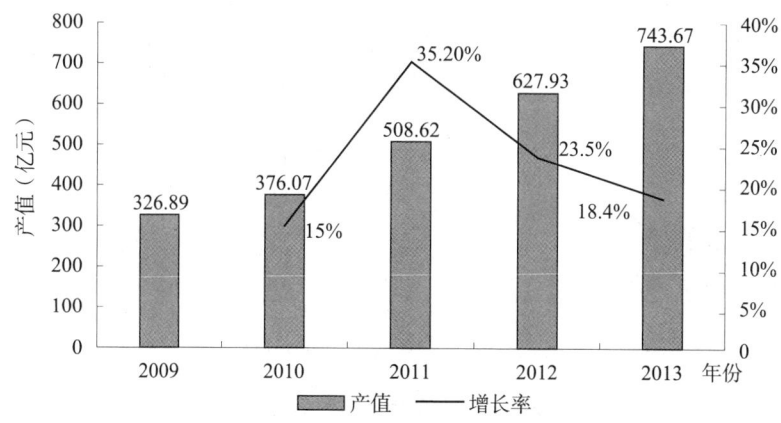

图5-23 2009~2013年陕西的信息资源产业产值变化趋势

743.67亿元，增长了一倍，但是其产值均低于全国平均水平；就增长率而言，2011年，陕西省由376.07亿元增长到508.62亿元，同比增长了35.2%，是当年全国平均水平增长率的两倍多，而2013年同比增长率（18.4%）也远远高于全国平均水平增长率（18.4%）。

如图5-24所示，从信息资源产业从业人口来看，2009~2013年，陕西的信息资源产业从业人口数量呈持续增长状态，但是在数量上均低于全国平均水平，2013年，陕西省信息资源产业人口数为4.98万人，同比增长21.25%。

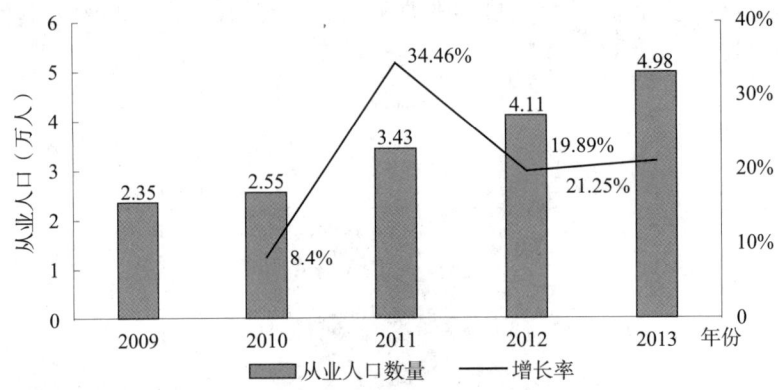

图5-24 2009~2013年陕西的信息资源产业从业人口变化趋势

如图5-25所示，从信息资源产业法人单位数量来看，陕西的信息资源产业法人单位数由2009年的9.96千个增长到2013年的23.29千个，增长了一倍多。在2011年同比增长35.28%的情况下，其同比增长率逐年降低，但仍高于20%。

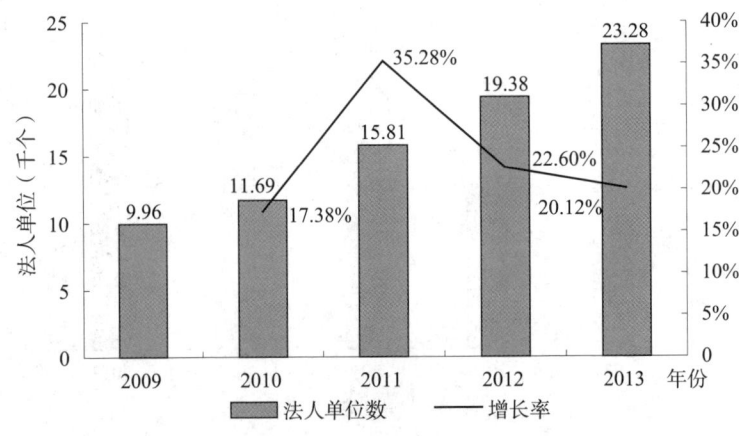

图5-25 2009~2013年陕西的信息资源产业法人单位数量变化趋势

如表 5-28 所示，从产业规模指标来看，陕西的产业规模得分 77.45，排名第 14 位，下属四项指标均处于中等偏上水平，产值规模、从业人口规模、法人单位规模及上市企业规模分别排在第 13 位、第 13 位、第 15 位和第 14 位。

表 5-28　陕西的信息资源产业决策强度指标得分与排名

指标		得分	排名
产业规模	产值规模	77.06	13
	从业人口规模	78.105	13
	法人单位规模	76.75	15
	上市企业规模	78.15	14
产业贡献	就业贡献	88.44	1
	经济总量贡献	86.81	11
产业发展	产值规模增长	79.43	10
	法人单位规模增长	80.49	11
	从业人口规模增长	81.08	9
产业结构	资源结构	93.41	19
	产业密集	88.31	20
公共政策	产业政策供给	86.84	6
	政务开放互动	75.58	17
基础设施	产业园区发展	86.94	14
	区域信息化	75.31	26
决策强度	决策层关注度	72.88	9
	政府工作强度	82.69	27

从产业贡献指标来看，陕西的产业贡献得分 87.62 分，位居全国第二位，其下属就业贡献指标更以 88.44 分位居全国第一，这表明陕西的信息资源产业为其创造了不少就业岗位，拉动了就业增长；而其经济总量贡献指数则排在第 11 位，与其就业贡献相比稍弱，这表明目前陕西省信息资源产业经济总量并不高，要加快信息资源产业转型，推动产业升级。

从产业发展指标来看，陕西省产业发展指标得分为 80.33，全国排名第 11 位，其下属三个指标分别排在第 10 位、第 11 位和第 9 位，反映了陕西的信息资源产业呈现增长趋势。

从产业结构指标来看，陕西得分为 85.51，全国排名第 20 位，其下属两项指标均处于中等偏下，在发展信息资源产业的工作中，需要优化产业结构，才能更好地发展信息资源产业。

从公共政策指标来看,陕西得分为 81.21,全国排名第八位,其下属产业政策供给指数全国排名第六位,而政务开发互动指数则排在第 17 位,陕西在保证产业政策供给的基础上,需要加大政策宣传及运用力度。

从基础设施指标来看,陕西排在第 26 位,其下属产业园区发展指数排在第 14 位,而区域信息化指数则排在第 26 位。因此,需要加快区域信息化建设才能保障信息资源产业不断发展。

从决策强度指标来看,陕西省政府机关对信息资源产业关注程度排在全国第九位,但是在具体工作中并没有重视信息资源产业的发展,需要加大实际工作中信息资源产业的发展力度。

总体来说,陕西在西北地区处于领先地位,尤其是在其就业贡献方面,更是处于全国领先地位,不过由于其基础设施、政府工作强度等方面的原因,制约了其发展,需要在实际工作中重视信息资源产业的发展,努力完善相关基础设施,加大政策宣传力度和工作力度。

5.5.3.2 信息资源产业优势行业介绍

本研究首先将陕西的全部信息资源产业的指数得分与全国的全部信息资源产业的指数得分相比,随后根据得到的百分比进行降序排列,发现 2011~2013 年陕西的能源矿产地质勘查、文艺创作与表演、广播均处于本省比较靠前的位置,具体产业指数如表 5-29 所示。

表 5-29 陕西 2011~2013 年部分信息资源产业情况

产业	指数	2011 年	2012 年	2013 年
能源矿产地质勘查	从业人口(万人)	0.45	0.61	0.77
	产值/比率	11.59/0.07	15.58/0.08	19.44/0.10
	法人单位(千个)	0.02	0.03	0.03
文艺创作与表演	从业人口(万人)	1.47	2.06	2.63
	产值/比率	3.13/0.05	4.36/0.06	5.55/0.06
	法人单位(千个)	0.16	0.22	0.28
广播	从业人口(万人)	0.74	0.95	1.15
	产值/比率	1.23/0.04	1.56/0.04	1.90/0.05
	法人单位(千个)	0.01	0.02	0.02

陕西这三个产业在 2011~2013 年均处于稳步增长的状态,同时,能源矿产地质勘查、文艺创作与表演、广播均远远高于全国平均水平。陕西资源分

布广泛，多种矿石资源保有量处于全国前列，因此，其能源矿产地质勘查业处于比较发达；陕西作为历史名城，有着良好的文化气息，具有良好的文艺创作与表演氛围。

5.5.3.3 上市公司介绍

如表 5-30 所示，陕西广电网络传媒股份有限公司（以下简称"广电网络"）脱胎于黄河机电股份有限公司，1992 年 4 月成立，1994 年 2 月 24 日在上海证券交易所上市，是陕西省首批上市公司之一。

表 5-30 陕西依靠信息资源产业发展的上市公司

行业	名称	资产总规模（亿元）	营业收入（亿元）	归属于上市公司股东的净利润（亿元）	加权平均净资产收益率
广播电影电视业	广电网络	40.00	17.24	1.40	9.32

自 2001 年以来，陕西广电网络产业经营与资本运作双轮驱动。2001 年借壳"黄河科"挺进资本市场，相继取得了资产重组、"ST"摘帽更名、股权分置改革、产业经营、融资增发等重大战役的胜利，连续五年净资产收益率超过 10%，向股东派发红利。2006 年 12 月 13 日，国家证监会审核批准"陕广电"增发 8000 万新股，融资 8.6 亿元。

5.6 西南地区发展述评

西南地区信息资源产业发展相对落后，除了重庆的排名相对靠前之外，其他省区还需要在各方面加大信息资源产业的发展力度，尤其注重信息资源产业结构的调整以及基础设施的配套，从而保障西南地区信息资源产业良好发展。

5.6.1 产业发展基本状况

西南地区信息资源产业总得分较低，五个省区市平均排名为第 19 位，全国排名方差为 70，重庆以 83.9 分排全国第八位，云南、四川处于中等水平，而贵州和西藏排名比较靠后，分别排在第 27 位和第 31 位，需要加大信息资源产业发展力度（见表 5-31）。

表 5-31　西南地区各省区市信息资源产业得分及排名

省区市	信息资源产业总得分	全国排名
重庆	83.97	8
云南	81.90	15
四川	81.71	16
贵州	79.55	27
西藏	77.87	31
西南平均	81.0	19
方差	4.42	70

如图 5-26 所示，西南地区产业价值及产业环境发展情况比较落后。从省区市情况来看，重庆在产业环境及产业价值上均高于西南平均水平，四川在产业环境上高于西南平均水平，云南在产业价值上高于西南地区平均水平，而贵州及西藏在产业价值和产业环境上均低于西南平均水平；在产业价值排名上，西南地区有两个省市排在 31 个省区市（不包括港、澳、台地区）的最后三位，分别是贵州（第 29 位）和西藏（第 31 位）；在产业环境上，西藏排在第 30 位。这表明西南地区在产业价值和产业环境亟待提高。

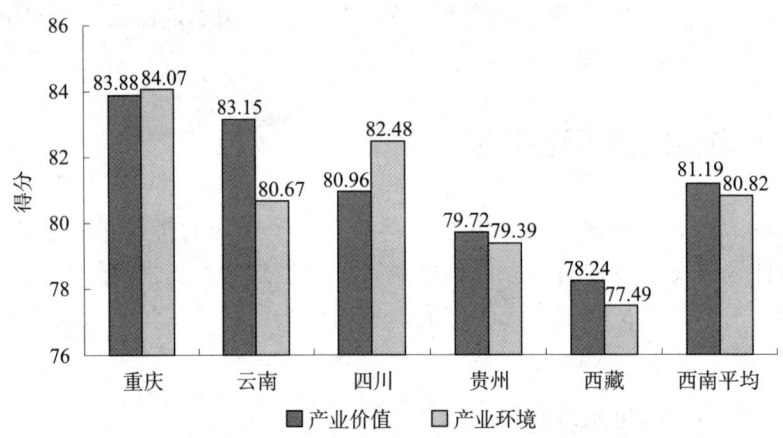

图 5-26　西南地区各省区市产业价值与产业环境

5.6.2　一级指标分项分析

西南地区由于其经济及地理位置原因，在信息资源产业各项指标得分上并不理想，落后于全国平均水平，只有重庆市的某些指标能进入全国前十，而贵州和西藏在多项指标上均处于全国靠后的位置，因此，西南地区在信息资源产业的发展上还需加大投入。

如表5-32所示，从产业规模指数而言，西南地区五个省区市均未能进入全国前十，五个省区市平均排第21位，四川和重庆仅排在全国第12位和第16位，而云南、贵州及西藏均排在靠后的位置，说明西南地区在产业规模上还存在一定的发展空间。

从产业贡献指数而言，西南地区平均排名第19位，处于相对靠后的位置，重庆以81.60分排在全国第九位，云南以80.90分排在第11位，而产业规模相对靠前的四川在这一指数上则排在全国第28位，说明四川虽然有着比较良好的产业规模，但是并没有较好地挖掘其经济效益和社会效益。

从产业发展指数而言，西南地区平均排名第21位，西南地区仅只有重庆排在第十位，云南排在第14位，四川、贵州和西藏分别排在第24位、第27位、第30位。由于产业发展指数可以用来预测未来一个地区的信息资源产业状况，而西南地区各省区市在这一指标上相差较大，可以预测未来几年西南地区各省区市信息资源产业将会逐步形成较大差距。为了缩小差距，西南地区需要在保证重庆、四川、云南等优势发展的情况下，加大西藏和贵州的信息资源产业的发展。

从产业结构指数来看，西南地区平均排名第21位，仅有云南排在第十位，而四川、贵州及西藏均排在靠后的位置，说明西南地区在信息资源产业结构上不够合理，在未来的几年需要对产业结构进行适当的调整（见表5-32）。

表5-32 西南地区各省区市信息资源产业价值得分与排名

省区市	产业规模	排名	产业贡献	排名	产业发展	排名	产业结构	排名
重庆	76.52	16	81.60	9	80.42	10	85.98	13
四川	77.73	12	74.90	28	75.55	24	85.11	27
西藏	72.49	29	75.53	24	73.81	30	82.94	31
云南	75.64	20	80.90	11	78.98	14	86.10	10
贵州	73.34	27	75.83	23	74.54	27	85.16	26
西南平均	75.14	21	77.75	19	76.66	21	85.16	21
指数方差	3.83	41	8.29	57	6.67	59	1.29	69

如表5-33所示，从公共政策指数来看，西南地区平均排名第17位，重庆以84.84分排在全国第四位，体现其直辖市政策环境的优势性；四川以80.16分排在全国第十位，而云南、贵州和西藏则分别排在第16位、第26位和第31位。因此对于相对落后的省份，应该加大公共政策的研究力度，为信息资源产业的发展提供较为良好的政策氛围。

表 5-33 西南地区各省区市信息资源产业环境得分及排名

省区市	公共政策	排名	基础设施	排名	决策强度	排名
重庆	84.84	4	85.53	15	81.72	5
四川	80.16	10	85.52	16	81.47	7
西藏	72.56	31	79.60	30	80.08	10
云南	78.55	16	84.20	22	78.91	17
贵州	75.98	26	84.16	23	77.56	30
西南平均	78.42	17	83.80	21	79.95	14
指数方差	16.89	99	4.78	29	2.45	82

从基础设施指数来看，由于其经济及地理环境的原因，西南地区基础设施并不完善，五个省区市均未能进入前十，平均排第21位，处于落后的水平。因此西南地区需要加大信息资源产业基础设施的建设力度，努力完善相关配套设施。

从决策强度指标来看，西南地区拥有一个较为良好的政策执行力度，平均排名第14位，处于中等水平。重庆、四川及西藏均进入了前十，分别排在第5位、第7位、第10位，而这也是西藏唯一进入全国前十的指标，说明西藏地区对于发展信息资源产业的相关工作十分重视，但是由于其他原因制约了西藏地区信息资源产业的发展。

5.6.3 重点分析：重庆

5.6.3.1 信息资源产业发展概况

重庆的信息资源产业总得分为83.98分，排全国第九位，也是西南地区唯一进入全国前十的省份。从二级指标来看，重庆各项指标得分并不高，只有基础设施得分在80以上，而其余指标均在70~80分（具体参见图5-27）。

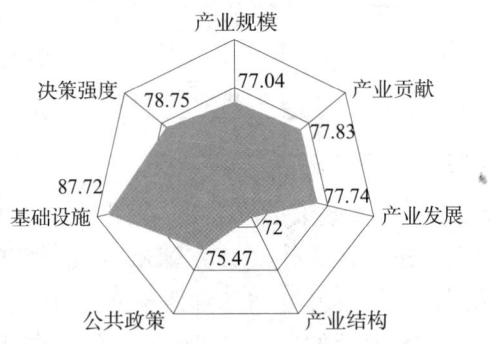

图 5-27 重庆二级指标得分分布

如图 5-28 所示,从信息资源产业产值来看,2009~2013 年,重庆的信息资源产业产值持续增长,从 2009 年的 372.72 亿元逐年增长到 2013 年的 737.67 亿元,增长近一倍,并且增长率保持在 10% 以上,表明重庆的信息资源产业发起状况良好。

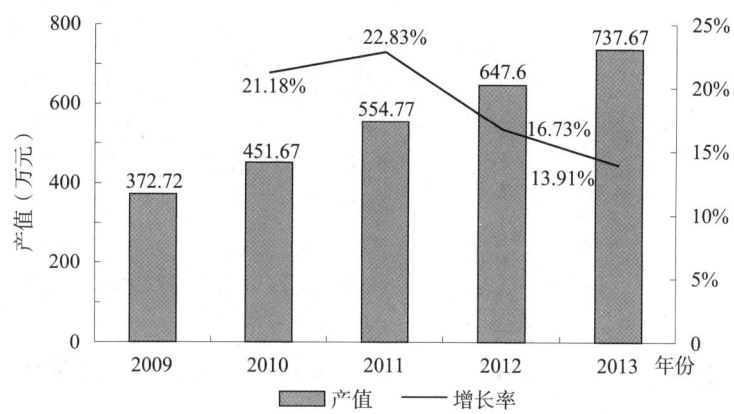

图 5-28 2009~2013 年重庆的信息资源产业产值变化趋势

如图 5-29 所示,从信息资源产业从业人口来看,2009~2013 年,重庆的信息资源产业从业人口数量呈持续增长状态,但是在数量上均低于全国平均水平,2013 年,重庆的信息资源产业人口数为 5.05 万人,同比增长 17.6%。

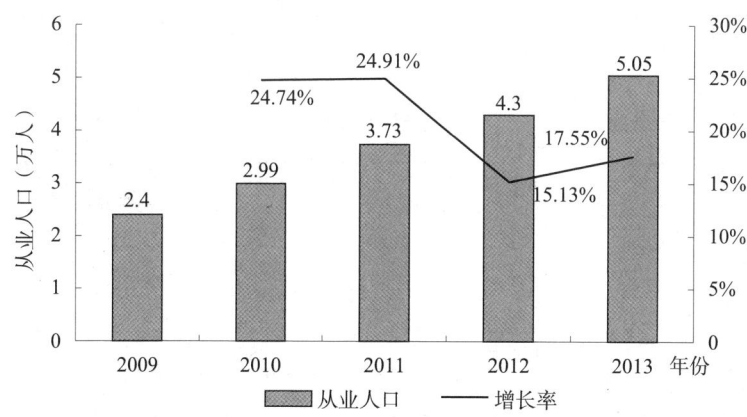

图 5-29 2009~2013 年重庆市信息资源产业从业人口变化趋势

如图 5-30 所示,从信息资源产业法人单位数量来看,重庆的信息资源产业法人单位数由 2009 年的 12.37 千个增长到 2013 年的 28.03 千个,增长了一倍多。在2011年同比增长30.7%的情况下，增长率逐步回落，但仍然保持在15%以上。

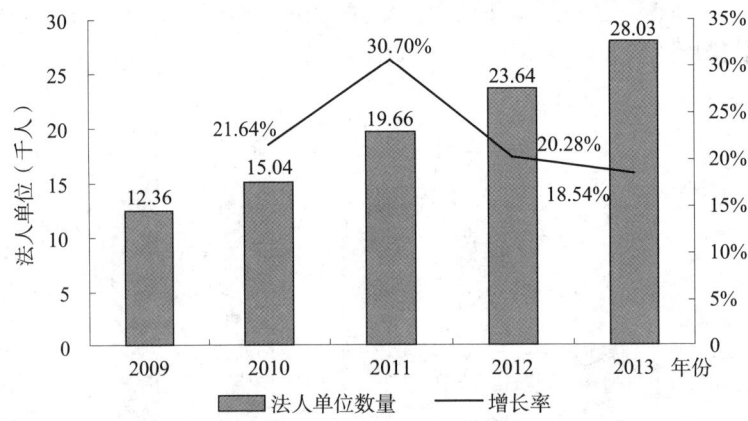

图5-30　2009~2013年重庆的信息资源产业法人单位数量变化趋势

如表5-34所示，从产业规模指标下属三级指标来看，重庆在几项指标上均排在全国中等水平，特别是上市企业规模指数，排在全国第20位，处于相对较为落后的位置，这使得重庆在产业规模指标排名上排在全国第16位，说明重庆市要想发展其信息资源产业，需要对其产业规模进行调整。

表5-34　重庆的三级指标得分及排名

指标		得分	排名
产业规模	产值规模	77.04	14
	从业人口规模	77.83	15
	法人单位规模	77.74	12
	上市企业规模	72.00	20
产业贡献	就业贡献	75.47	9
	经济总量贡献	87.72	9
产业发展	产值规模增长	78.75	14
	法人单位规模增长	81.48	9
	从业人口规模增长	81.05	10
产业结构	资源结构	93.40	20
	产业密集	89.25	10
公共政策	产业政策供给	93.73	2
	政务开放互动	84.76	15

续表

指标		得分	排名
基础设施	产业园区发展	96.31	19
	区域信息化	84.76	15
决策强度	决策层关注度	78.20	5
	政府工作强度	85.24	17

从产业贡献指标来看，就业贡献指数和经济总量贡献指数均排在第九位，说明信息资源产业对重庆市的经济发展有着较为良好的促进作用。

从产业发展指标来看，重庆市在产值规模增长指数排在中等水平，产值规模增长指数排在第14位，法人单位规模增长指数排在第九位，从业人口规模增长指数排在第十位，产值规模增长指数与其他指标相比相对靠后，说明其信息资源产业产值还存在一定的发展空间。

从产业结构指标来看，重庆的资源结构指数排在全国第20位，其产业密集指数排在第十位，说明重庆市还需要加大结构优化，从而促进其信息资源产业发展。

从公共政策指标来看，重庆市产业政策供给指数排在全国第二位，而政务开放互动指数排在第15位，说明虽然重庆市有着比较充分的政策供给，但是在政务公开方面还需要加强，这样才有利于政策的宣传和应用。

从基础设施指标来看，重庆的基础设施并不完善，产业园区发展指数排第19位，区域信息化指数排第15位，还亟需加强基础设施建设，在硬件上为信息资源产业发展提供有利环境。

从决策强度指标来看，重庆的决策层关注度排在全国第五位，然而，政府工作强度排在全国第17位。表明政府机关虽然十分关注信息资源产业的发展，但是在实际工作中并没有充分重视相关工作，因此，需要加强信息资源产业发展的工作强度，优化信息资源产业环境。

总的说来，重庆的信息资源产业综合指标在西南地区处于领先地位，但是与一些发达地区相比显得稍弱，在未来的发展中需要注重调整产业规模、优化产业结构、完善基础设施等。

5.6.3.2 信息资源产业优势行业介绍

本研究首先将重庆市的全部信息资源产业的指数得分与全国的全部信息资源产业的指数得分相比，之后根据得到的比例进行降序排列，发现2011～2013年重庆的房地产中介服务、音像制品出租、文艺创作与表演制作均处于本市比较靠前的位置。具体的产业指数情况如表5-35所示。

表 5-35　重庆市在 2011~2013 年的部分信息资源产业情况

产业	指数	2011 年	2012 年	2013 年
房地产中介服务	从业人口（万人）	2.57	3.48	4.36
	产值/比率	37.17/0.04	49.97/0.05	62.39/0.06
	法人单位（千个）	2.09	2.83	3.54
文艺创作与表演	从业人口（万人）	1.40	2.02	2.62
	产值/比率	2.99/0.05	4.27/0.05	5.52/0.06
	法人单位（千个）	0.15	0.22	0.28
音像制品出租	从业人口（万人）	0.01	0.02	0.02
	产值/比率	0.19/0.04	0.26/0.05	0.33/0.06
	法人单位（千个）	0.01	0.01	0.02

重庆的这三个产业在 2011~2013 年均处于稳步提升的状态，同时，房地产中介服务、音像制品出租、文艺创作与表演均高于全国平均水平，其中文艺创作与表演接近全国平均水平的 2 倍，2013 年同比增长 29.7%，发展趋势良好，具有较大的发展前景；房地产中介服务发展速度较快，2013 年同比增长 25.3%，远远高于全国平均水平；而音像制品出租业在 2013 年也出现了高速增长，发展态势良好。

5.7　东北地区发展述评

东北地区信息资源产业处于中等偏下水平，并且地区内部存在不平衡发展态势，辽宁在多项指标上处于中等偏上水平，但在公共政策方面处于落后地位；黑龙江除了在公共政策和决策强度方面处于中等偏上水平之外，其余指标处于中等偏下水平；吉林除了产业结构和基础设施方面处于中等偏上水平，其他指标均处于落后水平。东北地区各省份需要根据自身的薄弱环节进行调整，扩大优势，缩小劣势，才能保证信息资源产业的快速发展。

5.7.1　产业发展基本状况

东北地区信息资源产业平均得分（81.5）低于全国平均水平（83.6），平均排名第 18 位，排名最高的辽宁居全国第 12 位，处于中等偏上水平；黑龙江排名第 19 位处于中等偏下水平；而吉林排第 24 位，处于落后水平；得分方差为 1.1，排名方差 24，表明东北地区各省份的信息资源产业发展存在一定的差异，需要加大落后地区信息资源产业的发展力度（见表 5-36）。

表5-36　东北地区各省份信息资源产业得分及排名

省份	信息资源产业总得分	全国排名
辽宁	82.80	12
黑龙江	81.30	19
吉林	80.30	24
东北平均	81.47	18
方差	1.06	24

东北地区是我国重工业较发达地区，整体而言，对信息资源产业的依赖程度不高。辽宁在产业价值和产业环境指标上均处于东北地区第一位，黑龙江处于第二位，吉林处于第三位，且黑龙江和吉林均低于东北地区平均水平，其信息资源产业价值相对较低（见图5-31）。

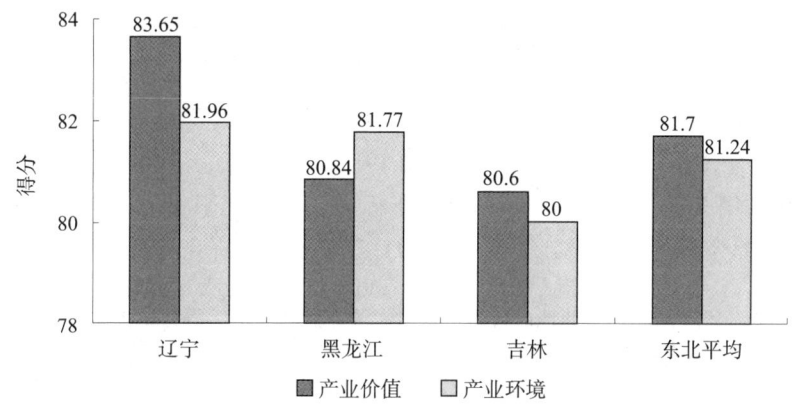

图5-31　东北地区各省份产业价值与产业环境

5.7.2　一级指标分项分析

如表5-37所示，从产业规模指数来看，东北地区产业规模比较落后，东北地区平均排第17位，东北地区平均水平低于全国平均水平，并且内部发展不平衡，指数方差为6.53，辽宁以80.56分进入全国前十，排在全国第九位，而吉林省和黑龙江省则排在第21位和第22位，相对比较靠后。

从产业贡献指数来看，东北地区平均得分（76.24）低于全国平均水平（78.92），东北地区平均排名第21位，处于靠后位置。辽宁、黑龙江和吉林分别排第15位、第20位和第27位，反映了东北地区信息资源产业对当地经济贡献优势并不明显，处于中等偏下水平。

从产业发展指数来看,东北地区平均得分(76.85)低于全国平均水平(79.74),指数方差为2.4,平均排名第20位,辽宁、黑龙江和吉林排名分别为第15位、第20位和第26位,预测在未来几年东北地区信息资源产业并不会有太大进步,需要对目前的产业发展情况进行一定的改善。

从产业结构指数来看,东北地区平均得分(85.79)基本与全国平均水平(85.94)持平,东北地区平均排名第15位,吉林、辽宁和黑龙江分别排在第11位、第12位和第21位,在这一指标上,东北地区处于中等水平。

表5-37 东北地区信息资源产业价值指标得分与排名

省份	产业规模	排名	产业贡献	排名	产业发展	排名	产业结构	排名
黑龙江	75.07	22	76.25	20	76.26	20	85.37	21
辽宁	80.56	9	77.48	15	78.96	15	86.00	12
吉林	75.20	21	74.98	27	75.33	26	86.00	11
东北平均	76.94	17	76.24	21	76.85	20	85.79	15
指数方差	6.53	35	1.04	24	2.37	20	0.09	20

如表5-38所示,从公共政策指标来看,东北地区平均得分(77.87)低于全国平均水平(79.64),平均排名第19位,黑龙江、辽宁和吉林分别排在第11位、第21位和第24位,在这一指标上,辽宁处于相对落后的位置,制约了其信息资源产业发展,需要加大相关公共政策的研究和运用力度。

表5-38 东北地区各省份信息资源产业环境指标得分及排名

省份	公共政策	排名	基础设施	排名	决策强度	排名
黑龙江	79.77	11	84.96	19	80.28	9
辽宁	77.46	21	88.23	9	79.58	12
吉林	76.37	24	85.57	14	77.54	31
东北平均	77.87	19	86.26	14	79.13	17
指数方差	2.00	31	2.01	17	1.35	95

从基础设施指标来看,东北地区平均得分(86.26)高于全国平均水平(86.06),东北地区平均排名第14位,辽宁进入全国前十,排名第九位,吉林和黑龙江分别排在第14位和第19位,相比于其他指标,东北地区基础设施较有优势。

从决策强度指数来看,东北地区平均水平(79.13)低于全国平均水平(80.16),而且也是东北地区发展最不平衡的指标,黑龙江以80.28位居全国第九位,辽宁位居全国第12位,而吉林则排在全国最后,吉林政府机关需要加大对信息资源产业的关注度及发展力度。

5.7.3 重点分析：辽宁

5.7.3.1 信息资源产业发展概况

辽宁的信息资源产业得分（82.80）居全国第12位，处于中等偏上水平。从其二级指标来看，其产业规模和基础设施两项指标较为突出，均排在全国第九位，产业贡献、产业发展、产业结构和决策强度等指标处于中等水平。但其公共政策指标则排在第21位，处于中等偏下水平，制约了其信息资源产业的发展（见图5-32）。

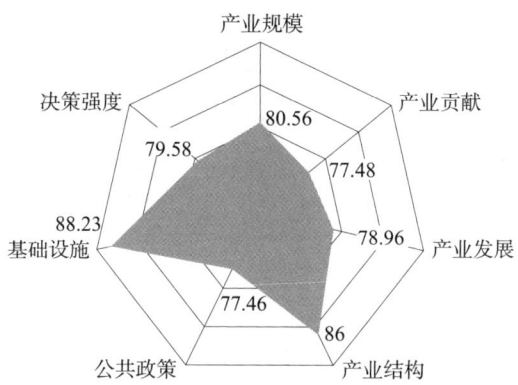

图5-32 辽宁的信息资源产业二级指标得分分布

从信息资源产业产值来看，2009~2013年，辽宁的信息资源产业产值保持持续增长，从2009年的876.01万元逐年增长到2013年的1195.27万元，增长了300多万元（见图5-33）。

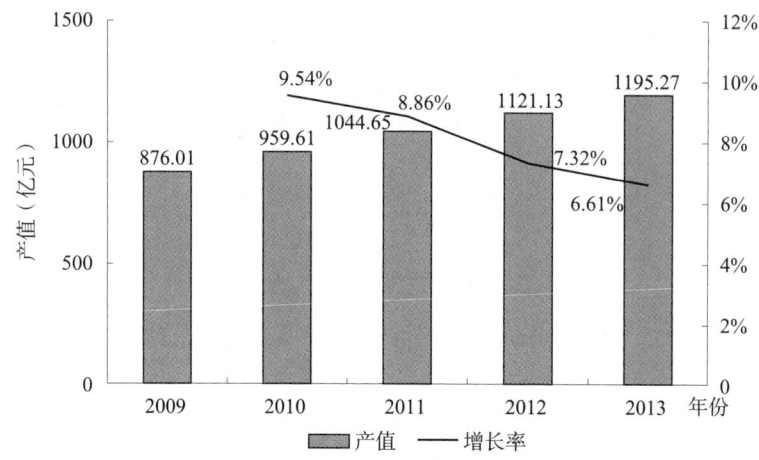

图5-33 2009~2013年辽宁信息资源产业产值变化趋势

从信息资源产业从业人口来看，2009～2011年，辽宁的信息资源产业从业人口数量呈持续增长状态，但是在2012年，却由6.93万人下降到6.74万人，减少了2.78%，而2013年又增长到了7.77万人，同比增长15.32%，占全国比重达4.1%（见图5－34）。

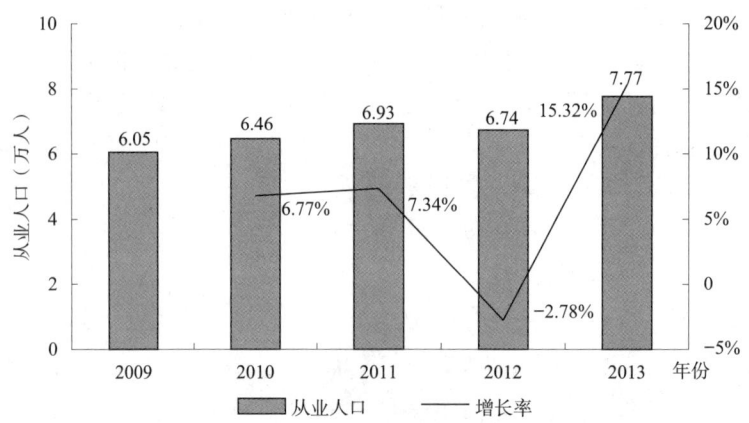

图5－34　2009～2013年辽宁的信息资源产业从业人口变化趋势

从信息资源产业法人单位数量来看，辽宁的信息资源产业法人单位数量保持较快增长，2013年信息资源产业法人单位数量42.06千个，同比增长10.0%，占全国比重达5.0%（见图5－35）。

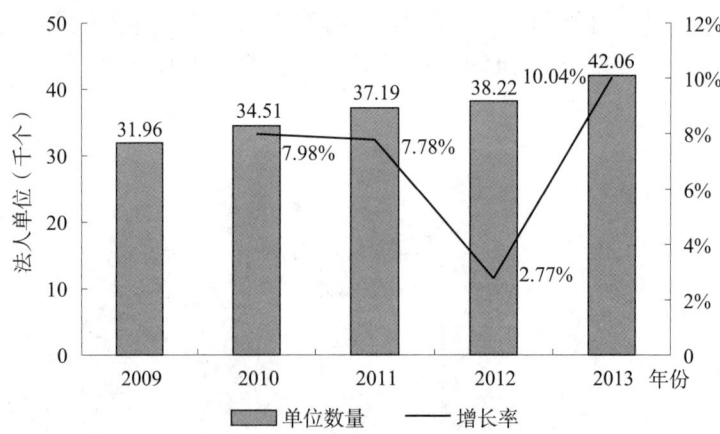

图5－35　2009～2013年辽宁的信息资源产业法人单位数量变化趋势

如表5－39所示，从产业规模指标来看，其四个分项指标均排在全国前十，具有较好的规模，为信息资源产业的发展提供了良好的规模条件。

表 5-39 辽宁的三级指标得分与排名

指标		得分	排名
产业规模	产值规模	79.98	8
	从业人口规模	80.56	8
	法人单位规模	80.23	8
	上市企业规模	81.89	7
产业贡献	就业贡献	75.12	10
	经济总量贡献	79.84	17
产业发展	产值规模增长	79.03	12
	法人单位规模增长	78.35	16
	从业人口规模增长	79.50	14
产业结构	资源结构	92.27	26
	产业密集	89.86	8
公共政策	产业政策供给	77.20	27
	政务开放互动	77.72	10
基础设施	产业园区发展	87.49	11
	区域信息化	89.0	8
决策强度	决策层关注度	72.53	14
	政府工作强度	86.64	11

从产业贡献指标来看，辽宁的信息资源产业贡献并不理想，产业贡献指标排全国第15位，下属就业贡献指标排全国第十位，经济总量指标排第17位，表明目前辽宁的信息资源产业能够较好地保障其就业水平，但是对经济总量的促进作用并不够明显。

从产业发展指标来看，辽宁的产值规模增长指数、法人单位增长指数和从业人口增长指数均处于中等水平，均排在第10～20位，预示着辽宁在近几年信息资源产业还将有所发展。

从产业结构指标来看，辽宁的资源结构指数排第26位，产业密集指数排第八位，综合产业结构指标排第12位，这表明辽宁的信息资源产业受资源结构制约较严重，需要注重产业资源结构调整。

从公共政策指标来看，辽宁的产业政策供给指数排第27位，政务开放互动指数排第十位，辽宁省需要加大信息资源产业政策供给力度，使信息资源产业的发展有政策保障。

从基础设施指标来看，辽宁的产业园区发展指数排第11位，区域信息化指数排第8位，基础设施配套较为完善，为信息资源产业的发展提供了良好的硬件条件。

从决策强度指标来看，决策层关注度指数排第14位，政府工作强度指数排第11位，体现了辽宁省政府机关较为关注信息资源产业的发展，并且在实际工作中注重发展信息资源产业。

5.7.3.2 信息资源产业优势行业介绍

将辽宁的全部信息资源产业的指数得分与全国的全部信息资源产业的指数得分相比，之后根据得到的百分比进行降序排列，2011~2013年，辽宁的公共就业服务、科技中介服务、软件开发均处于全省比较靠前的位置，具体产业指数如表5-40所示。

表5-40 辽宁在2011~2013年的部分信息资源产业情况

产业	指数	2011年	2012年	2013年
公共就业服务	从业人口（万人）	3.08	3.24	3.39
	产值/比率	25.4/0.07	26.69/0.06	27.91/0.06
	法人单位（千个）	3.91	5.04	6.14
科技中介服务	从业人口（万人）	0.95	0.98	1.01
	产值/比率	21.13/0.08	21.69/0.07	22.23/0.07
	法人单位（千个）	0.51	0.52	0.54
软件开发	从业人口（万人）	4.23	4.58	4.92
	产值/比率	135.83/0.06	146.94/0.06	157.69/0.06
	法人单位（千个）	1.80	1.94	2.09

辽宁省的公共就业服务、科技中介服务、软件开发产业均远远高于全国平均水平。其中软件开发产业产值增加绝对值最高，且产值规模加大。辽宁依托自身雄厚的装备制造业基础和软件园区，着力打造"工业软件"品牌，重点发展嵌入式系统软件，加深与其他行业的融合，软件企业实力日益增强，软件区域结构日渐优化。

5.7.3.3 上市公司介绍

辽宁主要依靠信息资源产业发展的上市公司共有1家，表5-41反映了这家公司在2013年的营业状况。

表5-41 辽宁依靠信息资源产业发展的上市公司

行业	名称	资产总规模（百万）	营业收入（百万）	归属于上市公司股东的净利润（百万）	加权平均净资产收益率
出版业	出版传媒	2468.78	1268.06	1703.04	4.06

出版传媒，即辽宁出版集团，成立于2000年3月29日，是中国出版业第一家完全政企分开、政事分开，并获得国有资产授权经营的大型出版产业集团。集团集编辑、印刷、发行、物资供应等环节为一体，形成了较为完整的一体化出版价值链。2007年12月21日，打造"中国出版传媒第一股"成功上市，辽宁出版传媒股份有限公司在国内出版业首家实现编辑业务和经营业务以IPO方式整体上市，成为中央文化体制改革试点确定的国内第一家上市试点出版企业。

2009年初，集团更名为"北方联合出版传媒（集团）股份有限公司"，旨在加快做强做大，打造中国出版传媒领域重要的战略投资者。北方联合出版传媒（集团）股份有限公司为母公司，下设八个出版子公司、四个发行子公司和两个印务子公司，以及其他具有相关优质出版发行资源组建的企业。

第三部分

信息资源产业管理对标：典型案例

6 信息资源产业典型行业分析——测绘服务业

7 信息资源产业典型行业分析——知识产权服务业

6 信息资源产业典型行业分析
——测绘服务业

根据《中华人民共和国测绘法》的规定,测绘是指对自然地理要素或者地表人工设施的形状、大小、空间位置及其属性等进行测定、采集、表述以及对获取的数据、信息、成果进行处理和提供的活动。测绘服务业作为一种利用数字化、多媒体和网络技术,将信息资源和其他资源开发和制作,并把生产的信息产品销售的产业,是一种典型的信息资源产业。本章将结合测绘服务业的政策颁布及实施情况与该行业的发展现状,发现该行业发展中存在的问题,为其今后的发展寻找更加合适的道路,同时为其他行业提供借鉴和参考。

6.1 测绘服务业的概况

测绘服务业是地理信息产业群的主要组成部分,或者从一定意义上来说,它已经能够代表地理信息这一大类行业。我国的地理信息产业相对国外起步较晚,但其发展速度却较快。从 20 世纪 80 年代开始起步,到 2010 年我国地理信息产业总产值超过 1000 亿元人民币,短短 30 年间,取得了飞速的发展,并已在国际上居于领先地位。

6.1.1 行业的缘起与发展历程

测绘服务业的发展离不开 3S 技术(GIS 地理信息系统、GPS 全球定位系统、RS 遥感技术)。我国的 3S 技术于 20 世纪 80 年代起步,相对国外落后约 20 年,其发展经历了起步、试验、实验三大阶段,然而发展速度却非常迅速,并且目前已经研发出了国际一流水准的地理信息系统产品。

1994 年,国家将发展地理信息系统、遥感技术与应用、加快建设国家基础地理信息系统等内容写进了中国 21 世纪议程;1995 年召开了"地理信息系统发展战略国际研讨会",首次公开提出"地理信息产业"概念,并且地理信息产业自此普遍现于各类政府规划政策中;1996 年,基础测绘被列入国民经济和社会发展计划；1999年，我国成功发射资源一号卫星（CBERS-1），测绘服务业开始进入快速发展时期；同年，政府支持的基础测绘设施项目正式启动；2006年，颁布的《中华人民共和国国民经济和社会发展第十一个五年规划纲要》首次从国家层面提出要发展地理信息产业。

学术界对于测绘服务业与地理信息产业间的关系一直保持高度关注。1990年，《测绘科技动态》杂志发表了有关测绘服务业的文章，是第一篇可靠的有关地理信息产业的学术研究论文；1994年，国内学者提出测绘业是地理信息产业的基础与支柱（陈军，1994），测绘服务业是地理信息产业的支柱产业，而测绘的归宿是GIS（王树声，1994）；2010年，学术界对测绘服务业的研究有了新进展，认为从某种意义讲，现代测绘服务业就是地理信息产业（罗名海，2010）。除了对测绘服务业本身定位的关注外，学术界也对测绘服务业的管理问题投入了许多精力，1987年就有学者讨论过关于测绘服务行业管理的问题（虞南，1987），但并没有认识到测绘服务业与地理信息产业之间的密切关系；2000年，学术界开始关注我国测绘服务业与国外的差距，并为此研究出一系列政策（周德军，2000）；2006~2007年，学术界对于测绘服务业管理体制的关注逐渐增加，2006年，国内专家就测绘服务业的政策环境与法律建设问题做过深入研究，建议健全测绘服务业的相关政策体系（余景泉，2006）；同年，也有专家指出我国测绘服务业在人才、产品管理方面需要健全的体系保障（郭世珠，2006）；2007年，国内学者对行政管理体制中存在的问题进行了深入研究，并提出了建设性政策（谢峰，2007）。

从起步至今，测绘服务业已取得了巨大的发展：2003年，黑龙江省政府正式批准成立了黑龙江地理信息产业园；2006年，黑龙江地理信息产业园产值超过1亿元；2004年，黑龙江地理信息产业园正式开园；2010年，国家地理信息科技产业园在北京顺义奠基。2006年，我国具有测绘资质的单位（企业）超过9000个，甲级测绘资质的单位有500余家；同年，我国地理信息产业消费的总产值约有400亿元；2008年，我国地理信息产业的产值超过600亿元；2010年，我国地理信息产业的产值超过1000亿元。

6.1.2 行业发展现状及其特点

测绘服务业自起步至今，作为地理信息产业的核心组成部分，为我国信息资源产业的发展做出了巨大的贡献。无论营业收入、经营利润、税收，还是对解决就业做出的贡献，都相当可观。下面就从其产业产值、市场主体结构、市场规模三大方面，展现测绘服务业的发展状况。

如图6-1所示，信息资源产业在近五年里取得了巨大的发展，其产值从

2009年的18018.27亿元增长到2013年的30613.20亿元，增长了69.90%。基于国家和地方政府对信息资源产业的关注和扶植，这五年里（2009~2013年）测绘服务业也发生了巨大的变化，其产值从2009年的80.63亿元增长到了2013年的120.43亿元，增长了49.36%。

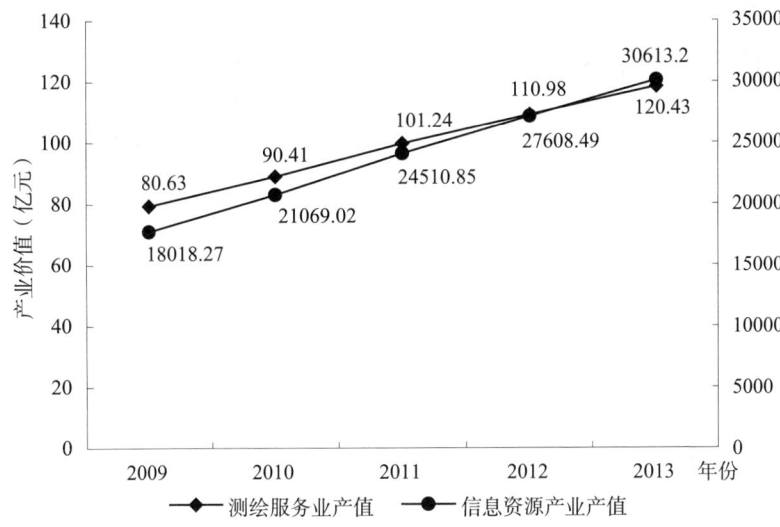

图6-1 2008~2013年信息资源产业、测绘服务业产值趋势

由于国家政策支持和信息资源产业的整体发展，测绘服务业在市场结构方面也产生了许多变化，越来越多具有测绘资质的单位成立，并且不再拘泥于隶属于政府测绘部门的企业，各种民营、合营企业陆续出现并取得了良好的发展（见图6-2）。

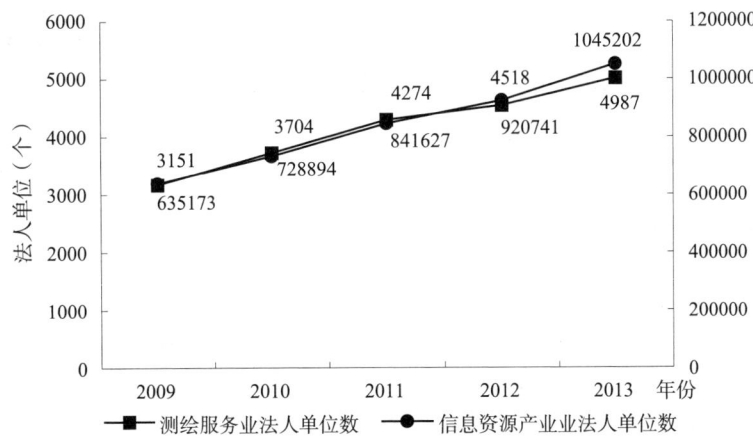

图6-2 2008~2013年测绘服务业法人单位数趋势

在近十年的时间里,测绘服务业的市场规模也取得了巨大增长,从图 6-2 可以看出,法人单位数量从 3151 个增长到 4987 个,增长了 63.2%,与此同时,测绘服务业从业人口也从 10.07 万人增长到了 15.01 万人(见图 6-3)。由于信息资源产业的整体发展,其从业人口截至 2013 年已经达到 2862.40 万,达到了 2009 年从业人口 1808.00 万的约 1.6 倍,其中测绘服务业从业人口比例基本稳定在 0.5%(2009 年 0.56%;2013 年 0.52%)。

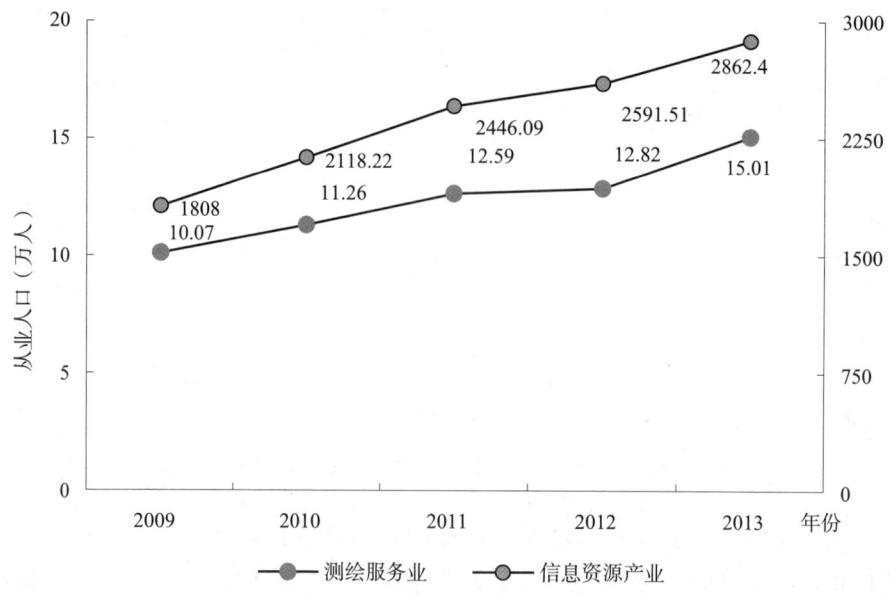

图 6-3 2009~2013 年测绘服务业从业人口趋势

从前面对产业产值、市场规模、从业人口三个方面的分析,可以观察出测绘服务业近五年发展的整体概况:产业营业收入增长迅速,对国家经济发展贡献不断提高,然而其发展速度低于信息资源产业的整体发展速度;符合测绘资质的法人单位数量不断增加,且逐年呈上升趋势;从业人口基本保持与法人单位数量相同的涨幅,但其在信息资源产业总从业人口中所占比例基本保持稳定。

尽管在近五年的时间里测绘服务业得到了巨大的发展,然而由于我国地域辽阔,不同地区地理信息资源储量存在巨大差异,以及国家政策的关注和落实程度高低不同,各地的测绘服务业在产业产值、市场结构等方面也有各自的特点(见表 6-1~表 6-3)。

表6-1 2009~2013年七大地区测绘服务业营业收入统计　　单位：亿元

年份	华北	东北	华东	华中	华南	西南	西北
2009	14.73	11.34	26.05	5.38	8.14	10.24	4.75
2010	16.75	11.91	30.13	5.83	9.36	11.37	5.07
2011	18.52	12.53	34.58	7.02	10.14	12.90	5.56
2012	20.12	13.09	38.58	8.08	10.84	14.28	5.99
2013	21.67	13.63	42.47	9.12	11.52	15.62	6.41
年均涨幅	8.12%	3.77%	10.42%	11.35%	7.30%	8.91%	6.23%

表6-2 2009~2013年七大地区测绘服务业法人单位数统计　　单位：个

年份	华北	东北	华东	华中	华南	西南	西北
2009	574	442	1023	209	317	399	186
2010	684	486	1241	238	382	464	209
2011	780	527	1467	295	427	543	235
2012	816	530	1579	328	439	580	244
2013	894	561	1769	377	475	645	266
年均涨幅	9.49%	4.98%	11.84%	12.73%	8.64%	10.27%	7.49%

表6-3 2009~2013年七大地区测绘服务业从业人口统计　　单位：万人

年份	华北	东北	华东	华中	华南	西南	西北
2009	1.78	1.47	3.15	0.70	1.05	1.33	0.60
2010	2.02	1.54	3.62	0.75	1.21	1.47	0.65
2011	2.22	1.62	4.15	0.91	1.31	1.67	0.71
2012	2.41	1.69	4.64	1.05	1.40	1.85	0.76
2013	2.60	1.77	5.12	1.19	1.49	2.03	0.82
年均涨幅	7.97%	3.80%	10.34%	11.44%	7.36%	8.93%	6.50%

通过我国七大地区（华北、东北、华东、华中、华南、西南、西北）测绘服务业营业收入、法人单位和从业人口，可以观察出其发展的特点。

2009~2013年，全国各个地区的测绘服务业营业收入都得到了迅速发展，但各地区呈现出差异性，其中华中地区增长最为迅速，其年均涨幅达到11.35%，但是其发展基础较差，直到2013年其营业收入仍居于七大地区第六位，而华东地区则始终保持较好的发展势头，其2013年的营业收入基本达到2009年的1.5倍。

在法人单位数量方面，除东北和西北地区外，其他五个区域基本都保持在10%的年均涨幅，但东北地区由于其较好的基础，法人单位数量仍然高于华中、华南、西北地区，这与东北地区丰富的矿产资源所带来的产业基础优势有着较密切的关系。相对应地，华中地区尽管保持较高的增长速度，但其产业基础较差，因此，直到2013年，测绘服务业法人单位数量仍然处于七大区域第六位。

地域间的发展差异在从业人口方面表现更加明显。七大区域中除了东北地区，其他六大区域都保持在6%以上的年均增长率，尤其是华中地区，其增长率达到11%以上，然而西北地区和东北地区的增长率分别为6.50%和3.80%，远落后于其他地区。通过结合各地区法人单位数量增长速度和从业人口增长速度两个统计表，可以看出这两者基本呈现平行增长的趋势，即法人单位增长率与从业人口增长率呈现类似的趋势，由此可见，两者的发展符合一般的规律，并不存在单位人口密度的异常波动。

尽管测绘服务业的营业收入、从业人口、法人单位数量具有大幅度的增长，其营业收入在整个信息资源产业中所占比重却有所下降，表6-4中统计了2009~2013年测绘服务业营业收入对信息资源产业的贡献，其所占比重由0.45%下降到0.39%。但这从另一方面反映出，信息资源产业的其他子产业得到了迅速发展，对于经济的贡献也逐渐增加。整体来说，测绘服务业从2009年到2013年得到了迅速发展，营业收入、法人单位数量和从业人口都有大幅增长，然而由于各地地理信息资源的储量不同、政府关注和扶植力度高低有差等原因，其测绘服务业发展水平并不严格呈现平衡的态势。

表6-4 七大地区测绘服务业营业收入占信息资源产业比重统计   单位：亿元

项 目	2009年	2010年	2011年	2012年	2013年
测绘服务业	80.63	90.41	101.24	110.98	120.43
信息资源产业	18018.27	21069.02	24510.85	27608.49	30613.20
比 重	0.45%	0.43%	0.41%	0.40%	0.39%

6.1.3 行业管理体制发展沿革

自测绘服务行业诞生至今，其行政管理体制也经历了几个不同的发展阶段，根据专家的研究大致可以分为起步发展、恢复完善和职能转变三大阶段。每个阶段，国家和地方都制定了具体的措施来推动测绘服务业的发展，并对该行业的发展起到了很大的促进作用，具体发展历程如表6-5所示。

表 6-5 测绘服务业管理体制发展历程

时间	阶段	事件
1949~1973 年	起步发展	1956 年 1 月，国家测绘总局批准成立
		1964 年 3 月后，各省区测绘管理机构统一命名规则，并形成总局与各省区双重领导的管理体制
		1969 年 11 月，国家测绘总局被撤销合并到总参测绘局
1973~1989 年	恢复完善	1973 年 3 月，国家测绘总局恢复，地方各级测绘体制相继成立测绘局（处）
		1982 年，中央国家机关进行机构改革，国家测绘总局归口城乡建设环境保护部管理，改称国家测绘局
		1988 年，国家测绘局"三定"方案规定：国家测绘局归国务院下属，归口建设部
1989 年至今	职能转变	1992 年，颁布《中华人民共和国测绘法》，规定国务院测绘行政主管部门主管全国测绘工作，有关部门职责由国务院分配
		2002 年 8 月 29 日第九届全国人民代表大会常务委员会第二十九次会议通过了《中华人民共和国测绘法》的修订，明确了国务院测绘行政主管部门的主管地位

（一）起步发展阶段（1949~1973 年）

这一阶段我国政府主要对测绘行业的发展作出了规划。1956 年 1 月，国家批准成立了国家测绘总局，以加强和统一对测绘工作的领导，做好全国测绘事业的规划建设；1964 年 3 月，各省区测绘管理机构统一开始实行"国家测绘总局某某省测绘管理处"的名称，实行国家测绘总局管理为主，总局与各省区双重领导的体制，主要职责是进行技术管理和技术培训，组织个专业部门之间的测绘业务协调等。至此，国家测绘管理体制初步形成；1969 年 11 月，国家测绘总局被撤销合并到总参测绘局。

（二）恢复完善阶段（1973~1989 年）

自 1973 年 3 月国家测绘总局恢复开始，我国进入了测绘行政管理的恢复完善阶段，同年地方各级测绘体制也作了相应的调整，相继成立了测绘局（处）；1982 年，中央国家机关进行机构改革，国家测绘总局归口城乡建设环境保护部管理，并改称国家测绘局；1988 年，国家测绘局"三定"方案规定：国家测绘局是国务院主管全国测绘工作的职能部门，负责全国测绘行业管理，归口建设部领导。

（三）职能转变阶段（1989年至今）

20世纪90年代，随着测绘行政部门的分工趋于明确，我国测绘服务业顺应行业发展趋势，开始进行职能转变。1992年，颁布的《中华人民共和国测绘法》规定国务院测绘行政主管部门主管全国测绘工作，其他有关部门按照国务院规定的职责分工，负责管理本部门的测绘工作；2002年8月29日，第九届全国人民代表大会常务委员会第二十九次会议通过了《中华人民共和国测绘法》的修订，修订后第4条规定，国务院测绘行政主管部门负责全国测绘工作的统一监督管理，其他有关部门按照国务院规定的职责分工，负责本部门有关的测绘工作；截至目前，我国测绘服务主管部门仍在积极进行职能转变和业务流程优化，逐渐提高对测绘服务业的管理水平。

经过测绘行政管理体制的改革，我国已经形成了由国土资源部管理的主管全国测绘事业的国家局，各级省区市也积极响应机构改革，目前省一级测绘行政管理体制已经基本健全。但由于各地对测绘业的重视和扶持程度不尽相同，全国层面上的发展仍存在不平衡。

6.2 行业政策文件分析

测绘服务业相关政策作为促进其发展的重要推动力，自该产业起步以来，始终发挥着重要作用。但是由于地区间经济发展水平、地理信息资源储量等因素之间的差异，各地政府对于该产业的关注和扶持力度也不尽相同。本节选取北大法宝网的数据库收录的、与测绘服务业相关的政策文件作为分析对象，借助关键词出现的频率来衡量各地政府对于测绘服务业发展的关注程度，并根据其发展的实际情况，衡量政策文件的有效性。

6.2.1 行业政策的实施现状

信息资源产业的发展离不开相关部门的政策支持，本研究采用信息资源产业公共政策指数来衡量一个地区信息资源产业政策环境优化程度的相对水平，用政策强度指数来衡量政府部门对信息资源产业发展的重视程度和工作强度。通过对内地31个省区市信息资源产业公共政策指数的研究，本研究发现七大地区信息资源产业在公共政策环境方面存在较大差异，如华北地区五省区市信息资源产业的公共政策指数为79.19，并不位于各地区前列，但是其政策强度为81.53，却是七大地区的首位；相反的，华南地区公共政策指数为78.91，处于全国一般水平，但是政策强度指数为80.98，却是全国第二位，由此可见该地区对于产业政策的落实和关注程度较其他地区更高，对于信息资源产业的推动作用也更强（见图6-4、图6-5）。

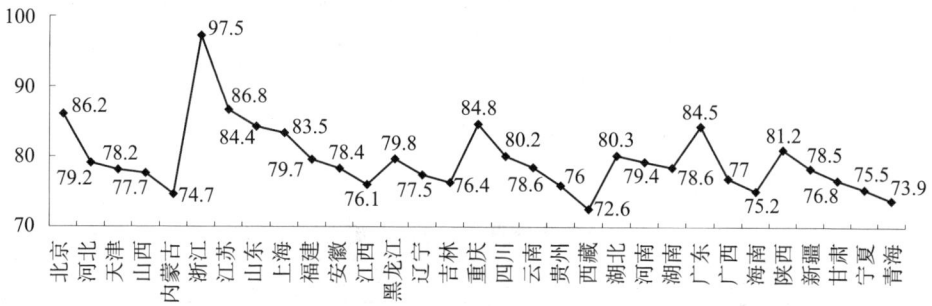

图6-4 全国各省区市信息资源产业公共政策指数分布

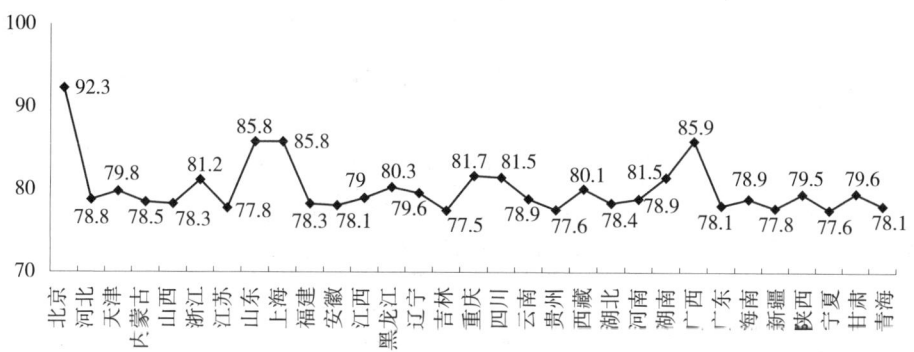

图6-5 全国各省区市信息资源产业决策强度指数分布

测绘服务业的发展也离不开政策的支持，自该产业发展起步至今，国家曾多次颁布法律法规和规章制度对该行业进行规范，同时地方政府也不断发布许多地方性的政策进行行业扶持。本研究以关键词为检索项，以"测绘"为检索词，在北大法宝网的数据库中，检索与测绘服务业相关的政策文件，检索结果为：截至2013年11月，我国内地31个省区市共颁布830部测绘服务业相关政策，去除113篇失效文件，仍有717部现行有效政策文件。按我国现行地理区域划分统计：华东地区文件数为260篇，居七大地区之首；华南、华北、西北、华中、西南分别以122、116、93、89、79篇居于第2~6位；东北地区测绘服务业共有71部政策文件，总数居于末位。我国颁布的测绘服务业相关地方性政策，主要分为地方性法规、地方政府规章和地方规范性文件三大类，在已颁布的830篇政策文件中地方规范性文件有578篇，占总数的69.64%，地方性法规文件有110篇，占总数的13.25%，地方政府规章文件为142篇,占总数的17.11%。

将各地区政策文件数除以其所包含的省区市数量,得到各地区政策文件平均数,其中华东地区为37.14篇,华南为40.67篇,华北为23.20篇,华中为29.67篇,西北为18.60篇,西南为15.80篇,东北为23.67篇,华南地区居于首位,由此可以看出该地区对于测绘服务业整体关注程度要高于其他省市见表6-6。

表6-6 七大地区测绘服务业相关政策文件数量统计表　　　　单位:件

文件数	华东	华南	华北	华中	东北	西南	西北
总数	260.00	122.00	116.00	89.00	71.00	79.00	93.00
有效数	238.00	114.00	93.00	79.00	49.00	65.00	79.00
各地区平均数	37.14	40.67	23.20	29.67	23.67	15.80	18.60

本研究拟确定若干关键词作为衡量政策文件对于测绘服务业关注程度的标准。首先,将截至2013年11月830篇地方政府政策文件的标题进行分词处理,去除其中无关词汇,将剩余词语作为关键词,其次,通过对全部文本进行关键词统计,以此来确定政策文件对于测绘服务业的关注程度。关键词确定为七个大类,各类中的关键词分别列举如表6-7所示。

表6-7 政策分析关键词表

类别	关键词
行业整体关注	测绘、产品、成果
基本措施	编制、规划、促进、推进、完善、贯彻
基本措施	落实、实施、保障、职能、职责
行业监管	评审、评估、监管、监督、标准、规范
行业监管	基准、制度、法律、法制、整顿、整改、调整
人才管理	表彰、奖励、处罚、通报、人才、教育
人才管理	培训、考核、考试、资格、资质
成果管理	保密、公开、备案、档案、归档、更新、质量
市场监督	投标、招标、市场、秩序
产业数字化	互联网、网站、数码、数据库

通过编程将所有830篇政策文件进行量化分析,统计其关键词的词频,处理结果如表6-8所示。

表6-8 七大地区测绘服务业相关政策文件关键词的词频统计　　单位：次

地区	基本关注度	基本措施	行业监管	人才管理	成果管理	市场监管	产业数字化
华东	25964	6412	5575	2301	3911	1284	616
华南	8025	1747	2351	869	1286	290	166
华中	8879	2379	2027	708	1252	423	226
华北	10379	2394	2122	866	1388	485	244
西北	8442	2184	1993	773	1217	560	271
西南	8053	1837	1577	731	1188	317	159
东北	7946	1716	1478	776	905	749	143

6.2.2 行业发展与政策对标

通过分析全国各区域政策文件中关键词出现的频数，可以大致确定其政府部门对于测绘服务业的关注程度。然而本研究通过观察对比发现，政府对于测绘服务业的关注程度与该产业的发展程度并不呈现严格的一致性：有些地区的政府部门对于测绘服务业关注程度较大，然而该产业发展程度并不高；相反，有些地区政府部门对该产业关注程度一般，但其发展程度却较高。具体统计结果及对比可以参见表6-9和表6-10。

表6-9 七大地区政府部门测绘服务业关注程度与产业发展状况对比　　单位：次

地区	整体关注度	基本措施	成果管理	市场监管	产值（亿元）
华东	25964	6412	3911	1284	42.47
华南	8025	1747	1286	290	11.52
华中	8879	2379	1252	423	9.12
华北	10379	2394	1388	485	21.67
西北	8442	2184	1217	560	6.41
西南	8053	1837	1188	317	15.62
东北	7946	1716	905	749	13.63

通过表6-10和图6-6可以看出，华中地区对于测绘服务业的整体关注程度较高，其发展水平（行业产值）却居于七大区域的第六位，华北地区关注程度与华中地区基本相同，但其测绘服务业的产值却居于全国第二位；尤其与华中地区产生对比的是西南地区，其关注程度居于全国末位，但是行业的产值却超过华中地区。本研究认为，产生这种差异现象的原因是多方面的，

大致可以总结为以下几点。

表6-10 七大地区测绘服务业省均关注程度与产值统计　　单位：次

地区	华南	华东	华中	华北	东北	西北	西南
行业整体关注	2675	3709	2960	2076	2649	1688	1611
行业产值（亿元）	3.84	6.07	3.04	4.33	4.54	1.28	3.12

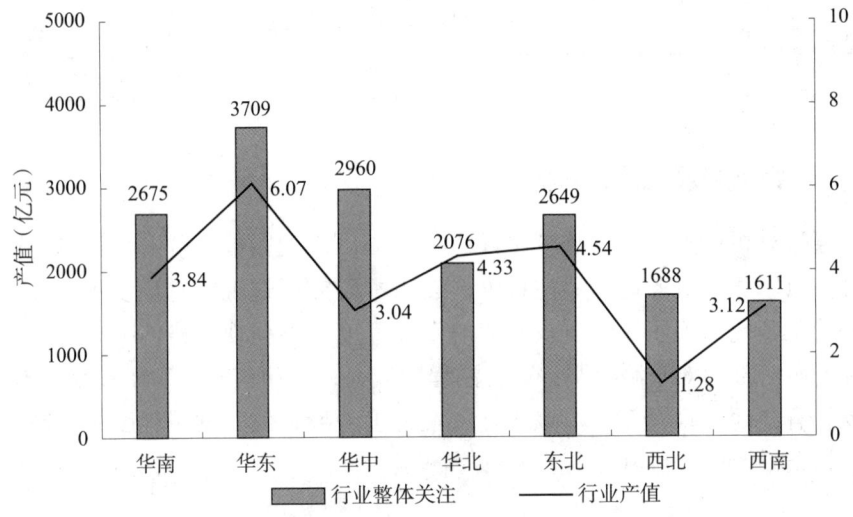

图6-6 七大地区测绘服务业省区市均关注程度与产值对比

第一，各地区地理信息资源储量存在差异。如我国东北地区石油矿产丰富，因此政府部门对于此类资源的勘测和产业发展的扶植力度就较高，其政策在落实方面也相对容易，而我国华中地区（湖南、湖北、河南）矿产资源储量相对较为贫瘠，故而即使政府对于测绘服务业的关注程度很高，这种关注转变为产值的难度也较大。

第二，各地区经济基础不同，落实政策的能力存在差异。通过信息资源产业发展的整体情况不难看出，华南地区因其地理位置的优越性、先期政策的前瞻性等，经济发展水平较高，信息资源产业的发展程度也位于各地区的前列，因此在落实政府部门的政策方面也存在许多优势，相对其他地区更容易将政府建议落到实处，也在一定程度上弥补了其测绘业资源不足的问题，能够创造相对较高的产值，相对而言，而西北地区由于其本身条件的限制，在政策落实方面也相对滞后。

第三，各地区人才、技术等专业性条件差异导致产业发展速度不一致。

测绘服务业作为一类专业性较强的信息资源产业，其发展所需要素不局限于政策扶植力度、经济条件、资源储量等，专业性人才和技术也极大程度上影响着产业的发展。东部沿海地区本身开放程度较高，相对边远地区更易于吸收高新技术和尖端人才，也更容易吸收各类投资，因此其产业发展存在较大的优势。

第四，实际操作部门是否将政府建议落到实处，有效推动产业发展也是导致各地差异的原因。政策文件中关于测绘服务业的关键词出现频数只能理论上反映政府部门对于产业发展的关注程度，然而真正推动产业发展的各地的实际措施，如果仅颁布相关政策规章却不实际落实，那么测绘服务业也不会产生实质上的发展。

当然，政府对于测绘服务业的关注程度不能仅从关键词在政策文件中出现的频数上得到反映。而且，由于项目组成员专业知识的限制，关键词的标准性和真实有效性可能存在一定偏差，这也是导致"关注程度与发展状况不一致"结论的一个重要因素。另外，除各地政府对测绘服务业关注程度不同外，本研究还发现，政府颁布政策文件的时间与产业发展的起伏状态并不呈现一致性，但是两者之间普遍存在相对稳定的时间差值，这种滞后效应在各地区之间基本一致。

6.3 东部西部地区的对比分析

6.3.1 东部地区测绘服务业分析

从图6-7和图6-8中可以得出，东部地区测绘服务业产值近年来随着逐步稳健增长。从2009年的27.91亿元增长到2013年的36.64亿元，累计增长31.27%，年均涨幅7%。虽然东部地区测绘服务业产值占全国总产值比例每年均有下降，但是均保持在30%以上，足以说明东部地区是我国测绘服务业的重点地区。但是近年来东部地区增长速度不及全国的测绘服务业产值增长速度，说明东部地区测绘服务业未能充分利用测绘服务业全国范围内的增长势头，其测绘服务业还存在较大的发展空间。

从图6-11、图6-12中可以看出，东部地区测绘服务业法人单位基本上与其产值保持相同的增长趋势，但不及全国测绘服务业法人单位的增长速度。

从图6-9、图6-10中可以看出，东部地区测绘服务业从业人口虽然每年有所增长，但是涨幅也明显低于全国测绘服务业从业人口的增长。全国测绘服务业无论产业产值还是市场规模都呈现快速增长的趋势，但是相较之下东部地区则明显落后于全国平均水平。

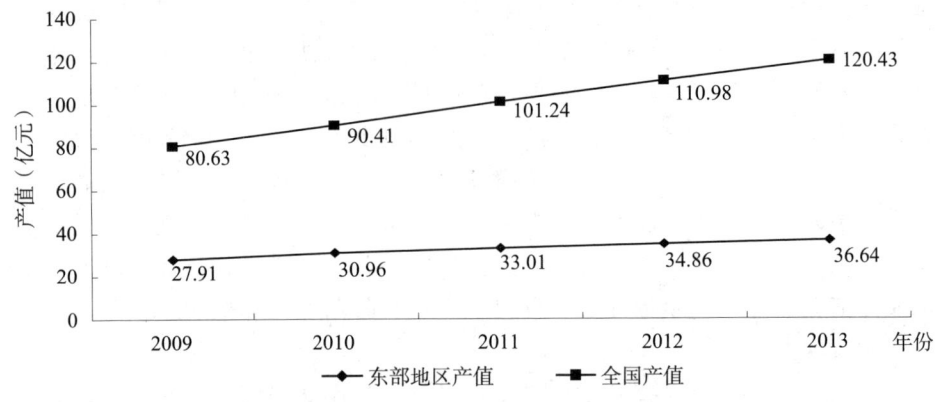

图 6-7 测绘服务业全国产值与东部地区产值对比

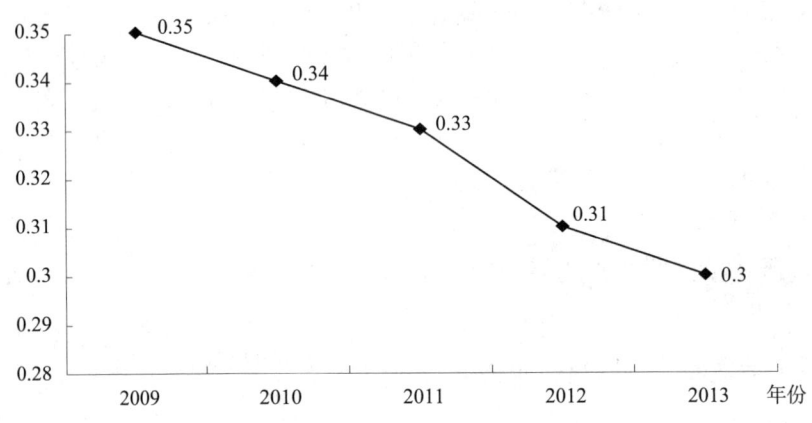

图 6-8 东部地区测绘服务业产值占全国比例

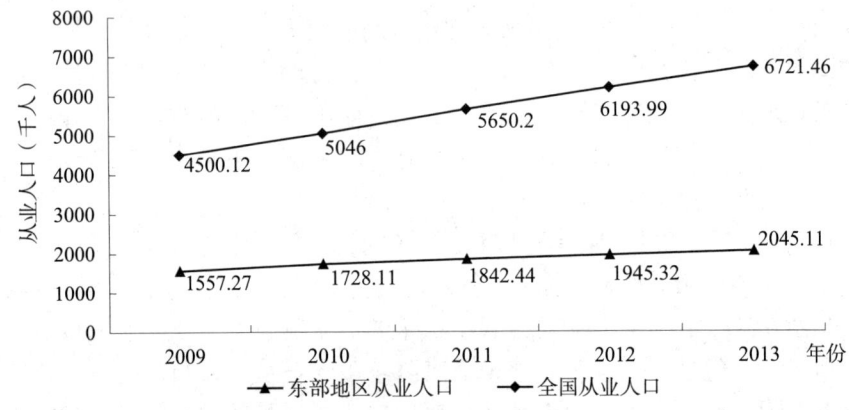

图 6-9 测绘服务业全国从业人口与东部地区从业人口对比

6 信息资源产业典型行业分析——测绘服务业

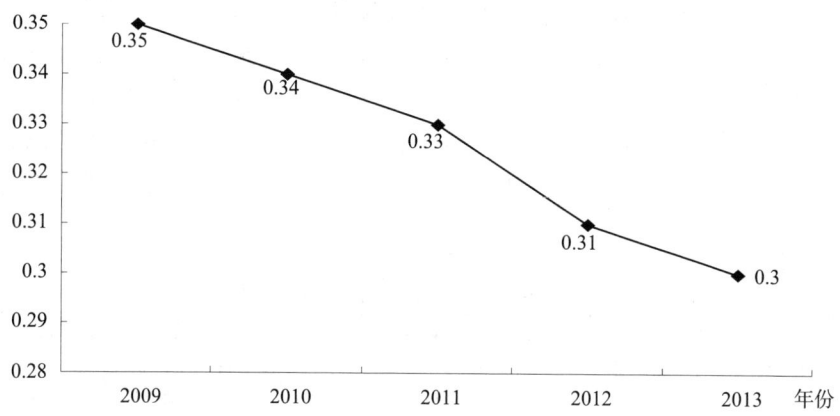

图 6-10 东部地区测绘服务业从业人口占全国比例

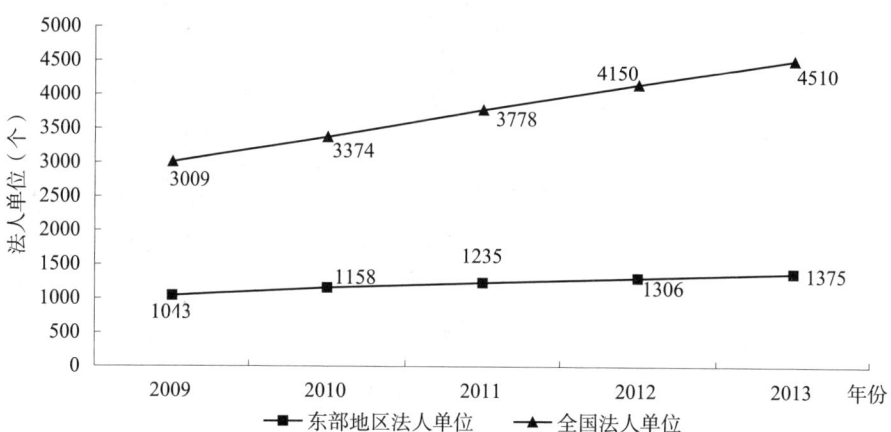

图 6-11 测绘服务业全国法人单位与东部地区法人单位对比

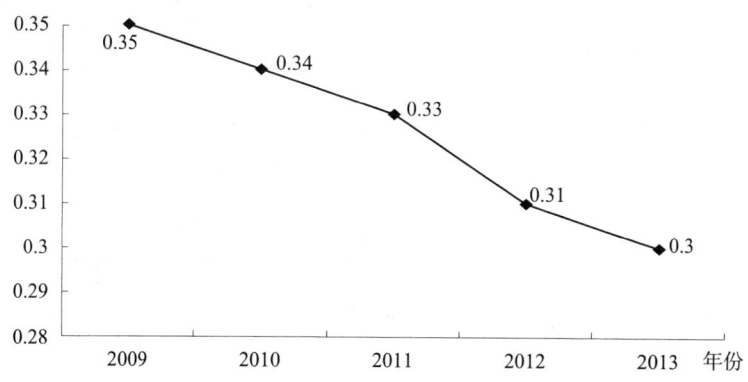

图 6-12 东部地区测绘服务业法人单位占全国比例

从测绘服务业产值来看，江苏和浙江在东部地区中较高，在2013年分别达到9.65亿元和9.41亿元。其中，江苏的产值增长速度在东部地区中最高，平均年增长率达到了16%，远大于东部地区平均年增长率，相较之下，浙江的平均年增长率则相对较低。而上海和北京的产值不仅较低，并且增长速度也较为缓慢，从某种程度上说明了其测绘服务业发展受到制约（见表6-11）。

表6-11 东部部分省市测绘服务业产值统计　　　　　　单位：亿元

年份	上海	江苏	浙江	山东	广东	北京
2009	1.4	5.41	8.04	4.52	4.86	3.68
2010	1.4516	6.88	8.36	5.46	5.16	3.66
2011	1.4518	7.88	8.74	5.75	5.51	3.68
2012	1.4518	8.77	9.08	6.02	5.83	3.71
2013	1.4519	9.65	9.41	6.28	6.13	3.73
增长率	0.01	0.16	0.04	0.09	0.06	0.0033

从测绘服务业从业人口来看，江苏和浙江也同样处于东部地区中较高的水平，在2013年达到了538310人和524930人，其中江苏的从业人口增长速度也是最高，平均年增长率达到了16%（见表6-12）。

表6-12 东部部分省市测绘服务业从业人口统计　　　　　　单位：千人

年份	上海	江苏	浙江	山东	广东	北京
2009	78.00	301.74	448.51	252.01	271.51	205.50
2010	81.02	383.84	466.59	304.56	288.06	204.04
2011	81.02	439.55	487.64	321.09	307.59	205.56
2012	81.03	489.68	506.57	335.96	325.16	206.92
2013	81.03	538.31	524.93	350.39	342.20	208.24
增长率	0.01	0.16	0.04	0.09	0.06	0.0033

从测绘服务业法人单位来看，东部地区也同样呈现出与产业产值和从业人口相同的情况见表6-13。

表 6-13 东部地区部分省市测绘服务业法人单位统计 单位：个

年份	上海	江苏	浙江	山东	广东	北京
2009	52	206	299	168	181	137
2010	54	262	311	203	192	136
2011	54	300	325	214	205	137
2012	54	335	338	224	217	138
2013	54	369	350	234	229	139
增长率	0.01	0.16	0.04	0.09	0.06	0.0033

从以上数据的分析可以得出，东部地区测绘服务业的产业产值、从业人口和法人单位是紧密相关的，在数据上是高度一致的。一般来说，拥有较大的从业人口和法人单位数量的同时可以实现较高的产值，因此，政府部门在制订政策加快推动测绘服务业发展的过程中要注意把握市场的作用，吸引人才，引进资金，扩大从业人口和法人单位数量。

自测绘服务业发展起步至今，国家曾多次颁布法律法规对该行业进行规范，同时也不断发布许多地方性的政策文件进行行业扶持。全国共计颁布政策830 篇，其中至今有效 717 篇。以关键词为检索项，以"测绘"为检索词，在北大法宝网的数据库中，检索与测绘服务业相关的政策文件，结果如表 6-14。

表 6-14 东部地区部分省市政策数量统计 单位：篇

省市	总数	有效	失效	修订	未生效	部分失效	地方性法规	地方政府规章	地方规范性文件
江苏	55	49	6	2	1	0	6	9	40
浙江	51	46	5	2	0	0	0	0	0
山东	52	50	2	3	0	0	0	0	0
上海	19	18	1	5	0	0	0	0	0
广东	89	85	4	0	0	0	2	2	85
北京	28	19	9	0	0	1	4	4	20
总数	294	267	27	12	1	1	12	15	145

从表 6-14 中可知，东部地区测绘服务业政策文件总计 294 篇，其中有效政策 267 篇，占全国比重分别为 35.4%、37.2%。东部地区中，上海政策数量最少，远低于其他省区市，仅为 19 篇，广东最多，达到 89 篇。

然后拟确定若干关键词作为衡量政策文件对于测绘服务业关注程度的标

准,去除其中无关词汇,将剩余词语作为关键词,通过对全部文件进行关键词统计,以此来确定政策文件对于测绘服务业的关注程度。关键词确定为下面七个大类,各类中的关键词分别列举如表6-7所示。

通过编程将所有东部地区政策文件进行量化分析,统计其关键词的词频,处理结果如表6-15所示。

表6-15 东部地区部分省市政策关注程度统计　　　　单位:次

省市	整体关注	基本措施	行业管理	人才管理	成果管理	市场管理	产业数字化
上海	1877	195	232	136	264	16	10
江苏	5172	1177	1076	411	779	474	102
浙江	5196	1740	1195	416	700	365	103
山东	5871	1502	1188	402	886	168	167
广东	4675	1124	1712	613	836	148	104
北京	1723	483	420	251	258	85	47
平均值	4085.67	1036.83	970.50	371.50	620.50	209.33	88.83
总值	24514	6221	5823	2229	3723	1256	533

通过统计可以发现,东部地区各省区市普遍偏重测绘服务业基础设施和行业管理,在这两方面的关注程度几乎是整体关注程度的一半,而在市场管理和产业数字化方面的政策则比较缺失。其中,山东的整体关注程度最高,在基本措施、行业管理、人才管理、成果管理、市场管理、产业数字化方面,关注程度最高的省市分别是浙江、广东、山东、山东、浙江和山东。

通过分析东部各地区政策文件中关键词出现的频数,可以大致确定其政府部门对于测绘服务业的关注程度。然而通过观察对比可以发现,政府对于测绘服务业的关注程度与该产业的发展程度基本呈现一致性:对于政府部门对测绘服务业关注程度高的地区,其产值也相对较高。但是其中也不能排除个别地区的偶然性和特殊性,一些地区的关注程度高但产值却相对较低。具体统计结果及对比可以参见表6-16。

表6-16 东部地区政策关注与产值统计　　　　单位:次

省市	整体关注	基本措施	行业管理	人才管理	成果管理	市场管理	产业数字化	产业产值(亿元)
上海	1877	195	232	136	264	16	10	1.4519
江苏	5172	1177	1076	411	779	474	102	9.65

续表

省市	整体关注	基本措施	行业管理	人才管理	成果管理	市场管理	产业数字化	产业产值（亿元）
浙江	5196	1740	1195	416	700	365	103	9.41
山东	5871	1502	1188	402	886	168	167	6.28
广东	4675	1124	1712	613	836	148	104	6.13
北京	1723	483	420	251	258	85	47	3.7312
平均值	4085.67	1036.83	970.50	371.50	620.50	209.33	88.83	6.11
总值	24514	6221	5823	2229	3723	1256	533	36.64

通过图6-13可以发现，江苏、浙江对测绘服务业的关注程度与其产业发展高度一致，而北京、上海和广东则比较一致，山东与其他省市比较则出现了偏离，其关注程度在东部地区中最高，但是产值却低于江苏和浙江。产生这种差异的原因是多方面的，测绘服务业的发展水平受到地方的经济发展水平、产业结构以及地理信息资源等因素的影响。

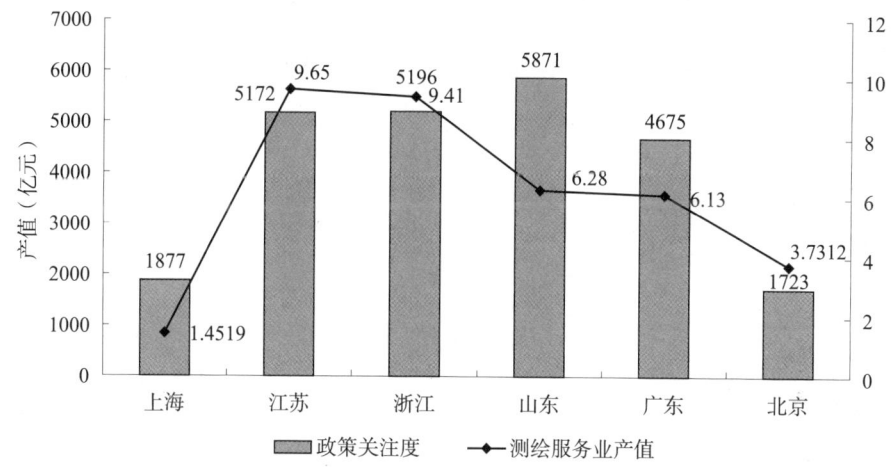

图6-13 东部地区测绘服务业产值与政策关注度对比

6.3.2 西部地区测绘服务业分析

从图6-14、图6-15可以得出，西部地区测绘服务业产值近年来逐步稳健增长，从2009年的12.25亿元增长到2013年的18.80亿元，累计增长53.46%，平均年增长11.15%。增长速度略高于全国的测绘服务业产值增长，且从2010年开始，西部地区测绘服务业产值占全国比例稳步提高，说明西部地区测绘服务业充分利用了测绘服务业全国范围内的增长势头。但是就测绘服务业产值绝对值来看，西部地区的产值占全国总产值的比例较低，每年基本在15%左右，可以推断出其测绘服务业基础较薄弱，未来有巨大的发展潜力。

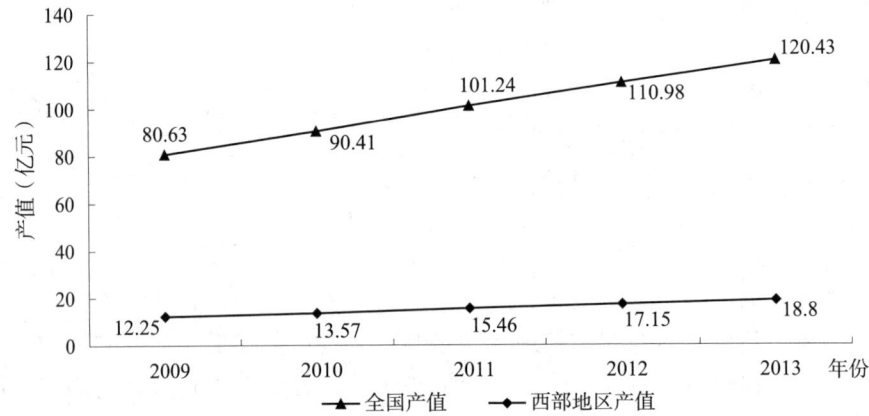

图6-14　测绘服务业全国产值与西部地区产值对比

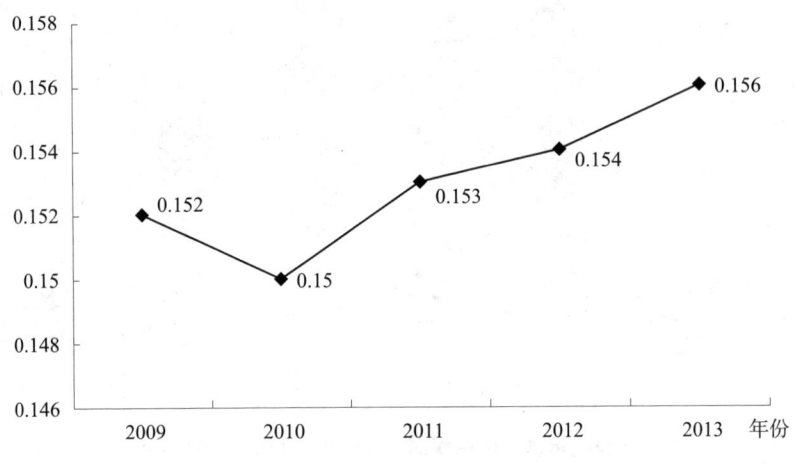

图6-15　西部地区测绘服务业产值占全国比例

从图6-16～图6-19中可以看出，在测绘服务业从业人口和法人单位方面，西部地区也同样属于基础较弱但发展增速较高的情况，和其在产业产值方面呈现一致的趋势。西部地区测绘服务业从业人口和法人单位分别从2009年的68.4万人、456个增长到2013年的104.9万人、702个，平均累计增长率分别是53.37%、53.94%，年均涨幅分别为11.14%、11.24%。

6 信息资源产业典型行业分析——测绘服务业

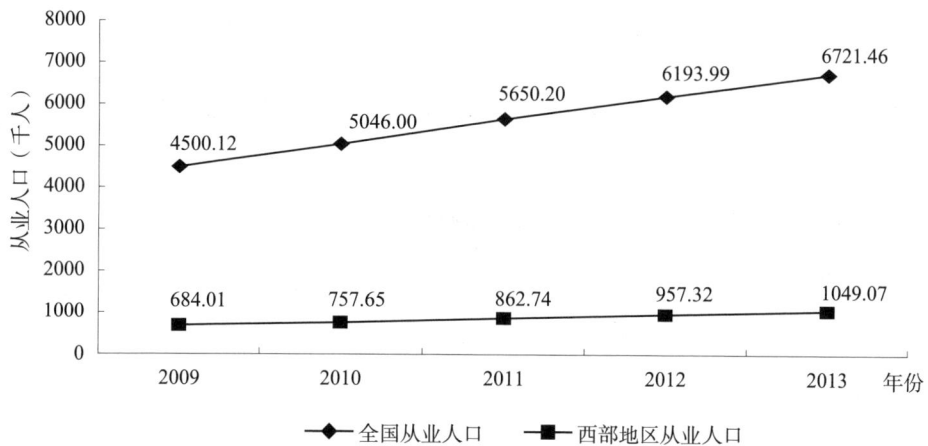

图 6-16 测绘服务业全国从业人口与西部地区从业人口对比

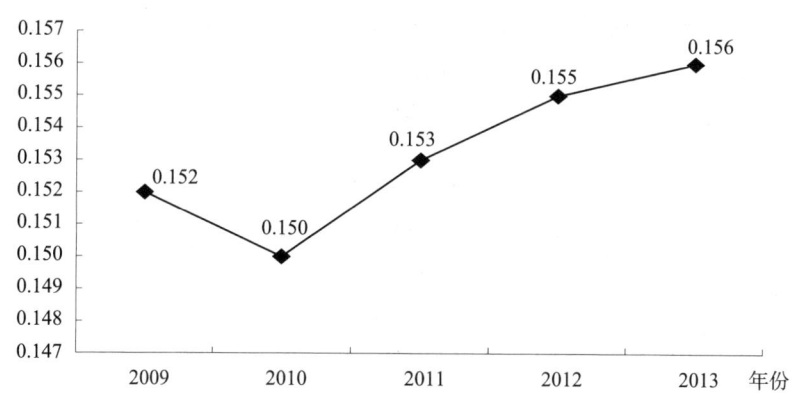

图 6-17 西部地区测绘服务业从业人口占全国比例

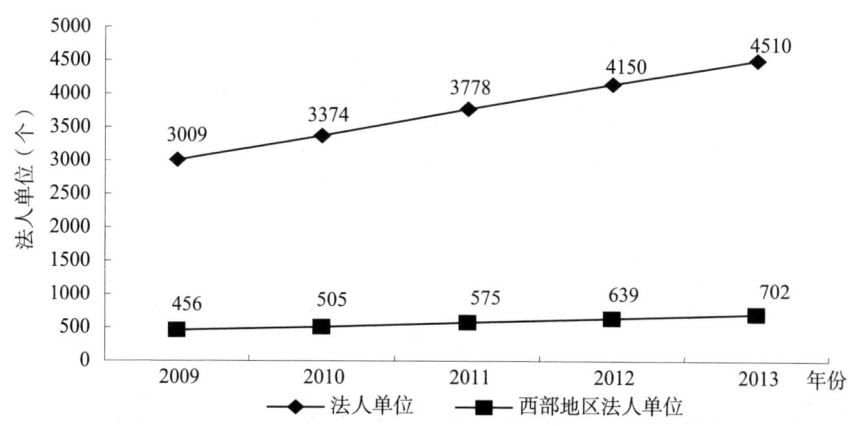

图 6-18 测绘服务业全国法人单位与西部地区法人单位对比

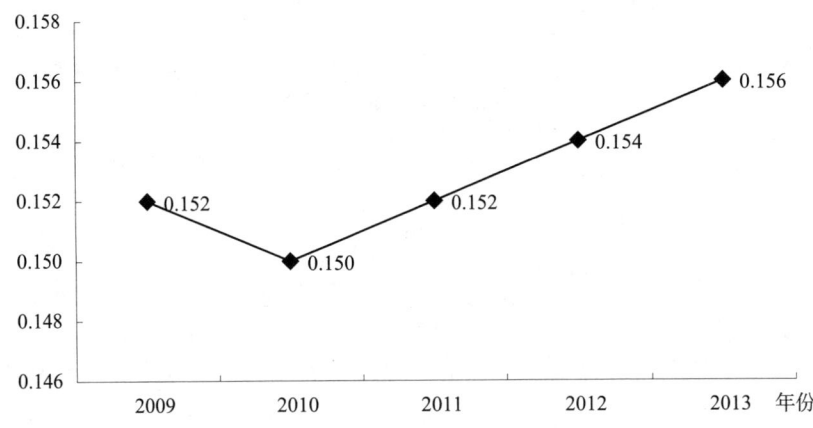

图6-19 西部地区测绘服务业法人单位占全国比例

西部地区测绘服务业各省区市的发展状况有着较大的差别。从表6-17~表6-19中数据来看，以四川和云南的产业产值、从业人口和法人单位绝对值较高，而重庆的发展增速则领先于其他各省区市。

表6-17 西部地区部分省区市测绘服务业产值统计　　　单位：亿元

年份	重庆	四川	贵州	云南	西藏	陕西
2009	0.67	4.54	1.16	3.84	0.03	2.02
2010	0.75	4.89	1.24	4.46	0.03	2.20
2011	1.02	5.08	1.40	5.38	0.03	2.55
2012	1.26	5.25	1.54	6.20	0.03	2.87
2013	1.50	5.42	1.68	7.00	0.03	3.17
增长率	0.23	0.05	0.10	0.16	0.00	0.12

表6-18 西部地区部分省区市测绘服务业从业人口统计　　　单位：千人

年份	重庆	四川	贵州	云南	西藏	陕西
2009	37.50	253.51	64.50	214.50	1.50	112.50
2010	42.01	273.05	69.01	249.05	1.50	123.02
2011	57.02	283.58	78.02	300.08	1.50	142.54
2012	70.52	293.05	86.13	346.02	1.50	160.10
2013	83.63	302.23	93.99	390.57	1.50	177.14
增长率	0.23	0.05	0.10	0.16	0.00	0.12

表6-19 西部地区部分省区市测绘服务业法人单位统计　　　　　单位：个

年份	重庆	四川	贵州	云南	西藏	陕西
2009	25	169	43	143	1	75
2010	28	182	46	166	1	82
2011	38	189	52	200	1	95
2012	47	195	58	231	1	107
2013	56	202	63	262	1	119
增长率	0.23	0.05	0.10	0.16	0.00	0.12

从测绘服务业产值来看，四川在2009年、2010年两年处于西部地区测绘服务业的首位，而在2011年、2012年和2013年云南则赶超了四川成为西部地区的第一。重庆虽然在绝对值上和四川与云南有着较大的差距，但是其增长速度远高于四川、云南两省以及其他省区市，可见近年来重庆测绘服务业发展十分迅速。西藏测绘服务业则发展较为缓慢。

从从业人口和法人单位来看，西部地区测绘服务业基本与产业产值呈现了类似的情况。从以上数据的分析可以得出，西部地区测绘服务业的产业产值和市场规模是紧密相关的，在数据上是高度一致的。一般来说，拥有较大市场规模的同时可以实现较高的产值，因此政府部门在制订政策加快推动测绘服务业发展的过程中要注意把握市场的作用，实现市场规模的扩大。

同样以关键词为检索项，以"测绘"为检索词，在北大法宝网的数据库中，检索与测绘服务业相关的政策文件，结果如表6-20所示。

表6-20 西部地区部分省区市政策数量统计　　　　　单位：篇

省区市	总数	有效	失效	修订	未生效	部分失效	地方性法规	地方政府规章	地方规范性文件
四川	25	22	3	3	0	0	0	0	0
云南	14	10	4	0	0	0	0	0	0
贵州	18	14	4	0	0	0	4	5	9
重庆	17	17	0	1	0	0	0	0	0
西藏	5	2	3	0	0	0	0	0	0
陕西	14	11	3	1	0	0	0	0	0
总数	93	76	17	5	0	0	4	5	9

从表中可知，西部地区测绘服务业政策文件总计93篇，其中有效政策76篇，占全国比重分别为11.2%、10.6%。西部地区中，四川政策数量最多，

达到25篇，而西藏政策数量最少，远低于其省区市，仅为5篇。

同样按照上文的关键词进行检索关键词确定为下面七个大类，各类中的关键词分别列举如表6-7所示。

通过编程将所有西部地区政策文件进行量化分析，统计其关键词的词频，处理结果如表6-21所示。

表6-21 西部地区部分省区市政策关注程度统计

省区市	整体关注	基本措施	行业管理	人才管理	成果管理	市场管理	产业数字化
四川	2634	534	501	164	329	137	96
重庆	1241	521	485	354	328	47	35
贵州	1881	379	342	105	290	99	17
云南	1528	323	169	61	150	27	11
西藏	769	80	80	47	91	7	0
陕西	956	310	319	129	152	160	61
平均值	1501.50	357.83	316.00	143.33	223.33	79.50	36.67
总值	9009	2147	1896	860	1340	477	220

通过统计可以发现，西部地区各省区市在政策关注各方面都比较平均，除了在产业数字化方面关注程度稍低，而在基本措施和行业管理方面关注程度都比较高。其中，整体关注最高的是四川，而西藏则是最低的。

同样通过分析西部各区域政策文件中关键词出现的频数，可以大致确定其政府部门对于测绘服务业的关注程度。然而通过观察对比可以发现，政府对于测绘服务业的关注程度与该产业的发展程度基本呈现一致性：政策关注高的省区市其产业产值也相对较高。具体统计结果及对比可以参见表6-22。

表6-22 西部地区部分省区市政策关注与产值统计表统计

省区市	整体关注	基本措施	行业管理	人才管理	成果管理	市场管理	产业数字化	产业产值
四川	2634	534	501	164	329	137	96	5.42
重庆	1241	521	485	354	328	47	35	1.50
贵州	1881	379	342	105	290	99	17	1.68
云南	1528	323	169	61	150	27	11	7.00
西藏	769	80	80	47	91	7	0	0.03
陕西	956	310	319	129	152	160	61	3.17
平均值	1501.50	357.83	316.00	143.33	223.33	79.50	36.67	3.13
总值	9009	2147	1896	860	1340	477	220	18.80

从图 6-20 中可以发现,西部地区中云南出现了特殊的情况,其政策整体关注不及四川,但是其产业产值却最高,达到了 7.0 亿元,超出四川 1.58 亿元。比较政策关注各方面,云南均不及四川,因此除政策因素外还有影响测绘服务业发展的其他因素存在。

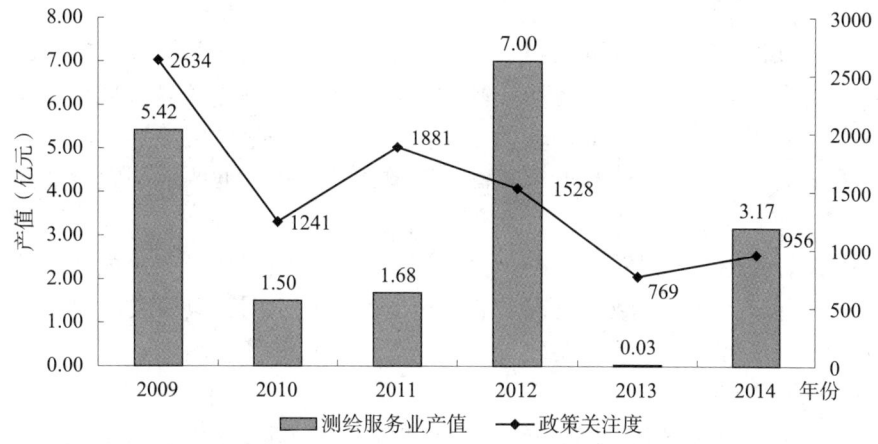

图 6-20 西部地区部分省区市测绘服务业产值与政策关注度对比

表 6-23 东部和西部各省区市测绘服务业政策关注对比

省区市	整体关注	基本措施	行业管理	人才管理	成果管理	市场管理	产业数字化	产业产值
上海	1877	195	232	136	264	16	10	1.4519
江苏	5172	1117	1076	411	779	474	102	9.65
浙江	5196	1740	1195	416	700	365	103	9.41
山东	5871	1502	1188	402	886	168	167	6.28
广东	4675	1124	1712	613	836	148	104	6.13
北京	1723	483	420	251	258	85	47	3.7312
平均值	4085.67	1036.83	970.50	371.50	620.50	209.33	88.83	6.11
总值	24514.00	6221.00	5823.00	2229.00	3723.00	1256.00	533.00	36.64
四川	2634	534	501	164	329	137	96	5.42
重庆	1241	521	485	354	328	47	35	1.50
贵州	1881	379	342	105	290	99	17	1.68
云南	1528	323	169	61	150	27	11	7.00
西藏	769	80	80	47	91	7	0	0.03
陕西	956	310	319	129	152	160	61	3.17
平均值	1501.50	357.83	316.00	143.33	223.33	79.50	36.67	3.13
总值	9009	2147	1896	860	1340	477	220	18.80

从表 6-14 和表 6-22 中数据可以看出，东部地区平均产值为 6.11 亿元，总产值为 36.64 亿元，而西部地区平均产值则为 3.13 亿元，总产值为 18.80 亿元，差距较大。东部地区在政策关注方面，无论是整体关注还是其他各个方面普遍较西部地区要高出许多。这也在一定程度体现出了政策因素对测绘服务业发展的影响。

通过数据比较分析，可以看出东部和西部地区在政策关注方面的共同点在于东部和西部地区政策关注均在基础设施和市场管理方面最有体现，而在成果管理和产业数字化方面则较为缺失。另外，政策整体关注程度高的地区普遍在政策关注各个方面程度都较高，而整体关注程度低的地区则相对来说不太关注如人才管理、成果管理等政策方面。

从统计数据中可以看出，有一些省市的政策关注程度和产业规模与其他省市比较起来呈现不一致的情况。这种情况的出现说明了政策关注程度只是影响产业规模的一个因素。在政策因素以外还存在其他众多影响产业规模及发展的因素。

（1）各地域地理信息资源储量存在差异。如江苏、浙江地理区域广阔，河湖较多，其中江苏拥有耕地面积 7153.1 万亩，占中国的 3.8%，人均占有耕地 0.95 亩。沿海滩涂 1031 万亩，占中国的 1/4，是重要的土地后备资源，另外江苏矿产资源已发现的有 133 种，查明资源储量的有 67 种，矿产资源也相当丰富；而浙江也同样拥有丰富的土地和矿产资源。因此政府部门对于此类资源的勘测和产业发展的扶植力度就较高，其政策在落实方面也相对容易，而山东和广东矿产资源储量相对较为贫瘠，即使政府对于测绘服务业的关注程度很高，这种关注转变为产值的难度也较大。

（2）各地经济基础不同，落实政策的能力存在差异。东部地区属于经济发展水平较高的地区，上海、北京、广东、江苏、浙江、山东等都是我国经济水平最高的省市，而西部地区则是我国经济基础薄弱的地区。通过信息资源产业发展的整体情况不难看出，由于地理位置的优越性、先期政策的前瞻性等原因，江苏、广东等经济发展水平较高，信息资源产业的发展程度也较高，因此在落实政府部门的政策方面也存在许多优势，相对其他地区更容易将政府建议落实到实处，因此能够将高度的政策关注转化为实际的生产力，创造相对较高的产值，相对而言，西藏、贵州等由于其本身条件的限制，在政策落实方面也相对滞后。

（3）各地人才、技术等专业性条件差异导致产业发展速度不一致。测绘服务业作为一类专业性较强的信息资源产业，其发展所需要素不局限于政策扶植力度、经济条件、资源储量等，专业性人才和技术也在极大程度上影响着产业的发展。江苏、广东、浙江等地本身开放程度较高，经济发展水平也较高，更易于吸收高新技术和尖端人才，也更容易吸收各类投资，因此其产业发展存在较大的优势。

（4）实际操作部门是否将政府建议落到实处，有效推动产业发展也是导致各地差异的原因。政策文件中关于测绘服务业的关键词出现频数只能理论上反映政府部门对于产业发展的关注程度，然而真正推动产业发展的是各地的实际措施，如果仅有相关政策规章却不实际落实，那么测绘服务业也不会产生实质上的发展。

6.4　行业发展的主要问题

测绘服务业作为信息资源产业中发展相对成熟的产业之一，由其衍生出来的地理信息系统早已应用到生活、生产中的方方面面，能源管理、土地管理、气象监测、大气监测、自然灾害警示、城市规划、交通管理等方面都需要应用测绘服务业的研究成果，因此重点研究该产业的发展经验对于其他产业的发展有着较好的指导作用。但是不能否认，在其发展过程中也存在一些问题，这些问题制约着产业发展，探索合适的解决方法来消除这些问题也为测绘服务业未来的发展起到一定的指引作用。

6.4.1　管理体制不完善，职能转变不彻底

尽管自1989年起我国进入测绘服务业管理部门的职能转变阶段，但直到2002年8月29日，第九届全国人民代表大会常务委员会第二十九次会议通过《中华人民共和国测绘法》修订案，我国才基本确定国务院测绘行政主管部门对于全国测绘工作的领导地位。通过对各地区测绘服务业政策文件的研究，本研究发现目前许多地区测绘服务业的管理部门仍存在职能不明确、管理不规范的问题。尽管许多地区测绘主管部门都发布了测绘服务业相关的政策文件，但是在内容上这些政策并没有针对本地情况作出适当的调整。

例如，舟山市人民政府于2009年颁布的《舟山市人民政府关于加强测绘工作的实施意见》与周口市人民政府于2008年颁布的《周口市人民政府关于切实加强测绘工作的意见》，虽是不同年份不同地区针对测绘服务业发展提出的政策建议，但是其内容却基本相同，并没有具体的、适合本地的政策解释。经过多年的管理体制改革，虽然我国的测绘服务业管理体系已经逐渐趋于完善和成熟，但是仍然有很多问题需要解决。

6.4.2 市场结构不规范，主观调控性较差

测绘服务业是将测绘数据、应用技术和数据服务相结合的一种综合服务性产业，其完整的产业链条应涵盖数据获取、数据处理和数据服务三个方面，然而目前我国的测绘服务业市场明显存在产业链条不完整的现象，这在很大程度上限制了该产业的发展。尽管测绘服务工作需要专业知识和专门人才，但是该产业却关系到生活的方方面面。测绘服务业的成果在日本已得到很好的应用，日本政府为提高民众生活质量和城市规划的合理性，建立了一系列的地理环境评价系统，如能够监测噪声、大气污染和尾气污染的生活评价系统，交通事故统计分析系统，为应对地质灾害多发的地质灾害管理系统等。

除了市场结构方面的问题，本研究也发现在我国测绘服务业市场上，很难发挥市场的主观调控功能。我国的地理信息产品应用较多的有百度地图、谷歌地图、高德地图，基本形成了三足鼎立的局面，其他地理信息应用系统基本难以挤进行业的竞争，尽管产业创新不断升级，但是仍然难以形成百家争鸣的景象。

6.4.3 财政投入不充足，基础设施不完善

通过分析国家和地区层面的政策文件，本研究发现国家对于测绘服务业的关注多集中于行业操作的规范性，很少涉及资金拨发、相关激励措施。本研究在北大法宝网的法律数据库中以"测绘"为关键词检索，可以检索到1062篇关于国家法规和司法解释的条目，其中3篇为法律，14篇为行政法规，14篇为行业规定，1篇为军事规范性文件，其余1030篇为部门规章。在1030篇部门规章文件中，多数为"加强……工作的通知""召开……会议的通知""落实……建议的通知"，很少涉及推动测绘服务业发展的具体措施，关于拨发相关资金以推动产业发展的政策更属少数。这就导致我国对测绘服务业硬件和软件投入相对不足，投入和产出反差加大。由此可见，我国测绘服务业发展缺少必要的政策指导，因此产业发展的推进在实际操作层面也存在一定的难度。

除此之外，在政策颁发和落实中也可能存在资金拨发不充足、专项资金使用合理性等问题，这些问题在很大程度上也会影响测绘服务业的发展。

6.4.4 产业链结合不紧，高端人才较缺乏

在对政策文件进行深入分析之后，本研究发现无论是国家还是地方政府，都很少关注产业人才培养和技术支持。在北大法宝网的数据库中以"测绘"

和"人才"为关键词进行国家法规司法解释条目检索，仅能检索到 20 篇相关政策文件，而且政策发布时间基本都集中于 2008 年之后，由此可见我国政府对于该产业人才培养的关注起步比较晚。尽管近年来关注程度逐渐增加，但仍然无法满足产业发展需求；与此同时，北大法宝网的数据库中收录以"测绘"和"技术"为标题关键词的政策文件书也仅有 38 篇，相对 1062 篇政策文件来说，也是极少的一部分，并且在这些政策的发布时间上存在 1994～2004 年的空白期，这十年期间我国政府相关部门并没有发布任何有关测绘技术的政策文件，从某种程度上反映了对于专业技术的忽略。

通过访问我国测绘服务业直接负责部门——国家测绘地理信息局，本研究发现，截至 2013 年共发布了 51 篇与人才管理相关的说明文件，其中大部分文件关注领导选拔、职称评定，对于专业人才培养和管理则关注较少。除此之外，文件关注的地理区域多集中于华中、华北地区，对于华南、华东、西北、西南、东北地区关注程度较低，这在一定程度上也反映了国家对于这些地区测绘服务业相关人才管理的重视程度相对较弱。另外，国家测绘地理信息局的网站上有关产品质量监管、产品实际应用和测绘成果更新的相关说明也相对较少，这些方面也是影响测绘服务业发展的重要因素。

6.4.5 产业基础差距大，行业水平不一致

各地理区域测绘服务业发展水平悬殊。通过统计数据本研究发现，测绘服务业发展状况最好的是华东地区，其从业人口数值达到 2370.1579 万人，产值达到 42.4684 亿元，与发展水平较低的西北地区相比（产值为 6.4117 亿元，从业人口为 357.8382 万人），地域总产值约为其 6.62 倍，各省市的平均产值也为其 4.73 倍。通过对统计数据和政策文件分析，本研究发现各地域的内部各省区市之间也存在发展程度的差异。例如测绘服务业发展程度较高的华东地区，2013 年浙江的产值为 8.0364 亿元，居于整个华东地区首位，而江西产值仅为 1.2901 亿元，居于末位，两者产值基本呈 6 倍关系。

各地区测绘服务业发展水平与其信息资源产业整体发展水平不严格呈现一致性。如华南地区信息资源产业整体发展水平并没有排位于总体的前列，但是其测绘服务业的发展水平却居于各地区的前列。这种现象既与本地区地理信息资源储量相关，也与其政府部门的关注程度和相关政策的落实情况有着极大的关联。造成此种状况的原因除本研究之前讨论过的地理信息资源储量差异外，不同地区政府扶植力度上的差异也是产生这一悬殊的重要原因。

同时，各部门对于产业发展相关政策的落实程度也难以确定。在北大法宝网的数据库进行检索时，1030 篇与测绘服务业相关的部门规章政策文件中，

其落实程度、政策实际效应的大小都难以进行考证，因此测绘服务业发展潜力的大小、政策对其的推动作用是难以准确衡量的。

6.5 测绘服务业管理政策优化建议

针对测绘服务业的发展现状和从中发现的问题，本研究认为，可以从多个方面采取措施来推动该产业的发展，不仅要从表面上修正其市场构成，更要从根本上使其发展模式变得更加健康和完善。

6.5.1 深化管理体制改革，完善管理部门职能

我国测绘服务业管理体制改革一直都在进行，并且也取得了一定的成就，已经形成国务院测绘管理部门直接领导各地测绘管理机构的体系，但是这种看似健全的体制下，却没有对产业的发展带来实际的推动作用。因此，需要针对不断变化的信息资源产业，尤其是测绘服务业发展情况，不断升级产业管理模式，将职能转变落到实处，为产业发展提供实际推动力。

在制定各地测绘服务业相关政策法规时，相关政府部门要结合当地实际情况，将本地的地理资源、地理环境、经济基础、信息资源产业发展状况等因素考虑在内，为本地区"量身定做"合适的发展规划和建议，切实推进产业发展。

6.5.2 规范行业市场环境，发挥市场调节作用

为使我国测绘服务业能够健康发展，政府部门协助建立公平、公开有秩序的市场是一个重要的保障因素。各地测绘服务业主管部门，应当加强企业的监管力度，对相关技术人员实行严格的审查和考核，保证测绘服务业从源头到产品的高质量，有效提高产业发展的规范性。与此同时，政府部门应适当放宽一些市场准入标准，充分发挥市场本身的资源配置功能，在相关部门正确合理指导的基础上，形成能够更加主动自我调节的产业市场。

除此之外，主管部门也要挖掘和发挥企业的主体地位，通过一系列措施鼓励开展创新升级。政府相关部门可以发布鼓励企业创新的政策，使企业从产业创新中获取实际的利益，同时推动不同类型企业、不同地区企业，甚至国内外企业的合作，共同打造优质产品。与此同时，企业作为产业中重要的一环，应当认识到自己的主体地位，努力发挥自己的调节功能，积极开展产业链的创新和优化，使得测绘服务业的研究成果和产品能够更加符合市场需求。

6.5.3 不断加大财政投入，加强基础设施建设

国家财政投入作为产业发展的最基本保障，应该在目前的基础上进一步加强，才能保证产业发展具有持久的动力。与此同时，测绘管理部门应当明确每一笔投入费用的去向，设置专人负责资金使用的规划，实行费用的专项管理，切实把这些资金用到实处，真正推动产业的发展。并且在此基础上积极推动产业和实业的合作，以此来获取更多的资金支持。

与此同时，各地政府部门需要认识到基础信息化体系建设是测绘服务业能够得以发展的重要基础，通过提高基础设施的质量，能够有效地推动测绘服务业的发展。目前世界上不少国家和地区的地理信息数据系统都在积极进行数据库的更新工作，在数据更新的过程中，它们更加注重变化性信息的获取、采集以及现实数据的计算和生产，以此保证信息的有效性和系统实时性。我国在进行测绘相关系统建设和更新时，也应该考虑到数据更新的问题，加大技术和资金投入，建设较为完善的基础信息系统，解除后顾之忧。

目前我国测绘成果不完整的现象也比较普遍，例如我国航空摄影测绘规划要求，大中城市和发达地区、重点防洪地区的测绘周期为 4 年，其他一般地区为 8 年，荒漠和高寒地区分别为 15 年和 20 年。较长的测绘周期容易导致信息失去时效性，无法及时进行更新，信息的可用性也随之下降。因此，加大资金投入和技术支持，缩短测绘周期能够使测绘服务业得到较大的发展。

6.5.4 产学研进一步结合，培养高端实用人才

测绘服务业的发展脱离不了高精尖技术和专业技术人才，但是目前我国测绘服务业的现状呈现低端技术工人饱和，高端技术领域人才匮乏状态，这就要求我国相关部门重视专业技术人才的培养，弥补这一缺口。政府可以通过颁布相关激励政策鼓励海归人才、研究专家等专业人员参与产业建设，或扶持有测绘研究基础的大学重点发展相关专业，培养相关人才等，通过采取这些政策培养一批测绘业高精尖人才。通过加强"产、学、研"之间的合作，能够加快产业成果向产品的转化，大大缩短"技术—成果—商业化产品"的周期，在最短的时间内将研究成果转化成具有商业价值的产品，从而获取商业利润再次促进科学研究的开展和产业的发展。除此之外，通过将"产、学、研"三者结合，也有利于培养具有实际操作能力的专业型人才，使得相关研究人员不再局限于实验室，而是能够进入实际产业生产链，真正为产业发展做出贡献。

6.5.5 注重产品分级管理，加强成果质量监管

测绘服务业作为一个与地理规划、交通运输、水文水利等多个产业相关的产业，其产品质量不仅影响自身的发展，对其他产业更有着重要的影响，因此，政府部门制定出一些法律法规和规章制度，统一产品质量标准，提高测绘数据的准确性、产品的精确度，对于产业的发展有着重要作用。政府和企业应当在制定产品标准的同时，加强对其成品的质量监管力度，保证产品的价值和实用性、有效性。

针对目前我国测绘服务业分级管理制度的不足，国家基础测绘项目和地方基础测绘项目划分不清晰的现状，应该进一步细化测绘服务业的管理体制，使得国家和地方的测绘相关单位明确自己的职责，在项目开展运行中做到权责明确，各司其职。

7 信息资源产业典型行业分析
——知识产权服务业*

在本书第一部分对信息资源产业进行详细界定的基础上进一步分析,划分出了属于信息资源产业范畴的 95 个国民经济四级细分产业,其中,既有图书、期刊出版和本书之前所提到的测绘业这类已经有着明确产业范围与完整产业链的成熟型行业,也存在尚未完全成熟、产业链不完整、产业内涵模糊和产业类别不明确的、尚处在发展阶段的信息资源产业,如知识产权服务业。本章将以知识产权服务业为切入点探讨这类型信息资源产业的政策特点和政策效果,以及目前该行业发展存在的问题与相应对策,并通过对知识产权服务业中的具体内容(如专利服务业)进行针对性研究,为知识产权服务业的政策制定提供可参考的方案,并为其产业化模式构建基础发展框架。

7.1 知识产权服务业的概况

7.1.1 行业内涵与研究意义

知识产权服务业主要是指以人的智慧成果(知识、信息资源的创造、加工、传播、运行)为主导,以这些智慧成果的权利(知识产权的确权、维权、评价、交易、保护、配置)为主线所形成的新型服务业,是服务业随着知识经济时代的来临,所产生的知识密集型服务业的一种。

我国知识产权服务业起始于 20 世纪 80 年代的科技服务业,主要包括为技术创新提供直接服务的生产力促进中心、创业服务中心、工程技术研究中心等;为技术创新提供外围服务的科技评估中心、科技招投标机构、情报信息中心和各类科技咨询机构等;以及为科技创新提供各种要素条件的技术市场、人才市场等。

---

* 本章节的部分内容已发表于《中国发明与专利》2015 年第 5 期第 15 – 18 页和 2015 年第 6 期第 17 – 20 页。

知识产权服务业所涉及的服务种类较多，主要包括对知识产权范畴内的专利、版权、商标等内容进行登记、代理、转让、鉴定、评估、检索等具体活动。

知识产权服务业所包含的内容较多，商标、著作权、版权、专利等内容的产生、转化、利用、服务都属于其范畴内。一方面它作为信息资源产业的一个重要组成部分，在目前的各个政府部门、企业单位中都有着不容忽视的重要价值，另一方面它目前并不具有完整的产业链，其上游的产生、采集与加工和下游的应用并不完全挂钩，通常只作为一种职能模块镶嵌在其他各个行业之中。例如，企业要对其商标进行设计与应用，商标作为企业重要的信息资源有着巨大的经济价值，但同时，对商标的维权仅作为企业的一个部门的功能模块，并不具有完整的产业形态。

信息资源产业涉及对信息资源的采集、加工和利用三个方面，知识产权服务业在上述三个方面均有所涉及，具有发展出完整产业链的可能性。如果将知识产权的产生、采集、整理、加工、应用合而为一，不仅能在知识经济时代为我国快速发展提供智力支持，且能生产较大的经济价值。因此下面将知识产权服务业作为尚未发展完善的一部分信息资源产业的典型代表进行研究。

7.1.2 行业发展现状

随着知识经济时代的到来和产业经济的调整，知识产权服务业在政策方面也受到了越来越多的关注。2012年11月13日，国家知识产权局、国家发展改革委等九部门联合印发《关于加快培育和发展知识产权服务业的指导意见》。该文件中分充分认识知识产权服务业对我国经济发展的重要作用；确立发展知识产权服务业的指导思想、基本原则与发展目标；指出知识产权服务业重点发展的领域；明确加快知识产权服务业发展的主要任务；提出促进知识产权服务业发展的主要措施五部分。从中可以看出国家对知识产权服务业的重视程度。

截至2013年底，我国知识产权服务业共有法人单位6581家，占全国信息资源产业单位的0.63%，知识产权服务业从业人口总数为68264人，占全国信息资源产业从业人口的0.24%，知识产权全年营业收入为122.95亿元，占全国信息资源从业人口的0.66%。

从数据中可以看出知识产权行业以相对较少的从业人口，创造了较大的经济价值，属于高附加值高智力需求的行业，是信息资源产业中的典型代表，在信息化的时代将会逐渐成为具有巨大竞争力的领域。

下面将从横向和纵向两个角度对知识产权服务业历年来发展的具体情况进行简要分析。

从纵向来看，2009~2013年，我国知识产权服务业的经济产值逐年提升，从2009年的84.83亿元增长到2013年的122.95亿元，五年时间内知识产权服务业年经济产值提升了1.5倍左右，然而，知识产权服务业在信息资源产业经济产值中所占的比重却在不断下降。从0.45%下降到0.38%，下降幅度较大，说明知识产权服务业在信息资源产业中的发展速度较低，发展不够充分，可发掘潜力巨大（见图7-1）。

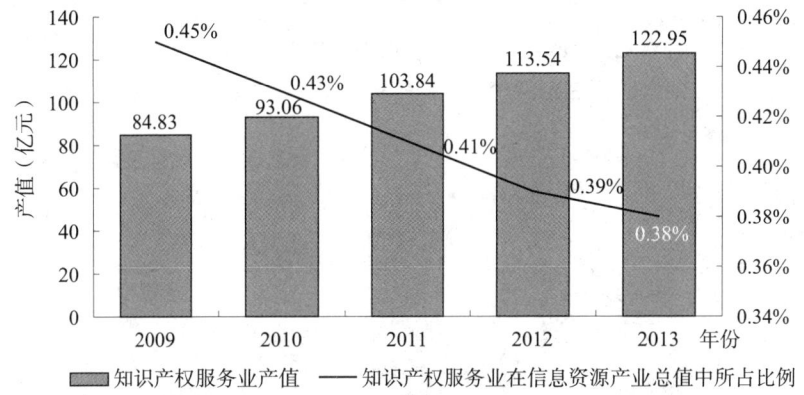

图7-1 2009~2013年我国知识产权服务业产值及在信息资源产业总产值中占比

从就业人口数层面上看，2009~2013年，我国知识产权服务业从业人口不断增加，但是增幅较为缓慢，5年时间内增加从业人口数2万余人，每年平均增加4000人。同时，知识产权服务业在信息资源产业从业人口中所占的比例呈缓慢下降的趋势。从2009年的0.26%下降到2013年的0.24%，下降幅度较小，并且在2010~2012年呈平稳状态。从另一个角度来来看，结合知识产权服务业的自身特点，知识产权服务业从业人口的增长比例小于知识产权服务业产值的增长比例，也说明了作为智力密集型行业的知识产权服务业近年来从业人口素质不断提高，发展潜力巨大（见图7-2）。

从知识产权服务业全国法人单位来看，2009~2013年共增加1600家，增长幅度较小，平均每年增长320家左右。但知识产权服务业法人单位在全国信息资源产业法人单位中所占的比例在2009~2010年短暂的升高后，又呈逐年下降趋势，从0.67%下降到0.63%，降幅较小，但结合从业人口数和营业产值来看，可以看出近年来知识产权服务业法人单位的综合素质也在缓慢提高（见图7-3）。

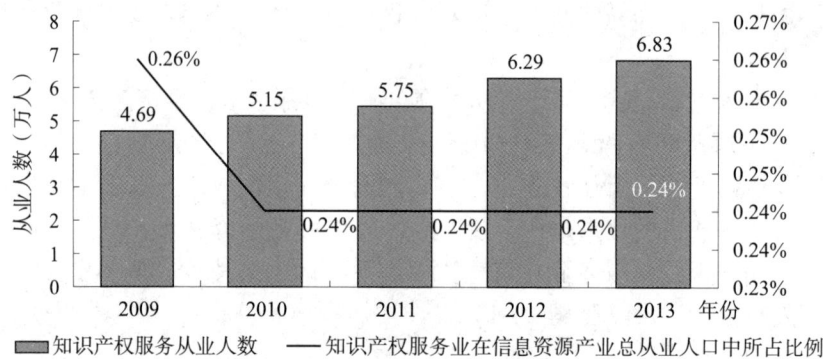

图 7-2　2009~2013 年我国知识产权服务业从业人口及在信息资源产业总从业人口中占比

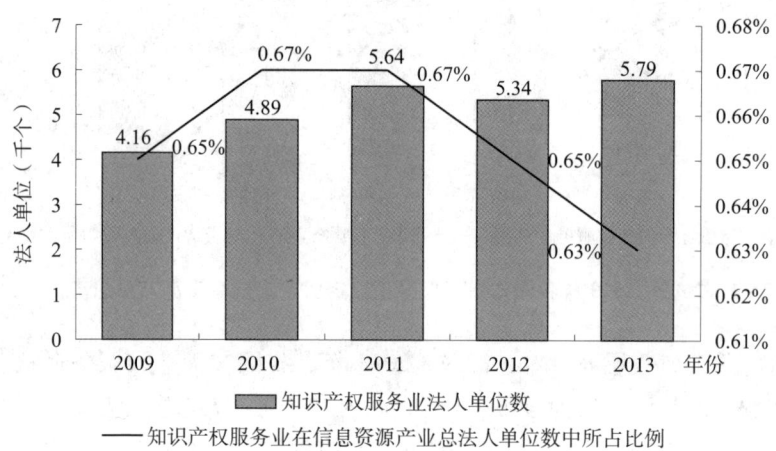

图 7-3　2009~2013 年我国知识产权服务业法人单位及在信息资源产业总法人单位中占比

在现有法人单位中，控股方主要有私人控股、国有控股、集体控股、外商控股、港澳台控股和其他共六种类型。私人控股在六种类型中占比 83%，是法人单位最主要的控股成分，国有控股占比为 4%（见图 7-4）。

通过以上数据可以看出，在我国信息资源类产业加快发展的整体大环境下，在多个行业和领域都起到了重要作用，但是自身具有巨大发展潜力的知识产权服务业却并未得到足够多的重视，虽然从业人口素质逐步提高，法人单位日渐成熟，营业产值有所提高，但总体来说发展速度相对较慢。

目前涉及知识产权服务业的具体政策数量有限，在全国层面上只有 2012 年发布的《关于加快培育和发展知识产权服务业的指导意见》和关于开展知

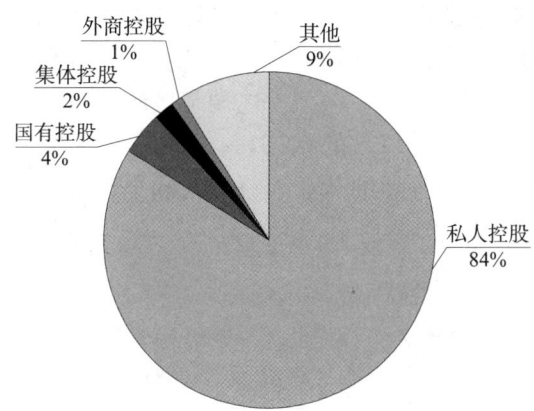

图 7-4　2009~2013 年我国知识产权服务业法人单位组成分布及占比

识产权服务业统计调查的通知。在地方层面上，仅有 9 份相关的文件，江苏和北京各 3 份，重庆 2 份，广东 1 份，主要涉及的内容均是对国家层面上两份文件的具体落实情况。

通过横向考虑 2013 年全国各地知识产权服务业的统计数据，可以直观的看出我国各地知识产权服务业的发展情况。

2013 年，全国各地知识产权服务业法人单位如图 7-5 所示，超过 300 家法人单位的地区有：北京（1263 个）、广东（959 个）、浙江（771 个）、江苏（674 个）、上海（352 个），这五个地区的法人单位数占到了全国知识产权服务业法人单位数的 58.86%，数量超过一半。而法人单位数小于 30 的地区分别是西藏（1 个）、甘肃（2 个）、青海（3 个）、海南（17 个）、宁夏（25 个），其中还有 3 个地区的法人单位数为个位数。

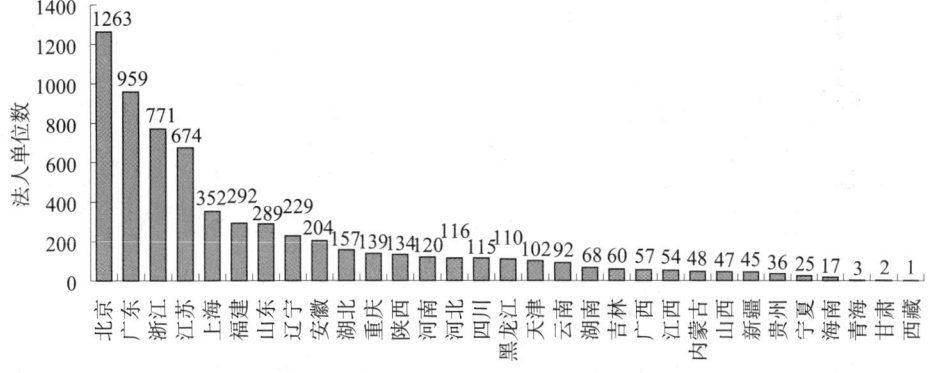

图 7-5　2013 年我国知识产权服务业各地法人单位数

2013年,全国知识产权服务业从业人口数如图7-6所示,其中从业人数较多的几个地区分别是:北京(1310个)、广东(995个)、浙江(800个)、江苏(472个)、上海(366个)。这五个主要地区的从业人口数占到了2013年全国知识产权服务业从业人口数的60.31%,超过了一半。同样的,内蒙古、新疆、青海、西藏、云南等地的从业人口数之和小于500人。在从业人口数这一部分可以说是少数的地区拥有了大部分的知识产权服务业从业人员。

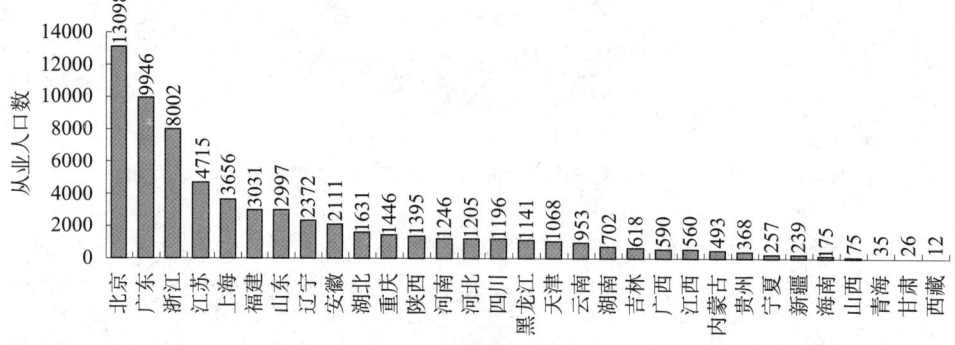

图7-6　2013年我国知识产权服务业各地从业人口数

2013年,全国各地知识产权服务业营业产值如图7-7所示,产值较高的地区有:北京(23.55亿元)、广东(17.82亿元)、浙江(14.35亿元)、江苏(12.85亿元)、上海(6.57亿元),占据全国知识产权服务业营业总产值的61%。而山西、内蒙古、海南、贵州、青海、宁夏、新疆、甘肃等地区产值较低,其产值总和在全国知识产权服务业产值占比不足5%。

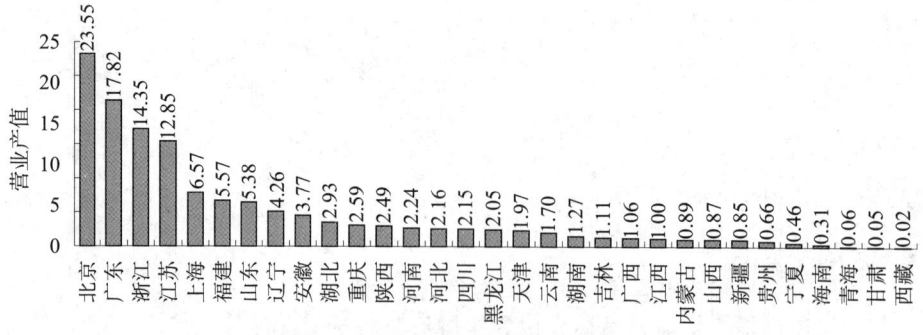

图7-7　2013年我国知识产权服务业各地营业产值

结合第二、第三部分的信息资源产业评价指标体系对全国知识产权服务业发展情况进行评价,如图7-8所示,可以很明显的看出,北京在对知识产权服务业的发展和行业规模上处于绝对领先的地位,上海、江苏、浙江、广东等省市在知识产权服务业的发展与培育上也处于优势地位。而云南、贵州、西藏、新疆、甘肃、青海、内蒙古等偏远地区的知识产权服务业的发展尚处于起步阶段,不论在产业规模还是从业人口素质上都还存在较大差距。

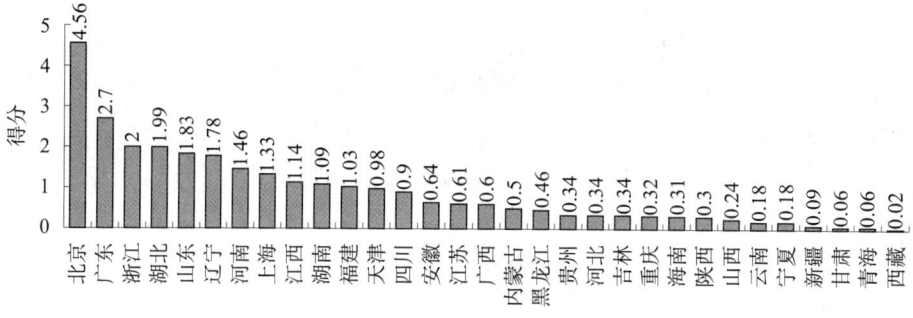

图 7-8 2013 年我国知识产权服务业各地评价指数分布

通过这一节关于知识产权服务业数据的分析,可以看出,目前知识产权服务业在信息资源产业中所占的整体比重不大,从业人口和法人单位较少,年产值较低,同时区域发展不平衡现象严重。知识产权产业及其衍生的知识产权服务业的发展情况可以直观地反映出一个国家创新性科技的水平,结合知识产权在各个行业中均有所嵌套的现实情况,可以发现,我国知识产权服务业发展的速度过慢,但是近年来层出不穷的知识产权相关案件又对政策的进一步完善提出了明确要求。因此,对知识产权服务业这类处于发展阶段的信息资源产业进行进一步研究的需求较为迫切。

另外,由于知识产权服务所涉及的内容较多、发展成熟程度不一、产业化难易程度不一、效益情况不一等问题,相关政策较为复杂,偏重不一,不便于进行针对性研究来分析政策与知识产权服务发展的关系以及知识产权服务业在发展中所遇到的具体问题,因此选取一个特定的内容来进行深入研究有其必要性。在知识产权服务业所涉及的诸多领域中,专利服务业产业化可能性较高,目前发展情况与知识产权服务业整体发展趋势最为接近,涉及领域广,具有较高的研究价值,因此下面将通过对知识产权服务业中的专利服务业这一典型案例进行深入研究,尝试以专利服务业作为切入点,挖掘知识产权服务业完善产业化、加快发展速度、提升产业价值的有效途径。

7.2 专利服务及其管理政策

7.2.1 专利服务发展概况

专利是一项发明创造的申请者所拥有的受保护的独享权益。专利是世界上最大的技术信息源,据实证统计分析,专利包含了世界科技技术信息的90%~95%。专利的种类在不同的国家有不同规定,在我国《专利法》中规定了:发明专利、实用新型和外观设计;在中国香港的专利法规中规定有:标准专利(相当于内地的发明专利)、短期专利(相当于内地的实用新型)、外观设计;部分发达国家则分为发明专利和外观设计专利。专利的申请流程如图7-9所示。

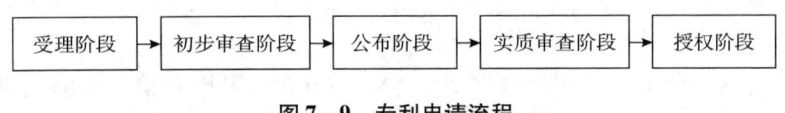

图7-9 专利申请流程

2011年12月11日,世界知识产权组织(WIPO)在其发布的《2012年世界知识产权指标》报告中明确指出:中国已经成为专利申请第一大国。报告显示,2011年,中国国家知识产权局受理来自国内外发明专利申请526412件,超过美国的503582件,成为世界第一。同时,其受理的发明、实用新型、外观设计三种专利总数量达到1633347件,成为世界最大的专利受理国,这一位置在此前100年里一直为德、日、美三国占据。报告同样指出,2009~2011年,全世界专利申请增加了293900件,中国国家知识产权局在其中占比第一,达72%。尽管世界经济在2011年仍然表现欠佳,但全球知识产权申请量继续呈现强劲增长态势,2011年全球累计提交发明专利申请量增长了7.8%,连续第二年高于7%,这些增长皆主要来源于中国。

7.2.2 专利服务政策分析

国家层面上涉及专利的法律主要是《中国人民共和国专利法》(简称《专利法》),自1984年制定以来历经3次修改,每次修改都由具有法律效力的全国人大常委会发布的修改决定发布。《专利法》是专利申请、授权、索引、应用等环节所遵守的基本原则。

表7-1 我国专利法制定修改历程

法律名称	发布时间
中华人民共和国专利法（2008修正）	2008.12.27
中华人民共和国专利法（2000修正）	2000.08.25
中华人民共和国专利法（1992修正）	1992.09.04
中华人民共和国专利法	1984.03.12

全国层面的法律主要是专利法的历年修订案，行政法规和部门规章主要涉及内容包括专利申请、授权、应用方面的宏观规定。而在地方层面上，法规内容主要是各地区的专利实施与保护条例，其他规范性文件多针对鼓励专利申请、应用方面。全国各级政府制定涉及专利的具体法律法规数量如表7-2（包括目前已被修订和被废止的）。

表7-2 全国各级政府针对专利制定的具体法规数量

法律法规内容	数量
全国层面法律	7
全国层面行政法规	12
全国层面部门规章	497
全国层面团体、行业规定	27
地方层面法规	80
地方层面政府规章	59
地方规范性文件	1333

如图7-10所示，每一个时间段的政策文件均是在此时间段内生成。从中可以看出，就政策发布时间来看，从2008年至今针对专利类政策的法律法规文

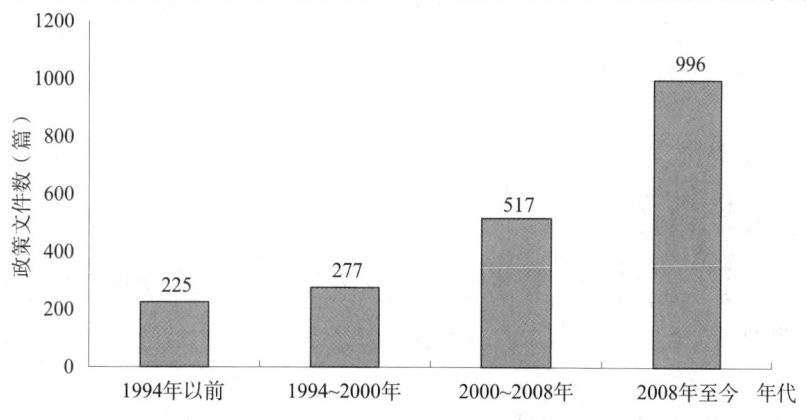

图7-10 1994年至今专利政策文件的增长趋势

件有了大幅攀升。其主要原因是各地方均在这一时期出台了适用于本地区的专利保护条例，并结合保护条例发布了大量鼓励专利申请与应用的地方性政策。

从全国层面来看，所涉及的543篇政策文件中，除涉及《专利法》的7篇政策件由全国人大常委会发布之外，发文部门主要集中在国务院各机构（见图7-11）。

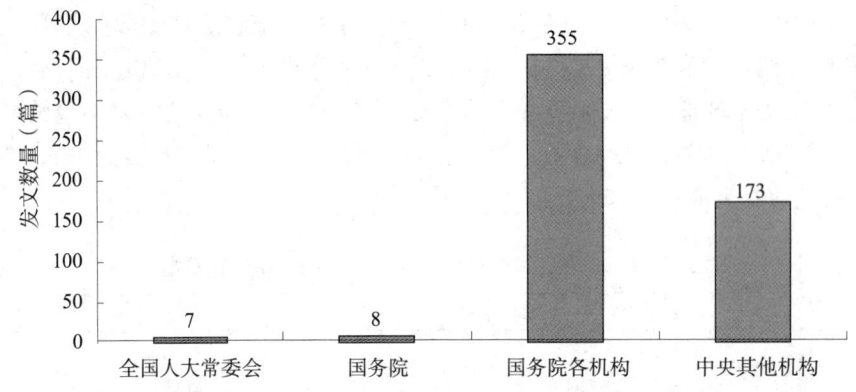

图7-11 1994年至今国家级机构发布的专利政策文件数量

在全国层面上发布的政策数量来看，所涉及的内容包括专利层面上国家机关的工作要点和工作内容、专利权益的保护和发展、专利相关的财政税收政策、专利相关的外交事务和国家安全、专利申请应用的流程及规范。

在各地方层面，与专利相关的政策文件数也存在较大差异，如图7-12所示。

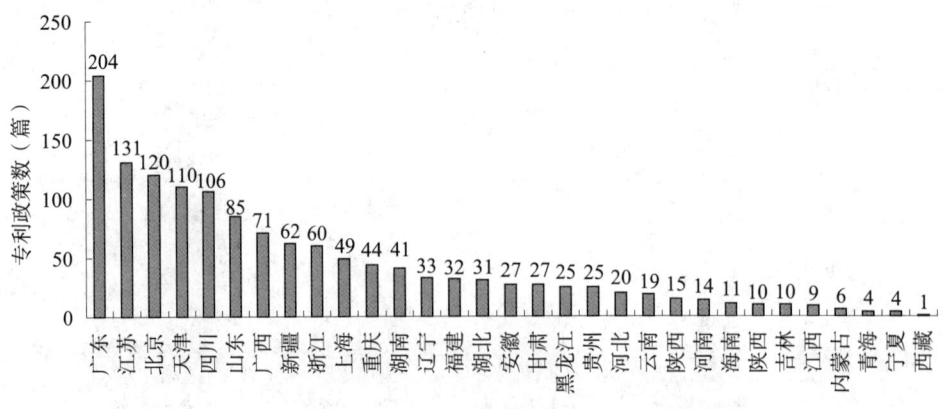

图7-12 1994年至今全国各地的专利政策数量

可以看出，广东、江苏、四川与北京、上海的地方政策数量较其他省区市相对多一些。特别是广东达到了200篇以上地方政策。

根据政策的发文机构、发文类型、标题对政策进行简单分析后，可以基本掌握宏观的政策导向情况，下面将针对政策文件的具体内容展开量化分析。

本研究拟确定若干关键词作为衡量政策文件对于专利服务业关注程度的标准。首先，将截至2014年3月的2015篇政府政策文件的标题进行分词处理，去除其中无关词汇，将剩余词语作为关键词，其次，通过对全部文件进行关键词统计，来确定政策文件对于专利服务业的关注程度与关注领域。

关键词将被作如下划分，涉及整个产业发展趋势和动力的部分归为产业导向类；涉及人才培养、经验交流类的归为人才管理培养类；涉及财政税收、经济政策的归为经济支持类；涉及产业整体调整规范的归为产业规范类；涉及市场实际操作应用的归为市场规范类；涉及产业基础性管理类与表彰类的归为基础措施类。具体的关键词及词频数如表7-3所示。

表7-3 专利政策文件的关键词分类与词频统计

关键词	全国数量	地方数量	总计	类型
知识	9161	22464	31625	产业导向类
技术	4453	12839	17292	产业导向类
机构	3224	6249	9473	产业导向类
信息	2774	6209	8983	产业导向类
发展	1125	4073	5198	产业导向类
服务	1042	3971	5013	产业导向类
创造	1158	2776	3934	产业导向类
创新	625	3240	3865	产业导向类
电子	815	2490	3305	产业导向类
战略	678	1942	2620	产业导向类
科学	701	1795	2496	产业导向类
分析	565	1017	1582	产业导向类
转化	71	935	1006	产业导向类
咨询	165	595	760	产业导向类
规划	172	582	754	产业导向类
网络	95	439	534	产业导向类
价值	119	291	410	产业导向类
转型	5	92	97	产业导向类

续表

关键词	全国数量	地方数量	总计	类型
法律	2339	6551	8890	产业规范类
审查	3738	1653	5391	产业规范类
保护	1065	3768	4833	产业规范类
纠纷	637	2951	3588	产业规范类
侵权	453	2778	3231	产业规范类
考核	1083	1746	2829	产业规范类
标准	1029	1673	2702	产业规范类
制度	608	1744	2352	产业规范类
系统	735	1428	2163	产业规范类
修改	1377	383	1760	产业规范类
调查	262	982	1244	产业规范类
设立	321	856	1177	产业规范类
监督	263	905	1168	产业规范类
展示	326	656	982	产业规范类
审核	160	815	975	产业规范类
保障	99	400	499	产业规范类
惩戒	111	177	288	产业规范类
打击	67	181	248	产业规范类
管理	3492	12059	15551	基础措施类
实施	2975	8261	11236	基础措施类
试点	758	3209	3967	基础措施类
促进	436	2683	3119	基础措施类
示范	266	1677	1943	基础措施类
执行	585	1181	1766	基础措施类
优秀	241	1240	1481	基础措施类
推进	343	903	1246	基础措施类
贯彻	141	752	893	基础措施类
推广	94	487	581	基础措施类
表彰	57	474	531	基础措施类
基地	53	304	357	基础措施类
普及	61	178	239	基础措施类
传播	40	100	140	基础措施类

续表

关键词	全国数量	地方数量	总计	类型
荣誉	7	111	118	基础措施类
资助	184	7908	8092	经济支持类
资金	261	4064	4325	经济支持类
奖励	206	3038	3244	经济支持类
费用	1047	1842	2889	经济支持类
经费	133	1183	1316	经济支持类
扶持	41	551	592	经济支持类
融资	63	510	573	经济支持类
补助	0	437	437	经济支持类
基金	139	162	301	经济支持类
拨款	4	205	209	经济支持类
税收	15	120	135	经济支持类
奖酬	20	78	98	经济支持类
减免	10	21	31	经济支持类
培训	765	2536	3301	人才管理培养类
能力	327	1500	1827	人才管理培养类
合作	410	735	1145	人才管理培养类
科研	180	908	1088	人才管理培养类
引进	113	579	692	人才管理培养类
交流	253	323	576	人才管理培养类
高校	59	501	560	人才管理培养类
经验	134	229	363	人才管理培养类
师资	155	100	255	人才管理培养类
研讨	88	115	203	人才管理培养类
调研	30	173	203	人才管理培养类
人力	16	108	124	人才管理培养类
产学研	13	97	110	人才管理培养类
共享	24	80	104	人才管理培养类
研讨会	38	45	83	人才管理培养类
代理	7681	7269	14950	市场规范类
项目	1813	9905	11718	市场规范类
申报	793	6103	6896	市场规范类

续表

关键词	全国数量	地方数量	总计	类型
许可	1246	2397	3643	市场规范类
合同	783	2488	3271	市场规范类
委员会	1072	1672	2744	市场规范类
登记	648	1575	2223	市场规范类
业务	727	1242	1969	市场规范类
评估	706	1067	1773	市场规范类
资格	594	1170	1764	市场规范类
年检	611	1067	1678	市场规范类
质押	181	1369	1550	市场规范类
转让	285	1255	1540	市场规范类
假冒	124	1385	1509	市场规范类
冒充	178	1171	1349	市场规范类
成果	216	1007	1223	市场规范类
协会	698	481	1179	市场规范类
验收	158	1008	1166	市场规范类
收费	497	650	1147	市场规范类
维权	145	687	832	市场规范类
合格	269	510	779	市场规范类
指南	355	175	530	市场规范类
涉外	172	325	497	市场规范类
规模	61	370	431	市场规范类
博览会	11	190	201	市场规范类
对接	23	173	196	市场规范类
查询	107	88	195	市场规范类
诚信	41	147	188	市场规范类
裁定	50	43	93	市场规范类
调节	10	32	42	市场规范类

将以上关键词按照其所属类别进行分类后，统计各类型关键词的词频，可以看出，产业导向类关键词的词频数是最高的。产业导向类的关键词包括知识、信息、创新等一系列可以体现专利内容、价值与发展方向的内容，既体现着国家对专利服务领域的重视程度，又体现出专利服务业所具有的行业

7 信息资源产业典型行业分析——知识产权服务业

特征,对产业发展方向有指向性作用,在宏观上对产业进行了规范。

然而落实到具体的实施层面,市场和产业规范类的关键词数量却有所下降,且大部分集中在具体问题解决分析上,例如对专利纠纷的处理和对专利造假的管理,针对整个行业进行整体性规范的关键词体现不多,有待加强。

作为目前尚未发展成熟的智力密集型产业,经济支持和人才管理培养政策尤为重要,前者可以为产业的进一步发展创造良好环境和机遇,后者是产业得以高速发展的必要动力,是产业核心竞争力的直接来源。但从关键词词频统计来看,经济支持类与人才管理培养类的关键词却是所有关键词中数量最少的(见图7-13)。

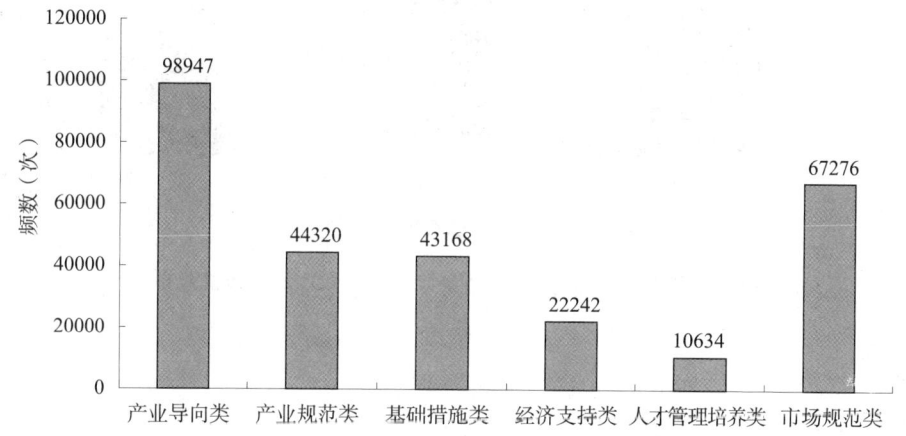

图7-13 专利政策文件关键词词频分类统计

针对关键词词频的统计分析可以看出,目前我国对专利服务业的政策内容还较为宏观,在具体实施层面欠缺较大,同时,对产业从业人员能力与素质的关注度较低,经济扶持政策不具有针对性,管理形态较为粗放。

7.2.3 专利申请与授权分析

1985~2012年,累计申请专利数达10716477件,其中获得授权的专利数有6113010件,占总申请数的57%,有效专利数为3508561件,占申请总数的32.7%。

3种专利类型的具体申请、授权、有效数量如图7-14所示。

从图7-14中可以看出,外观设计的有效比例为32.57%,实用新型的有效比例为40.16%,发明的有效比例为24.99%。实用新型不仅申请量最大,其有效率也比较高,而发明的申请数量虽然和外观设计数量相差无几,但其有效率却低了 8 个百分点。

在各种专利类型的申请中，国内和国外申请数量如图 7-15 所示。

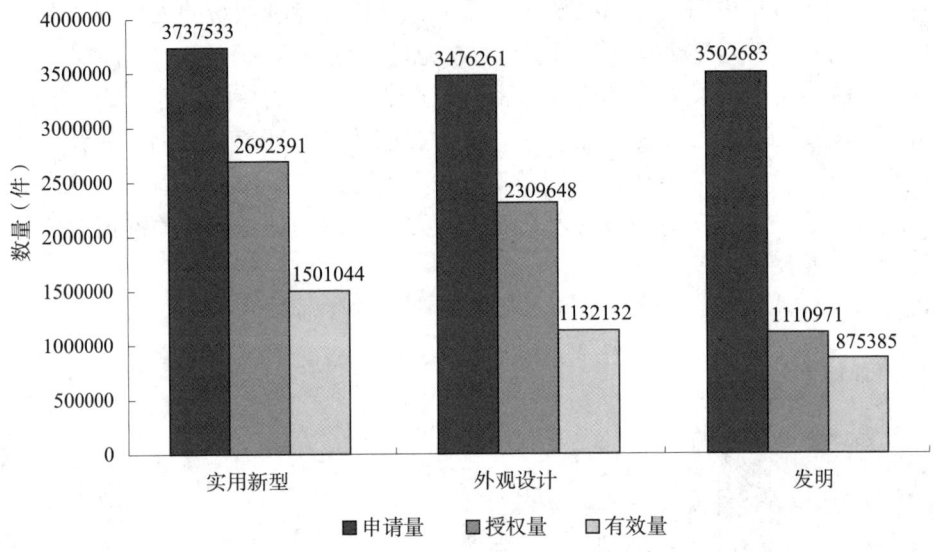

图 7-14　1985~2012 年专利类型申请、授权及有效量分布

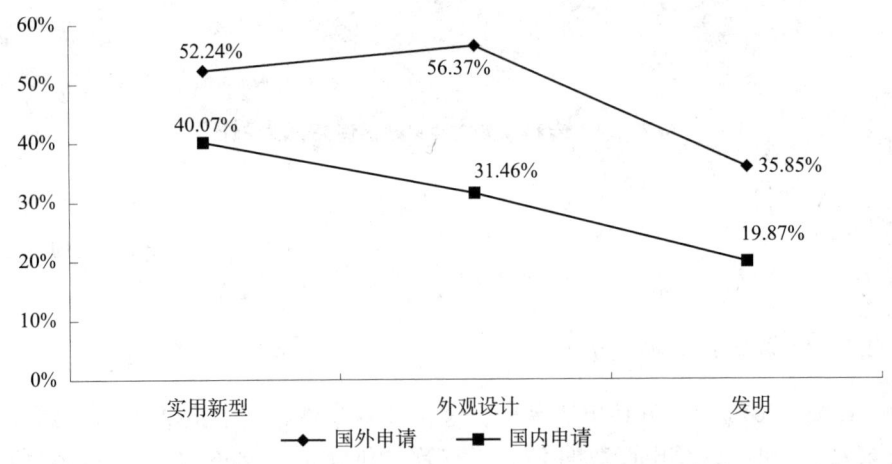

图 7-15　1985~2012 年国内外专利申请有效率

图 7-15 显示出，国外在华申请专利数量虽然在数量上较国内申请规模小，但其主要集中在发明专利上，而发明专利恰恰是我国专利申请的短板。在 3 种专利类型中，发明专利技术含量最高，发明人所花费的创造性劳动最多，新产品及其制造方法、使用方法都可以申请发明专利；外观设计涉及产

品的形状、图案或者其结合以及色彩与形状、图案的结合,富有美感且适用于工业上的新设计就可以申请外观设计专利;实用新型涉及产品构造、形状或其结合时,只要有一些技术改进就可以申请实用新型专利。由此可以看出,发明专利是最富有创新性、最能体现科技含量、也最有可能以科技成果进行转化的专利,是一个国家科技创新水平的直接映射。

从图7-15中可以看出,1985~2012年国内外在华申请专利中,虽然国内专利的申请数量和有效专利数量占到了绝对的优势,但在申请有效率上,3种类型的专利有效比例均低于国外在华申请比例,这也体现出现阶段专利申请存在只注重数量而忽视质量的问题。

1985~2012年,全国各地区累积专利申请数量如图7-16所示。

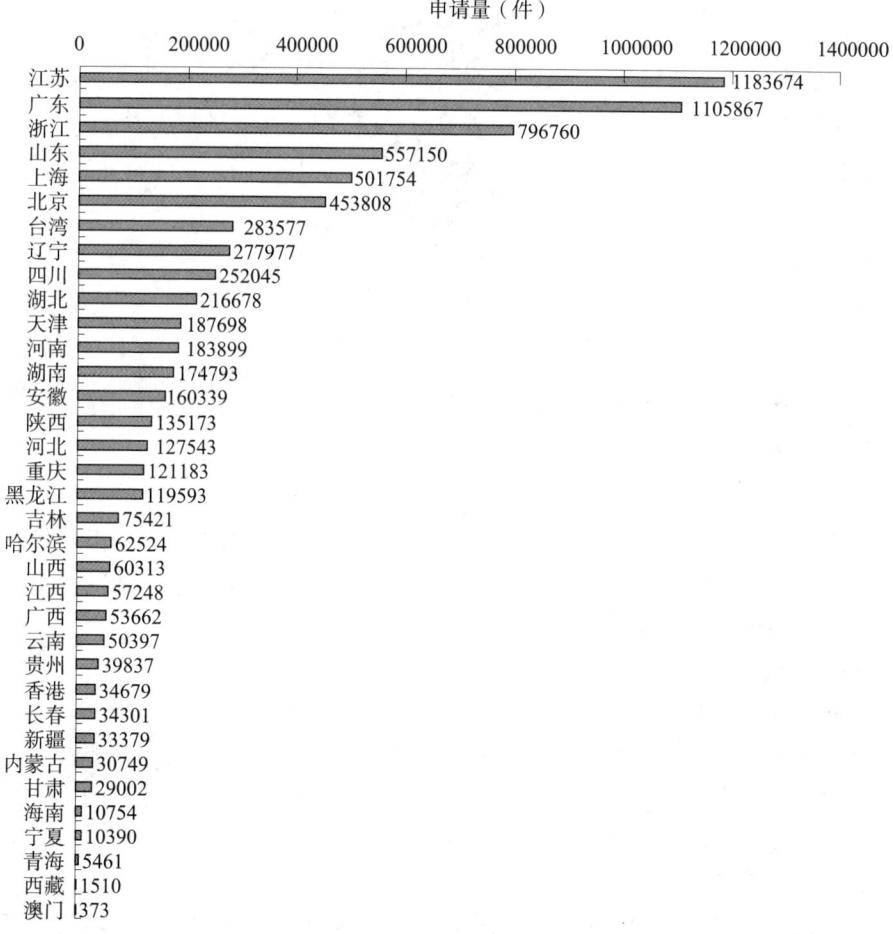

图7-16 1985~2012年全国各地专利申请数量分布

从图7-16中可以看出，1985~2012年，全国专利申请数量在地域上的差距巨大，专利申请大省江苏共申请专利1183674件，占全国申请总量的15.78%，仅南京市申请数量就达到109049件，超过宁夏、青海、新疆、吉林等多个地区，充分展现出专利申请的地域不平衡性，也间接反映了地区之间科技发展程度差距较大，产业结构构成比例不同等现象。

对1985~2012年的专利所涉及内容进行简单分类，可分为人类生活必须（A类）；作业、运输（B类）；化学、冶金（C类）；纺织、造纸（D类）；固定建筑物（E类）；机械工程（F类）；物理（G类）；电学（H类）八大类。具体所占比例如图7-17所示。

图7-17 1985~2012年专利申请类别分布

从图中可以明显看出，在申请的专利中作业、运输；人类生活必须；电学3个部分是比例最高的。

A类包括的具体行业有农林牧渔业、食品业、烟酒业、衣帽鞋饰类、运动产品类、卫生产品类等。B类包括的具体行业有物理和化学类的工艺技术、金属加工冶炼、办公技术类、超微技术类、运输加工类等。H类包括的具体行业有基本电器元件、发电变电与配电、电信技术等。

简单来说，专利申请的主要内容集中在工业、农业和电子产业。以江苏地区为例，其1985~2012年申请的专利中，农业和工业的比重均占到其总体专利申请数的1/5，是专利申请的主要方向（见图7-18）。这也从侧面反映出我国当前专利申请的主要倾向性。下面将对此部分进行进一步的探讨。

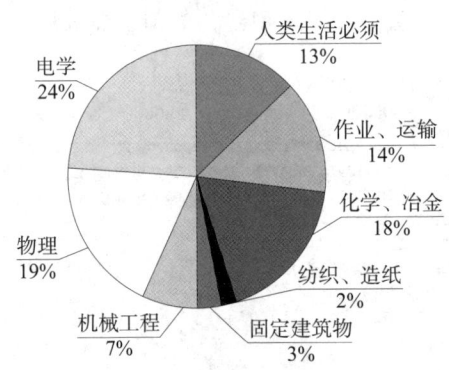

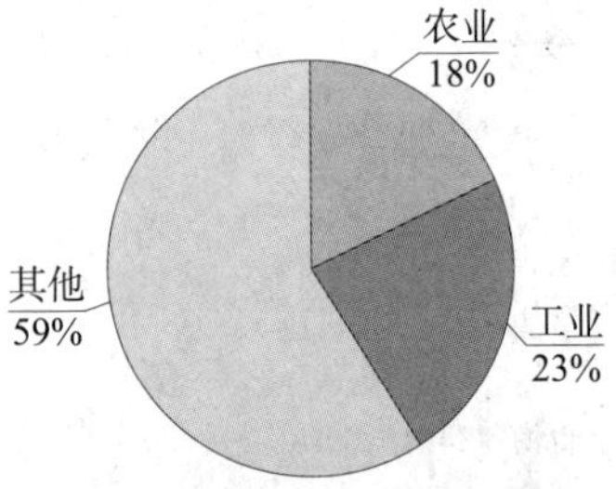

图7-18 1985~2012年江苏地区申请专利主要类型分布

7.3 典型地区专利政策分析

7.3.1 专利政策实施比较

通过对国内专利现状与现有政策情况的描述,可以看出,伴随着近年来我国专利申请不断增加的同时,增加的是与专利相关的法律法规。

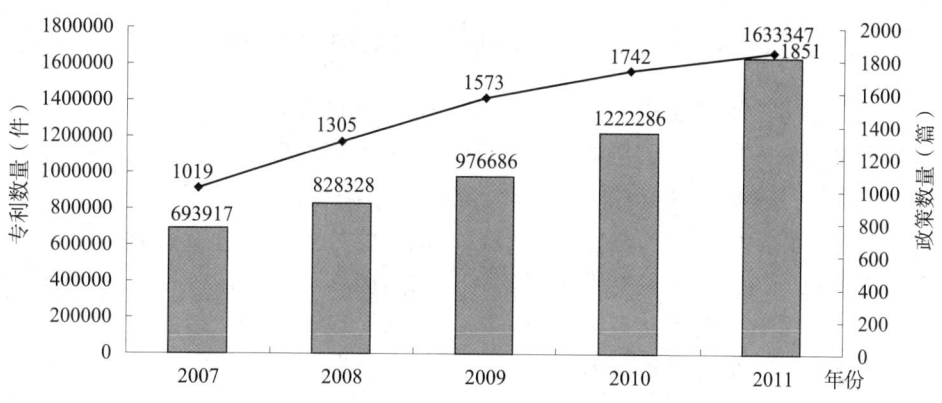

图 7-19 2007~2011 年专利政策与专利申请数量分布

通过图 7-19 所显示的数据,政策数量的递增与专利年申请数量的增加基本上呈正相关关系。政策的发布一方面可以体现政府对相关领域的关注程度及发展力度,另一方面也是规范和促进行业健康有序发展的必要保障。因此,本研究将通过对地区间政策文件的分析试图对我国地区间专利申请、转化差异巨大的这一现象进行解释。在考虑专利的转化率之前,首先要关注的是专利的申请数量,结合专利事业尚处在起步阶段的现实国情,作为信息资源生成环节的专利申请的数量往往是作为信息资源应用环节,即专利转化数量的基础。

首先将各地政府所发布的政策数量与当地专利申请量进行对比,结果如图 7-20 所示。

通过图 7-20 可以很明显的看出,各省区市的专利申请数量总和与其历年来发布的与专利相关的政策数量波动幅度基本统一。政策出台的完善或较多的省区市其专利申请也明显较高,例如江苏和广东,特别是江苏,其专利申请数量为全国最高,但是其政策数量却排在第二位,数量少于广东,可以体现出其政策落实效果较好,同时政策具有比较明显的带动作用。广东的政策与专利数量都很高,一方面体现出政府的扶持力度和重视程度均较高,但

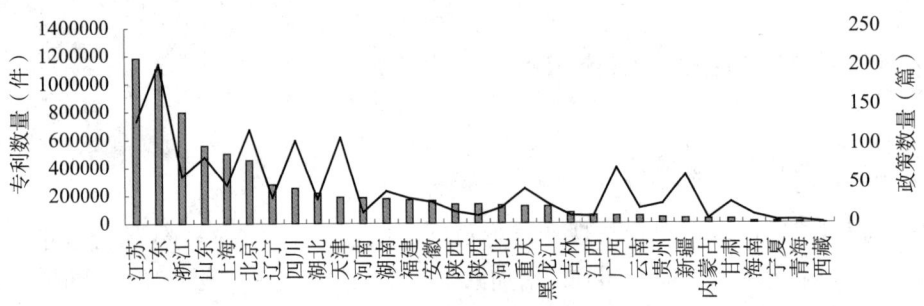

图 7-20　全国各地专利政策与专利申请数量分布

在政策落实方面可能还稍有欠缺。政策数量与专利申请数量比例最少的地区应属新疆，发布的政策数量在全国范围内属于中等水平，但其专利申请数量却远远小于政策数量和其在同一数量上的辽宁、湖北、河北与重庆。

因此，选取江苏与广东作为发展较快地区的典型对象进行研究，探究如何提高政策的落实程度及其发展经验；选取新疆作为发展缓慢地区的典型代表，并以与其政策数量接近的辽宁作对比，探究以新疆为代表的一系列地区专利申请数量较低的具体原因。

7.3.2　江苏与广东的对比

通过在北大法宝网上搜索与专利相关的政策，江苏共有 132 条，广东共有 210 条，针对江苏和广东的政策文件中的关键词按照所属类型归类后计算词频结果如图 7-21 所示。

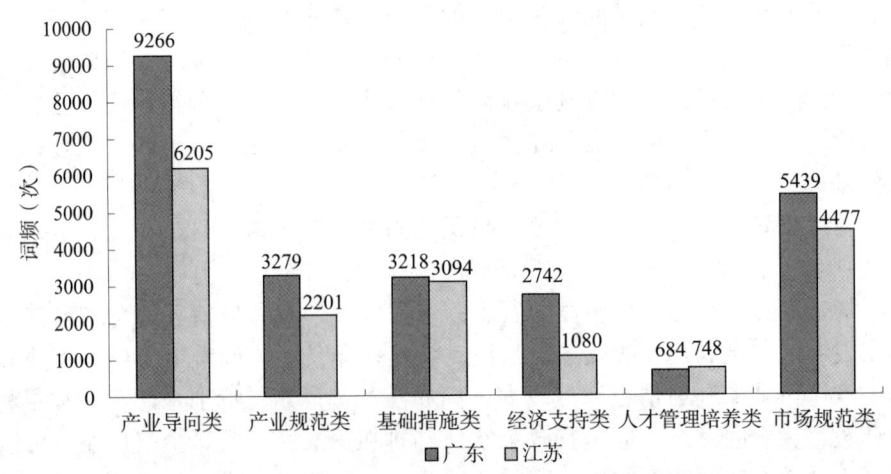

图 7-21　广东与江苏专利政策文件中关键词分类词频统计

从图 7-21 中可以看出,江苏的政策关键词频数在人才管理培养类这一部分比广东的频数高,基础措施类关键词词频接近。为了直观地表示江苏政策落实较好的原因,本研究将总词频数除以两省各自文件数得出图 7-22。

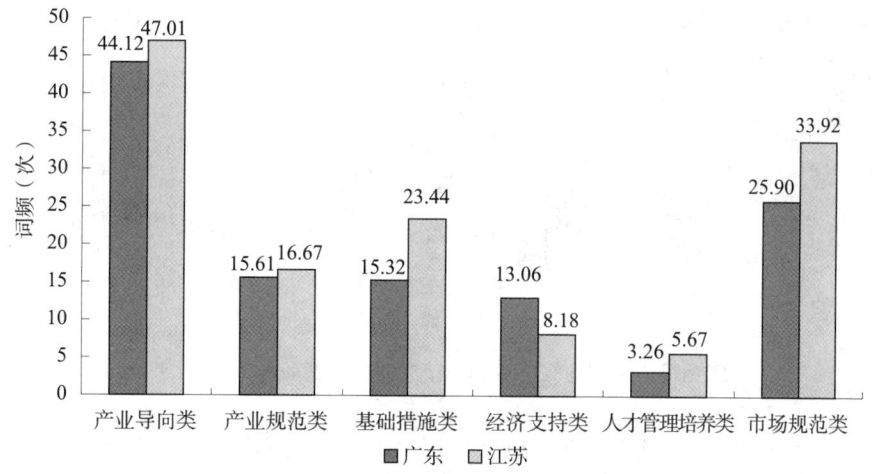

图 7-22 广东与江苏专利政策平均每篇所含关键词的词频数量

从图 7-22 可以看出,江苏的关键词词频数量大部分要比广东高,特别是人才管理培养类的关键词词频接近广东的 2 倍。

同时,结合政策文件全文的阅读可以发现,广东在大力促进专利申请转化的同时,还将政策重点放在了打击专利作假等问题上,对市场的监督是其一大特点。而江苏已经从过去粗放的单纯依靠财政扶持、专项拨款等基础手段,转向相关人才的培养、产学研平台的建立、区域经验交流等方面。通过对优秀项目的评选树立典型,加大高科技人才的培养与引进,利用产业协会作为中介为专利持有者与相关企业构建平台,试图从根本上提高产业发展程度。

从另一方面来说,也可以看出作为两个在专利领域发展速度较快的省份,都可以较好地找准各自区域当前所面临的主要问题并通过政策进行相应的规范与协调,不盲目跟风,力图较有针对性地有效解决在专利发展问题上出现的各种矛盾和问题,因此都取得了比较显著的成果。

7.3.3 新疆与辽宁的对比

对比新疆和辽宁两地的政策文件数量,通过北大法宝网搜索可以看到,新疆与专利相关的政策有 63 条,辽宁与专利相关的政策有 34 条,通过同样的词频分类可以得出如图 7-23 所示。

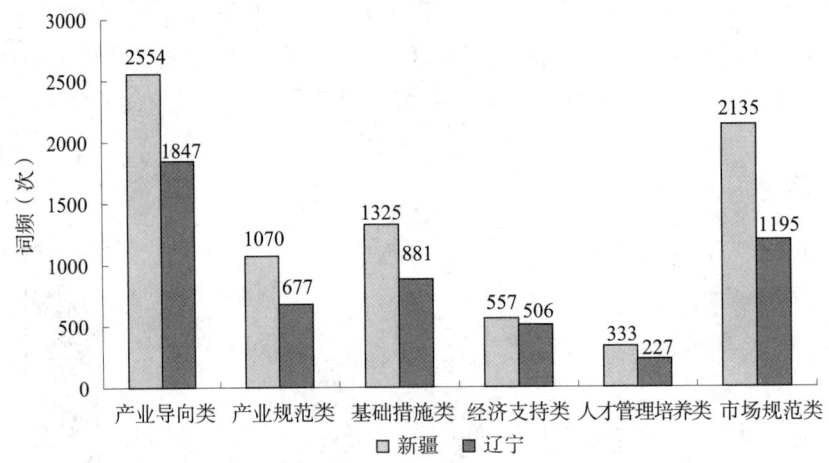

图 7-23 新疆与辽宁专利政策文件中关键词分类词频统计

同样从图 7-23 中可以发现，除了在经济支持类关键词词频数上两地数量较接近以外，其他类别的关键词都是新疆地区领先。接下来分析两地每篇政策的平均关键词数量，得出图 7-24。

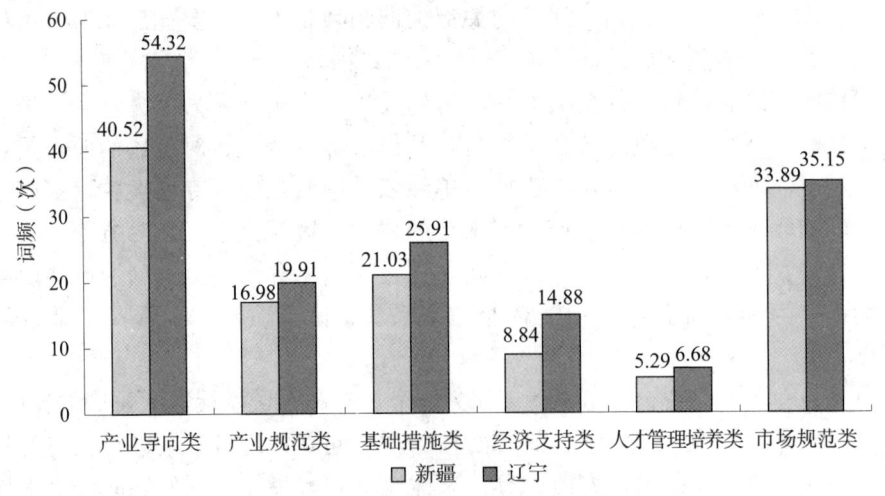

图 7-24 新疆与辽宁专利政策平均每篇所含关键词分类词频数量

该图中可以明显看出，辽宁平均每篇政策的关键词词频数均高于新疆，在经济支持类、产业导向类相对于新疆高出的数值比例更大。

同时结合政策文件的内容可以发现，新疆目前的政策落脚点集中在探索与经验交流，由于尚未找到适合自身发展的路径，所以虽然近期加大对其他优秀省市的经验学习,并采取一些硬性措施推广相关项目,但成效尚未体现。辽宁的政策已经逐渐从专利的宣传、推广转向项目的具体实施、验收、评选与规划,逐渐具有了相对完整的省内专利促进体系,已经开始步入正轨。

由此可以看出,在专利服务业发展的起步阶段,可以通过加大经济扶持力度为产业提供一个较好的发展环境,激发相关人员的工作热情。同时,在起步阶段,对专利服务业有一个比较完善的认识,能明确专利服务业的具体发展导向是至关重要的。只有明确专利服务业的产业定位与发展方向,才能调动各个相关方面的人员来提供支持,才能明确发展途径,才能结合本地区特点进行深度挖掘,加快产业发展步伐。

7.4 专利利用的问题与国外经验

7.4.1 专利利用中存在的问题

虽然在专利申请、受理、有效数量等方面中国已经成为专利大国,但是相比于我国巨大的科技经费投入,专利成果的转化利用率却持续走低,我国专利转让和许可比例均不到10%。同时专利实施收益低,调查显示收益水平超过500万元的总计为专利转化总量的9.8%,而且由于各方拥有的信息严重不对称,国内专利技术交易市场总体环境不佳,缺乏专业、诚信、便捷的常设性专利交易渠道,仅有平均22.8%的专利所有权人利用中介机构进行了促进专利实施的活动。

另外,我国专利的地区发展不平衡情况较为严重,较为发达的地区在专利政策的制定、专利转化平台的搭建和高素质人才的培养方面已经摸索出一条适合自己的道路,而欠发达地区不仅缺乏相应的人才,不具备适合专利产生、转化与利用的平台环境,而且在政策制定方面缺乏统一的规划与部署,采取生搬硬套的传统手段,以粗放式的管理手段对专利产业进行规范。

总体来说,我国专利领域存在所申请专利的创新与技术含量较低、专利转化率低、政策制定缺乏系统性、地区间差异较大、专利持有人与相关机构之间缺少有效的沟通、促进专利发展的激励手段不足、相关人员素质有待提供等诸多问题。

7.4.2 发达国家的专利政策经验

现阶段国外部分发达国家已经针对专利发展与产业的形成采取了相应的手段,可以通过对其政策的具体分析,来促进我国专利事业的不断前进(见

表 7-4）。

表 7-4　发达国家为促进专利发展所采取的措施

国家	措　施
美国	专利证券化、产学研结合、宏观调控、《技术创新法案》 　　20 世纪 80 年代以来，美国活跃的金融创新带动了专利等知识产权产业化的发展。为推动本国创新活动的开展，美国通过专利证券化的手段，对专利是否可以证券化进行可行性分析，并从中选择若干适合投资的专利或创新项目进行注资，同时在国内设立特定的机构，发行并销售专利资产，在具体实施层面这些机构通过支持证券发行，并支付证券到期本息等具体的操作方法，进行专利资产的证券化交易。 　　同时，美国于 1980 年颁布的《创新技术法案》，以及随后颁布的《技术转让商业化法》《技术转移商业法案》等一系列政策法规更是进一步强调了扩大知识产权范围内政策实用性范围，对专利等知识产权的进一步发展提供了法律保障，创造了良好的环境，极大地促进了其专利事业的进一步发展。 　　除此之外，在宏观调控的指导下，推广产学研合作的知识产权产业发展模式，简化了联邦政府专利转化利用的程序，提升了大学和产业界对知识创造和转化利用的积极性
日本	从专利保护网到产学研结合、《日本知识产权推进计划》 　　日本近年来，从一个在知识产权产业上表现一般的国家迅速发展为知识产权大国，政策方面也随着自身实力的变化而有所更新。早期日本作为一个发展较为落后的国家，设立相关政策制度保护本国专利申请与应用的发展，这些政策保护了日本国内刚起步的知识产权事业，为日本在这一领域的快速发展提供了稳定的环境保障。《日本知识产权推进计划》发布之后，日本的专利事业已经发展到一个比较良好的水平，政策导向偏向产学研一体发展，并提出知识产权立国的概念，从政策层面强化了知识产权在日本国内的重要战略地位，随后出台的一系列促进知识产权产业化扶持政策，更加有效地加快了其在这一领域的发展步伐
芬兰	相互协作的、完整的支持产业链 　　芬兰政府通过给知识产权产业提供优质的发展环境来进一步促进其高速发展，具体表现在相互协作的、完整的支持产业链的构建。芬兰将专利的产生、申请、索引、利用等多个环节都有相应的扶持方式，覆盖全程，且拥有资金来源丰富和资助方式多样的经济政策，由于采取了有效的专利产业化措施，使芬兰依靠专利等高科技、高经济附加值的产业从一个并不富裕的北欧小国发展成世界上最具有竞争力的创新性国家之一
加拿大	设立"创新功能"的计划和管理机构，服务型政府 　　加拿大政府设立了具有"创新系列"功能的计划和管理机构，它对科技成果产业化的每个阶段、每个环节给予扶持。为了保证"创新系列"中的每个环节都能得到帮助与支持，加拿大政府调整了原有的机构或者增设了一些新的计划或机构。其中包括：针对技术开发阶段、科学研究及实验开发税收优惠计划、工业研究辅助计划等多种政策。同时加拿大商业公司是国有出口代理机构，主要职能是帮助企业赢得外国政府合同。加拿大在对专利成果转化这一问题上体现出服务型政府始终贯穿于产业化的整个过程

续表

国家	措　施
德国	中介机构、高新科技园区 　　德国政府大力支持科研院所发明人设立公司，在税收方面给予这类公司很多优惠政策，以推动知识产权的产业化，为从根本上推动专利产业化，德国允许企业根据自身需要招聘高校、科研机构的研究人员作为雇员，或在高校、科研机构设立研究中心、实验室，通过提供科研项目和经费，进行关键领域或者核心技术的研究开发。同时，德国专利服务领域有发展较为完善的中介机构为专利申请与利用之间架起桥梁，方便两边需求的对接，促进了专利的转化效率。大量高新科技园区的建立，也为德国的专利事业起到了极大的促进作用，降低了交流与沟通的成本，加快了发展速度

7.5　行业发展主要问题

（1）发明专利申请少，行业创新性较差

从本章的数据中可以看出，我国目前申请的主要专利类型集中在实用新型与外观设计两类，同时其中外观设计的有效比例为32.57%，实用新型的有效比例为40.16%，而最能体现创新性的发明专利有效比例仅为24.99%。对比国外在华申请专利的情况，会发现虽然国外在华申请的专利的总量较低，但其中占半数以上的专利申请类型为发明，同时发明专利的申请有效率也比较高。通过数据的对比不难看出，目前我国专利申请还停留在比较基础的阶段，创新性较弱，专利实效性也相对薄弱。

（2）申请数量增长快，转化率持续走低

虽然在专利申请、受理、有效数量等方面中国已经成为专利大国，但相比于我国巨大的科技经费投入，专利成果的转化利用率却持续走低，我国专利转让和许可比例均不到10%。同时专利实施收益低，调查显示收益水平超过500万元的总计为专利转化总量的9.8%。专利转化率低，从侧面反映出我国专利的隐藏经济价值较大，如果能提升专利转化率将会对我国在信息化时代的竞争起到极大的推进作用，但与此同时，专利转化率低也说明在专利服务环境建设方面尚有欠缺之处。

（3）缺乏统一有效平台，信息存在不对称性

目前我国缺乏统一有效的专利信息服务平台，导致各方拥有的信息严重不对称，在搜索、查询、利用专利时，缺乏快捷有效的途径，造成技术研发的重复浪费与专利转化率较低等问题。国内专利技术交易市场目前总体环境

不佳，缺乏专业、诚信、便捷的常设性专利交易渠道，仅有22.8%的专利所有权人利用中介机构进行促进专利实施的活动。

（4）专利服务地区间差异较大，部分地区专利政策缺乏针对性

我国专利的地区发展不平衡情况较为严重，专利申请的数量差异巨大，在较为发达的地区专利申请数量已经达到百万的数量级，但仍有部分发展较为落后的省区市专利申请数量仅有几万条。同时，较为发达的地区在专利政策的制定、专利转化平台的搭建和高素质人才的培养方面已经摸索出一条适合自己的路径，而欠发达地区不仅缺乏相应的人才，不具备适合专利产生、转化与利用的平台环境，而且在政策制定方面缺乏统一的规划与部署，采取生搬硬套的传统手段，以粗放式的管理手段对专利产业进行规范，效果较差。

（5）从业人口素质参差不齐，人才培养机制欠缺

目前我国专利服务业从业人口素质参差不齐，东南沿海等发达地区对从业人口的素质要求较高，也有一定的培养和吸引人才的政策，但其他大部分省市对人才的培养和管理方面关注程度较弱，并没有认识到从业人口的素质对专利服务发展的决定性影响，缺乏相关机制，不能使从业人口紧跟时代脚步掌握最新的有价值的能力来进一步促进专利服务的发展。

7.6　优化我国专利服务政策的管理建议

结合我国目前专利的具体情况与主要问题，参考国外发达国家的具体经验，针对促进专利发展，提高专利转化率，加快专利产业链完善等一系列问题提出相应的对策建议。

（1）建立产学研一体模式，提高专利申请质量

针对目前我国专利申请发明类型较少的缺陷，如何进一步提高专利申请中创新性内容的占比成为最关键的问题。针对这一问题，建立产学研一体的模式将会极大地解决这一矛盾，当前各高校在专利领域研究水平较高、专利申请数量巨大、创新性产品较多，通过建立产学研一体的模式将高校中的研究成果投入实际生产，不仅节约了大量人力物力，还能极大地促进智力成果的转化，提升专利申请中的创造性内容比例。

（2）确立相关政策，保护国内专利发展

结合我国目前专利服务业发展尚不成熟的特点，可以学习日本早年采取的手段，确立相关政策保护国内专利发展，避免国外某些发达国家在我国对专利进行抢注等其他恶意竞争行为，同时对本国专利的转化予以奖励与扶持，各地区也可以针对本地的专利申请给予相关的优先权与其他优惠政策，鼓励

本地区的专利产业得以健康平稳的发展。

(3) 构建高效检索平台,提高专利检索效率

针对目前我国存在的专利检索平台良莠不齐、查询效率低下等问题,应有国家相关部门牵头,构建统一的专利检索平台,并由相关专家在可用性与检索查全率、查准率方面进行相关设计,提升不具备相关知识的其他领域人士查询专利的效率。并可以通过主动推动的手段,与有相关需求的公司或单位签订长期协议,既提高了专利的转化率,又能降低在研发方面所耗经费。

(4) 完善国内专利相关政策法规,树立专利行业规范

目前我国涉及专利相关的政策法规还主要集中在产业导向型的领域,宏观层面的指导内容较多,但在具体实施过程中详细的指导内容却相对较少,缺乏明确的发展途径。因此应该进一步从地方层面开始,结合各地实际情况,根据国家层面上宏观的产业导向型政策制定出适合自己地区的政策。在专利服务业发展程度较为完善的地区,应加大对人才培养方面政策的力度,以从根本上提升产业的发展潜力;在专利服务业刚起步的地区,应注重经济类政策扶持的效用,通过资金的有效投入建立较为良好的产业发展环境,吸引人才,提高相关部门积极性。

同时,应该根据专利服务业发展的不同情况,将全国各地区划分梯度,在每个梯度中选取最佳的发展模式,树立典型地区,让同类型的发展地区得以找到有效的发展模式。并结合各个典型地区的优秀经验,树立行业规范,约束行业人员,管控行业市场,增加行业竞争力。

(5) 加大经济扶持力度,设立专利保险制度

针对部分专利服务业发展刚刚起步的地区可以加大经济扶持力度,为其建立较好的发展环境,通过减免税收、财政拨款、评优奖励等手段吸引人才,增加相关工作单位积极性。同时设立相应的专利保险制度,为专利申请人提供较为优厚的待遇,激励其在相关领域的研究。对于专利服务业发展较为完善的地区可以通过对具体项目的拨款,以实际项目带动行业的快速发展。

(6) 推动行业协会建立,内部监管规范流程

推动专利服务业管理协会的建立,面对多变的市场情况与相关单位的多种需求,只有通过行业自我规范、市场自我调节的方式才能较快地解决所面临的多种问题,面对恶意专利申请、专利抢注、专利假冒、专利纠纷等问题,如果通过统一的政策进行规范,只能是事后的修订,而行业协会的建立,却可以在问题发生的过程中提供较为有效的解决办法并间接促进政策的完善,同时行业协会也能推动市场流程的规范。同时也可以通过行业协会组织相关从业人员及时交流,了解最新研究现状,提高解决问题的能力。

第四部分

信息资源产业政策研究：政策分析

8 信息资源产业政策总体解读

9 信息资源产业政策专题研究

8 信息资源产业政策总体解读

信息资源产业政策对信息资源产业整体健康有序发展具有重要意义，本章主要介绍2013年我国信息资源产业的整体政策动向，并针对发布的四份文件进行详细的解读与分析。

8.1 中国信息资源产业政策动向

2013年，国家有关部门制定和发布了若干信息资源产业政策，其中以正式文件形式发布的主要包括《国务院办公厅关于强化企业技术创新主体地位全面提升企业创新能力的意见》《国务院关于推进物联网有序健康发展的指导意见》《国务院关于促进信息消费扩大内需的若干意见》《国务院关于印发"宽带中国"战略及实施方案的通知》等（概要情况见表8-1）。这四份政策文件均以中央人民政府名义颁布，集中反映了国家在信息资源产业发展方面的重要政策目标、政策取向和政策措施的发展情况。

表8-1 2013年国家信息资源产业政策汇总

文件名称	发布时间	核心内容
《国务院办公厅关于强化企业技术创新主体地位全面提升企业创新能力的意见》	2013年2月4日	目前我国企业创新能力依然薄弱，许多领域缺乏具有自主知识产权的核心技术，应进一步完善引导企业加大技术创新投入的机制，支持企业建立研发机构等
《国务院关于推进物联网有序健康发展的指导意见》	2013年2月17日	推进物联网的应用和发展，有利于促进生产生活和社会管理方式向智能化、精细化、网络化方向转变
《国务院关于促进信息消费扩大内需的若干意见》	2013年8月14日	加快促进信息消费，能够有效拉动需求，催生新的经济增长点，促进消费升级、产业转型和民生改善，是一项既利当前又利长远、既稳增长又调结构的重要举措

续表

文件名称	发布时间	核心内容
《国务院关于印发"宽带中国"战略及实施方案的通知》	2013年8月1日	我国宽带网络仍然存在公共基础设施定位不明确、区域和城乡发展不平衡、应用服务不够丰富、技术原创能力不足、发展环境不完善等问题,亟需得到解决

8.2 中国信息资源产业政策解读

2013年,我国发布了四份关于信息资源产业的政策,下面将针对这四份政策进行详细的解读与分析。

1. 《国务院办公厅关于强化企业技术创新主体地位全面提升企业创新能力的意见》

2013年2月4日,国务院办公厅发布《国务院办公厅关于强化企业技术创新主体地位全面提升企业创新能力的意见》(以下简称《意见》),文件指出,目前我国企业创新能力依然薄弱,许多领域缺乏具有自主知识产权的核心技术,应进一步完善引导企业加大技术创新投入的机制,支持企业建立研发机构等。

国家科技部创新体系建设办公室主任徐建国对文件进行了解读,认为"《意见》目标非常明确,针对性、操作性强,力求出实招、求实效,出台的每一条政策都明确了具体的配套措施。其中既有企业研发费用加计扣除这样正在实施并取得初步成效的政策措施,也不乏企业研发费用后补助这样探索性强的改革措施"。

2. 《国务院关于推进物联网有序健康发展的指导意见》

2013年2月17日,国务院发布《国务院关于推进物联网有序健康发展的指导意见》(以下简称《指导意见》)文件,文件指出,物联网是新一代信息技术的高度集成和综合运用,具有渗透性强、带动作用大、综合效益好的特点,推进物联网的应用和发展,有利于促进生产生活和社会管理方式向智能化、精细化、网络化方向转变。

凤凰网财经专栏评论员认为,《指导意见》的出台将利好该产业"先锋"射频识别领域,包括其中的电子标签、读写器等,信息存储处理、软件和IT服务等领域也有待资金进入。

国家发改委有关负责人认为,《指导意见》的制定和出台,充分考虑了物联网发展的国际、国内形势。为推动我国物联网有序健康发展,根据我国物联网发展状况和国际发展形势的分析判断,《指导意见》提出了我国物联网发展的总体目标,将研发和应用作为物联网发展的中心任务,物联网的持续健康发展根本上还是要依靠市场的力量。在政策措施方面,《指导意见》从发展环境、财税扶持、投融资、国际合作、人才队伍建设五个方面提出了具体要求,强调加大财政投入,用好现有政策,做好政策落实,充分利用好国家科技计划、重大专项、战略性新兴产业发展专项资金等,集中力量推进物联网关键核心技术研发和产业化,大力支持标准体系、创新能力平台、重大应用示范工程建设。积极发挥国有资本经营预算作用,支持国有企业开展物联网应用示范。

3.《国务院关于促进信息消费扩大内需的若干意见》

2013年8月14日,国务院发布《国务院关于促进信息消费扩大内需的若干意见》(以下简称《若干意见》),《若干意见》指出,加快促进信息消费,能够有效拉动需求,催生新的经济增长点,促进消费升级、产业转型和民生改善,是一项既利当前又利长远、既稳增长又调结构的重要举措。

国家工业和信息化部部长苗圩对文件进行解读并认为,建立促进信息消费持续稳定增长的长效机制,能够有效拉动需求,催生新的经济增长点,促进消费升级、产业转型和民生改善,既利当前又利长远、既稳增长又调结构。苗圩部长介绍,建立促进信息消费持续稳定增长的长效机制,将充分发挥市场作用,打破行业进入壁垒,促进信息资源开放共享和企业公平竞争,在竞争性领域坚持市场化运行。同时,将引导企业立足内需市场,鼓励多元发展,加快核心信息技术和产品研发,鼓励业务模式创新,培育发展新型业态,提升信息产品、服务、内容的有效供给水平,挖掘和释放消费潜力。此外,将综合利用有线、无线等技术适度超前部署宽带基础设施,运用信息平台改进公共服务,完善市场监管,规范产业发展秩序,加强个人信息保护和信息安全保障,建设安全诚信有序的信息消费市场环境。为此,《若干意见》明确提出深化行政审批制度改革、加大财税政策支持力度、切实改善企业融资环境、改进和完善电信服务、加强法律法规和标准体系建设、开展信息消费统计监测和试点示范六大配套措施。

新华网评论员评论:"促进信息消费是当前我国扩大内需的一项重大举措,也是新一届政府统筹稳增长、调结构、惠民生的一项重大举措。这表明,国家政府已经深刻认识到:中国当前全面进入信息社会、信息时代,信息消费已成为扩大内需、提振经济的新动力。据国家工业和信息化部统计,上半年我国信息消费市场规模已突破2万亿元大关,比去年同期增长20.7%,信息消费快速增长的态势十分明显。随着《若干意见》在各地区、各部门的进一步落实,信息消费在扩大内需、拉动经济增长上,必将大有可为。实际上,国内信息消费有广阔的市场空间。据世界银行统计,我国人均信息和通讯技术支出远远低于发达国家。2007年,美国、日本人均信息和通信技术支出分别为3417.38美元、2455.47美元,我国仅为192.69美元。这一方面说明,国内信息消费提升空间巨大,另一方面也显示出我们的不足之处,促进信息消费,就是要在这些方面加快提升力度。加快促进信息消费,首要的是进一步完善相关政策法规体系。其中,依法加强个人信息保护,规范信息消费市场秩序,提高网络信息安全保障能力,这无疑是重中之重。此前,政府出台的一系列政策法规,如《互联网信息服务管理办法》等,为保障信息消费市场的合法、有序打下了坚实基础。在下一步工作中,应当结合信息消费市场出现的新情况、新问题,对原有政策法规及时调整、整合,以适应信息消费市场的新需求,保障普通消费者的合法利益。加快促进信息消费,基础硬件建设要跟上。在2013年7月12日召开的国务院常务委员会会议上,关于促进信息消费提出四大方面要求,其中,实施"宽带中国"战略与加快实施"信息惠民"工程,将为国内信息消费市场基础设施演进升级提供物质保障。加快促进信息消费,根本目的是提高人们的生活质量,提高百姓的快乐、健康和幸福指数,这也是政府经济工作的根本目的。信息消费涵盖多个领域,深入百姓生活的方方面面,无论是个体使用的智能手机、移动互联网,还是教育、医疗等优质资源的公众信息服务平台,都将给公众的生活带来颠覆性的变化。

4.《国务院关于印发"宽带中国"战略及实施方案的通知》

2013年8月1日,国务院发布《国务院关于印发"宽带中国"战略及实施方案》的通知(以下简称《方案》),《方案》提出,宽带网络是新时期我国经济社会发展的战略性公共基础设施,发展宽带网络对拉动有效投资和促进信息消费、推进发展方式转变和小康社会建设具有重要支撑作用。近年来,我国宽带网络覆盖范围不断扩大,传输和接入能力不断增强,宽带技术创新取得显著进展,完整产业链初步形成,应用服务水平不断提升,电子商务、软件外包、云计算和物联网等新兴业态蓬勃发展,网络信息安全保障逐步加强,但我国宽带网络仍然存在公共基础设施定位不明确、区域和城乡发展不平衡、应用服务不够丰富、技术原创能力不足、发展环境不完善等问题,亟需得到解决。

有研究机构认为,这意味着宽带上升到国家战略层面,"宽带中国"主要指提高我国宽带接入速度和网络覆盖广度。此前"宽带中国"只有国家工业和信息化部及电信运营商来推动,并没有将它的作用和影响上升到国家战略高度。①2010年4月,七部委(工信部、发改委、科技部、财政部、国土资源部、住建部、国税总局)联合印发了《关于推进光纤宽带网络建设的意见》;②2011年2月,中国电信开启"宽带中国·光网城市"计划;③2012年5月,工信部发布《通信业"十二五"发展规划》,其中提出了到2015年的宽带计划。此次国务院印发《方案》,将宽带从重要信息通信基础设施,进一步定位成为关键技术设施,战略性和地位上升到了国家意识层面。

"宽带中国"战略为我国勾画出信息高速路的蓝图,对拉动有效投资和促进信息消费、推进发展方式转变和小康社会建设具有重要支撑作用。我们认为无线宽带将是未来两年电信运营商的投资重点,特别是4G投入;有线宽带方面,运营商的投资将保持在高位,略有波动。因此,我们建议投资者继续关注4G产业链方向。

9 信息资源产业政策专题研究

本章首先介绍信息资源产业政策的研究价值与已有研究领域的进展情况，再通过具体的行业针对信息资源产业的金融政策、人力政策、融资结构与法律保护等专题展开具体的分析与探讨。

9.1 信息资源产业政策研究价值及其综述

目前国内外针对信息资源产业政策的研究已经展开多年，研究领域广泛，本节将从信息资源产业政策研究的理论价值与实践价值入手，分析信息资源产业政策研究的必要性，并对目前主要的研究领域与研究进展进行综述。

9.1.1 信息资源产业政策研究价值[*]

信息资源产业政策研究的价值包括理论价值与实践价值。在理论价值层面，信息资源产业政策作为一个涉及信息资源管理学、产业经济学、公共管理学等多学科交叉的研究领域，研究该产业的政策不仅有助于开拓本产业政策研究的视角，而且能检验传统经济管理政策理论在新兴产业中的适用性和扩展性，丰富完善包括经济管理、公共政策在内的研究理论和研究方法，具有十分重要的理论价值。

首先，开展信息资源产业政策的研究有助于丰富信息资源管理相关理论和方法，为健全信息资源产业基本理论体系和方法体系提供支撑。目前，我国现有的信息资源管理理论侧重于文献和信息的管理，对信息资源产业政策的研究集中在理论架构分析和宏观框架搭建上（岳剑波，2000；尹达，2010；马费城，2011），较少从产业的层面上考虑涉及经济社会发展的宏观政策问题，对政策环境与机制构建以及政策工具的应用与政策优化等方面的研究关注有限，对信息资源产业政策的制定、产业政策的作用机制、产业政策的具体方面研究尤为欠缺。开展信息资源产业政策的研究，将有助于从战略层面

---

[*] 注：本章部分内容已发表于《科教文汇》，2012年第9期第3–5页。

把握宏观政策对该产业发展的作用规律，开辟具有高度理论意义的研究领域，为提升信息资源管理相关理论水平做出贡献。

其次，开展信息资源产业政策的研究有助于丰富产业经济的相关理论和方法，弥补对信息资源产业发展规律的研究不足。作为数字化时代的战略型产业类型，信息资源产业有自身的产业生态和发展机理，具有独特的市场运行规律，照搬照抄其他传统产业的经济理论对产业的发展有可能适得其反。信息资源产业在劳动对象、产品成果、经营内容等方面的特殊性，与其他产业存在明显差异，原有的产业经济理论规律难以完全适用于信息资源产业的发展需要。然而，长期以来信息资源产业研究问题未能得到产业经济学者的足够重视，传统经济学理论和分析框架，如产业结构、产业行为、产业绩效分析，也未能运用到该产业的经济学研究中，信息资源产业本身的经济运行规律和市场交易形态也鲜有涉足，这无疑不利于产业本身的发展。从政策的视角探究信息资源产业发展的一般规律，探求新兴产业的发展机制和政策机理，不仅有助于弥补产业经济理论在信息资源产业研究方面的缺失，有利于丰富相关的研究理论和方法，从长远来看，对新的竞争态势下推进包括信息资源产业在内新兴产业的经济理论研究也具有深远意义。

最后，开展信息资源产业政策的研究还有助于丰富公共政策学科相关理论和方法，推进公共管理理论的研究进程。随着经济朝着纵深方向发展，世界范围内经济结构调整和产业优化升级成为新一轮国际竞争优势的源动力，经济的转型发展也无疑为产业政策的理论研究提供了新的视角和方法，传统产业政策目的和工具有重构和重建的可能。新兴产业需要与传统产业不同的政策工具和政策导向，传统产业形态下政策工具的改进、新兴产业政策的选择、公共治理与市场活力的权衡，都将构成数字时代产业政策理论研究的挑战和难题。以政策体系优化为目标的信息资源产业政策研究工作，有助于克服传统政策研究中重政策评价而轻建设性政策改进和政策体系优化的偏差，探索政策研究方法在信息资源管理领域的应用规律，促进我国公共政策学科的创新发展。在这个意义上，信息资源产业政策的研究也将为丰富我国公共政策学科的内涵和理论体系、促进其创新发展做出贡献。

在实践价值层面上考虑，信息资源产业政策研究的目的是在探求产业发展规律和发展机理的基础上，提出加快产业发展进程、优化产业发展结构、提升产业发展质量的政策工具，促进产业进步和宏观经济发展的协调、产业发展中市场利益和公共利益的协调。可以说，信息资源产业政策研究对该产业的健康发展具有很强的实用性。开展信息资源产业政策的研究，对于推进信息资源开发利用，应对新时期我国经济社会发展所必须解决的经济增长方式转变和传统产业优化升级这两大难题，具有不可估量的重要价值。具体来说，信息资源产业政策研究的现实意义主要体现在以下三个方面。

第一，有利于对信息资源产业的内涵和外延形成较为统一的界定，梳理出中国信息资源产业发展的基本现状，为形成较为完善的信息资源产业政策奠定基础。当前我国学术界和产业界尚未形成对信息资源产业的统一认识，国民经济统计中也未将信息资源产业单独分类进行统计，这一方面固然是产业本身发展不成熟所致，但另一方面也是由于产业包含部门多种多样，划分不当将带来政策制定和政策执行的巨额成本。从政策角度进行划分，通过选取合理的区分指标和认定标准，提出有利于监管、有利于协调、有利于规划的产业边界划分方案，无疑也是一种思考路径。完善的理论研究成果是建构成熟的产业发展促进政策的基础前提，开展信息资源产业的政策研究，把握我国信息资源产业的总体规模和发展态势，能够为信息资源产业政策的制定、完善和实施提供理论准备。

第二，有助于形成以政策体系优化解决信息资源产业发展问题的规律性认识，为政府部门制定和实施信息资源产业政策，提供必要的理论指导和实践参考。目前，我国中央和地方政府对新兴信息类产业的重视与日俱升，但专门针对信息资源产业的政策文件尚不多见，一般都是散见于国家部委有关文化产业的支持政策中，如新闻出版和广电总署、文化部、财政部等出台的针对电子书、动漫等方面的具体文件，而针对整个产业的、促进产业部门之间协调发展的政策资源十分有限。如何以政策构建方式促进信息资源产业的发展，实现信息资源产业对经济社会发展的战略价值，解决目前政策缺失和分散的状态，对于政府来说是一个新的课题。学术界的科学研究可以为政策制定和实施的实践提供更多、更完善的理论成果，为产业管理优化提供有价值的理论指导和实践指导。信息资源产业政策研究形成的相关成果将为该产业发展和管理政策体系的构建提供有效的决策依据和理论支撑。

第三，信息资源产业政策研究成果作用于产业发展实践，将有助于改善政策环境，促进国民经济结构的优化和经济发展方式的转变。产业的发展离不开国家政策的支持鼓励，包括产业投融资、财政税收、结构调整、基础建设、标准准入等方面的政策不仅为产业的健康发展提供了良好的市场环境，也为产业的优化升级构建了稳定的基础平台，助力产业本身的发展壮大和整个经济的转型调整。信息资源产业作为新兴产业尤其需要发挥政策的引导和规制作用，产业对政策的迫切需求和政策本身的缺失分散形成矛盾关系，制约了产业的进一步发展，成为相关理论界、实务界需要思考和解决的迫切问题。理论界对该产业政策的相关研究成果将能够提高国家和社会对信息资源产业的战略性认识，重视发挥产业政策体系的战略作用，理清产业的发展态势和发展方向。信息资源产业政策研究得出的优化该产业发展和管理政策的基本思路，以及相应的具体对策性方案，将促进我国信息资源产业政策体系的优化，确保产业中重点领域的优先发展。

9.1.2 信息资源产业政策研究综述*

目前，针对信息资源产业政策的研究主要从以下四个方面展开：信息资源产业政策制定出发点和路径研究、信息资源产业框架体系的研究、中国信息资源产业政策实施的研究、信息资源产业政策管理控制的研究。

9.1.2.1 信息资源产业政策制定出发点和路径研究

信息资源产业政策的出发点和路径是研究产业政策制定的基础。信息资源产业重在创新，创新体系参与者之间互动、联络的诱因可以为创新低迷提供解决途径，信息资源产业政策应该创造弥补市场失灵、政府失灵、创新失灵带来的"体系化失灵"的机制体制（Woolthuis R. K., 2005）。智力支持、研发、融资、科技应用等都是创新体系的环节部分，产业政策不仅要促进研发进程，还要扩大行业间的学习，提升基于信任的合作水平（Laranja M., 2008），形成体系各节点的联动效应。信息资源产业政策的制定需要对产业创造经济和社会价值、实现创新发展的路径和方式有清晰的认识，并实现产业政策结构和支持体系的持久创新（Hearn G., 2004）。另外，还有学者从产业最终产品的角度建言政策制定的出发点，认为信息产品属于经验品，有特殊的需求不确定性，因此，质量信号机制非常重要，如消费者的口碑传播作用、政府的审查、在市场形成的自动推荐系统（automated recommendation systems）等，故相关产业政策要传达、强化质量信号机制，提供安全、健康的消费环境（Potts J., 2008）。

学术界认为信息资源产业政策出台路径至少有两种：一种是产业专家影响地区决策，涉及产权保护、物权法律、环境等各方面的政策制定。产业专家往往有深厚的专业知识和理论素养，政策取向中立，但其非选举性导致了其言论的不担责，使得政策意见上存在一些问题（Prince R., 2010）；另一种是商业主体，尤其是大型公司在利益驱动下主导的产业政策制定，这种"权力区位"（geography of power）是"对现代社会的侮辱和对未来生活的威胁"（Stone D., 2000）。不过，在政策出台路径上，也存在不同的观点：产业政策的制定不是追求同质化和新殖民主义统治，而是多方参与和博弈的结果，各

---

* 注：本节部分内容已发表于《情报资料工作》，2012年第1期第70-73页。

方均有通过不同的渠道和途径影响政策走向的可能,政府提供对话、联络、参与、创新的机制,将极大促进产业理念的成熟,但决不能认为可以找到最终解决之道(Stone D.,2008)。有学者研究发现,不同国家和地区信息资源产业中的创意产业政策的差异可以归结为两个原因:一是政策制定结构,二是政治目标和动机,在产业政策制定中,决策者、活动家、议会和政府官员、文化企业家、研究人员和学者的互动能促进创意产业的迅速发展(Richard J.,2000)。

9.1.2.2 信息资源产业政策框架体系的研究

制定信息资源产业政策是一项复杂的工程,其复杂性在于此产业是三层结构的组合:物理基础设施层、软件层和内容层,每一层都有其自身的运作系统和创新途径,需要不同的管理策略(Benkle Y.,2006)。其中,内容层主要受外部研发环境的制约,需要运用税收优惠等政策激发R&D活力(Gasser U.,2006)。信息资源产业的发展需要良好的政策土壤和市场建构,需要产业内部的分工协作和密切配合,以及借力外部科研、服务、技术等行业,形成良性互动机制。有学者指出,信息资源产业政策要利用产业集群的正外部性,即集群经济或区位经济(localization economies)、地区经济分工、专业化支持机构、丰富的高素质劳动力等都是集群经济的重要要素(Lorenzen M.,2008)。制定传媒产业创新政策的框架体系时,需要特别考虑五大影响产业创新政策运用的挑战因素:界定产业创新过程性质及实质竞争力所在;媒体集群具有战略性意义的外部因素,如便利的联系、溢出效应等;媒体簇跨地区发展的影响要素;创意产业中小公司、劳动力的政策测量;具有广泛影响力的政策对产业结构的潜在和实质影响认定等(Audley P.,1994)。

还有一些学者对产业政策制定框架体系展开了实证研究,比如有人认为加拿大政府要明确信息资源产业(文化产业)的政策框架,其内涵包括明确假设背后的概念、公共政策工具、成功或失败的公共政策选择经验,明确经济利益和社会利益的政策导向;鼓励研究,允许社会多样性和差异化存在,建立更加持续和有力的文化工程;持续关注产业科技的发展和结构,开展替代性政策工具研究;强化本土文化的文化符号和文化标志;注重对其他国家或地区发展政策的关注(马费城,2007)。

9.1.2.3 中国信息资源产业政策实施的研究

进入21世纪以来,中国制定了发展信息资源产业的战略、规划,发展信息资源产业成为其调整经济结构、转变经济增长方式的战略选择。《2006—2020年国家信息化发展战略》指出:"信息资源日益成为重要生产要素、无形资产和社会财富。"中央在"十五"规划建议中也明确提出了大力发展信息产业、用信息化带动工业化的发展战略。2004年12月发布的《中共中央办公厅、国务院办公厅关于加强信息资源开发利用工作的若干意见》（中办发[2004]34号）也指出，加强信息资源开发利用工作的总体任务之一是"强化全社会的信息意识，培育市场，扩大需求，发展壮大信息资源产业"。2010年10月，《中共中央关于制定国民经济和社会发展第十二个五年规划的建议》提出"培育发展战略性新兴产业""全面提高信息化水平"发展信息产业，提高产业核心竞争力。

相应地，中国学者也对中国信息资源产业政策展开了研究。一些学者从信息的采集、公开、传播、利用以及信息市场等几个方面，对我国相关政策和法律法规进行初步的探讨，认为我国应当制定适宜的信息资源法律法规，来规范现实社会中的信息活动，并要与国际信息政策法规接轨，共同处理世界性的信息问题（赖茂生，1997）。有学者在分析美、日两国信息资源开发利用政策法规的基础上，重点回顾了中国目前的信息资源开发利用政策法规制定现状，并针对中国信息资源开发利用政策法规制定中存在的问题提出了策略建议。有学者认为应从加强政策和信息引导、制定信息公开法、推进政府部门信息机构改革、引导民营信息内容企业加快发展、加大对信息资源产业的扶持力度、规范竞争等方面来支持帮助信息资源产业中的成长型中小企业（王素芳，2004）。马费成等进一步考察了中国信息资源政策与法律的理论研究和实践进展，指出中国信息资源政策与法律研究存在分散、政府实践与理论研究步调不一、缺乏统一协调等问题（马费城，2007）。还有学者列举了现行信息资源管理体制存在的问题，进而提出设立综合性的信息资源管理部门、实行分类管理、加强监管、给予扶持、颁布《信息资源法》等具体建议（宣小红，2008），并且认为中国信息资源产业在产业布局上有产业分类的尴尬、社会对信息资源产业认识含混的问题，认为产业政策应形成分级管理体系，对信息资源产业中存在的"第一产业""第二产业"和"第三产业"实施不同的管理政策（侯卫真，2010）。

另外，还有学者对国家、地区间信息资源产业政策进行了比较研究。比如，有的学者从政策环境、政策目标以及政策内容三个方面对中、韩两国信息资源产业政策进行了比较研究，指出了韩国信息资源产业政策制定对中国的启示（朱雪宁，2009；2010）。还有学者从人才战略及政策、市场战略及政策、技术研发战略及政策三个方面对中国大陆和台湾地区信息资源产业政策展开了比较研究（赖茂生，2008）。

9.1.2.4 信息资源产业政策管理控制的研究

学术界有关信息资源产业政策管理控制问题的讨论大多以国家或地区产

业政策实证研究的方式展开,并以此得出产业政策的管理控制点或关键要素。比如,有的学者通过对韩国企业的个案分析,说明了整合能力、创造能力、稳定生产、隐性知识等对信息资源产业有重要意义,认为国家政府调解地方行业技术标准的努力、国家技术标准的制定、许可证的管理等政策体系,对形成更加平衡的信息资源产业权力关系大有裨益(Jung N.,2007)。在法律监管研究方面,有学者分析了数字网络化时代技术保护的困难和复杂,认为比较迫切的任务是设计替代选择方案及运用法律制度进行技术保护。他提出了不同的立法监管方式,以促进数字化网络环境下的创新,减少经常发生的技术保护方面的立法溢出效应(Gasser U.,2006)。还有学者认为随着数字时代的持续,越来越多的产品将分布在信息资源产业内,而政府最大的作为就是版权保护(Pitta D.,2003)。还有学者批评了美国联邦贸易委员会对于信息资源产业的规定或立法,认为在信息资源产业发展的过程中,出版商和销售商存在诸多分歧,快速获取和隐私保护之间的矛盾如果没有相应的指导方针进行规范,将为信息资源产业工作者带来灾难(Smith S.,2008)。

随着中国综合国力的增强和国际地位的提升,国际学术界对中国信息资源产业的关注力度也日益增加。国际研究机构和专家学者普遍看好中国信息资源产业的发展潜力和前景,也有学者对中国信息资源产业发展和政策完善提出了改进建议,中国发展信息资源产业(创意内容产业/信息内容产业)需要克服的不仅是盗版问题,诸如升级文化硬件、平衡供需等对于促进产业发展同样意义重大(Dodd P.,2005)。

9.2 我国信息资源产业经济政策研究

有关产业经济政策的专门研究中,高鸿业认为经济政策就是国家或政府为了增进社会经济福利而制定的解决经济问题的指导原则和措施,是政府为了达到一定的经济目的而对经济活动有意识的干预。一些学者认为经济政策的工具包括财政政策、货币政策和产业政策,还有一些学者认为经济政策的工具应该包括财政政策、货币政策、直接经济管制、经济制度变更。综合学术界的观点,经济政策就是利用价格、税收、信贷、投资、微观刺激和宏观调节等经济杠杆,调整市场环境使其向所需方向发展的政策组合。本研究中结合信息资源产业的特点,分析的经济政策对象主要选定为投融资政策、信贷政策、税收政策、外汇管理政策、专项资金政策与发展基金政策六大类。

9.2.1 政策文件选择与分析维度确定

本研究所搜集的信息资源产业经济政策文件均来源于2015年9月1日前公开的数据资料,政策文件包含了法律、行政法规、部门规章、国务院及其下属机构的规范性文件、地方性法规、地方政府规章、省级政府及其下属机构的规范性文件、较大的市❶及其下属机构规范性文件等8类不同效力级别的文件类型。在对政策文件加以遴选之后,本研究进一步确定了文件量化分析的四个维度。

9.2.1.1 政策文件的选择及其分布

基于对信息资源产业构成边界的认识,本研究按照产业和产业构成行业两个层面展开政策文件的搜集。在产业层面,鉴于目前我国中央和地方政府对产业名称表述上的差异,本研究选取了与信息资源产业内涵相近似的产业称谓进行统计,将"文化产业""创意产业""文化创意产业""数字产业""数字内容产业""信息产业"六个关键词纳入搜索范围;在产业构成行业层面,本研究将信息资源产业主要构成行业分为"动漫""影视/电影""广播""电视""网游""音像""电子出版""数据库""通信内容"九类行业,同时鉴于目前我国中央和地方政府对信息资源产业行业形态和行业名称界定上的多样性,本研究还将"视频""电子书""手机报"等名词纳入搜索范围之内。另外,本研究中讨论的产业经济政策主要包括财政政策以及与资本相关的投融资政策两类,通过初步的文本搜索,本研究发现与信息资源产业相关的政府购买、金融担保、创投基金、融资上市等金融活动均没有直接的、专门的政策文件,因此,本研究主要从设立专项资金、设立发展基金、产业投融资政策、信贷支持、税收政策、外汇管理政策六类进行经济政策文件的主题选择。其中,专项资金政策包括了政府补贴、政府扶持、政府补助、政府奖励等财政支出方面的支持政策;发展基金政策主要是政府牵头或鼓励设立发展基金,通过政府主导的设立基金来促进产业投融资,这在一定程度上也属于投融资政策范畴,但本研究基于政府主导基金与私募股权基金差别较大的考虑而将其单独分析;投融资政策包括了从上市、创投、私募股权基金、其他社会投资、担保等方面的支持、鼓励或管制政策;信贷政策包括了调整贷款利率、进行贷款贴息、建立信贷合作、予以信贷担保、信贷风险控制等政策;税收政策涉及调整税率、进行出口退税、免税或折抵税费等方面;外

---

❶ 《中华人民共和国立法法》规定较大的市包括:(1) 省(自治区)人民政府所在地的市;(2) 经济特区所在地的市;(3) 经国务院批准的较大的市。

汇管理政策主要涉及外汇交易过程中，如结汇、转移外汇、汇兑等相关的支持和管制措施。

按照上述规则，本研究初步搜集到 367 份与信息资源产业经济政策有一定关系的政策文件。鉴于搜索标准具有一定的宽泛性，且有些文件与信息资源产业经济政策关联度较差，有些存在重复的情况，为提高分析的科学性和准确性，本研究对初步搜集的 367 份政策文件按照以下三条标准进行了进一步的整理筛选。一是剔除与信息资源产业不具备较强关联度的政策文件。以"电视"为例，搜索到的关键词会包括电视产业的各个方面，如电视设备征税、电视台征税、针对某电视网络的资金支持政策等，因为这些均不属于信息资源产业所讨论的范围，所以筛选时予以剔除。二是政策文件不重复。凡是抄送文件、转发上级政策文件，以及不同级别政府或不同部门对发布非本政府或部门文件的通知，均属于重复，在筛选时予以剔除。三是政策文件中须有直接表示产业经济政策的具体措施和内容，仅体现政府对信息资源产业经济政策的态度和取向的政策不纳入研究范围。据此，共搜索到涉及信息资源产业经济政策的政策文件 183 份，最早的为财政部、国家税务总局发布的《关于对音像制品征收营业税问题的通知》（财税营［1986］28 号）。

9.2.1.2 分析维度的确定

本研究拟从政策年度发布数量、政策主题分布、政策发布主体、行业类别政策 4 个维度进行政策文件的统计分析，以期对信息资源产业经济政策获得比较全面的了解。

（1）政策文件的年度发布数量分析。鉴于 1986 年之前我国没有此类政策出台，这方面的分析从 1986 年开始，分为四组，相应的时间段为："1986~1991""1992~1998""1999~2005""2006~2015"。以期获得有关我国中央和地方政府信息资源产业经济政策出台频次、年度分布的直观了解。

（2）政策文件的主题分布分析。根据我国中央和地方政府信息资源产业的经济政策出台状况，本研究将"政策主题分布"维度的分析单元设定为："专项资金""设立发展基金""产业投融资政策""信贷支持""税收政策""外汇管理政策"六类。通过本节的分析，可以对产业经济政策主题获得更加深入的认识，识别现有政策的内容取向，为完善相关政策提供参考。

（3）政策文件的发布主体分析。根据政策文件效力级别的高低，本研究将"政策发布主体"维度的分析单元设定为："国务院""国务院办公厅""国务院组成部门""国务院直属机构""国务院其他下属机构""省级人大及其常委会""省级政府""省级机构""较大的市""较大的市级机构"❶。其中,在所单列的政策发布主体中,包括了其出台的相应最高级别的文件和其他规范性文件,如"国务院"项下统计的政策文件数量包括行政法规、国务院规范性文件两类。另外,本研究还对 183 份文件是否属于不同主体间的联合发文情况进行了分析。

(4) 政策文件的行业分类分析。首先,对以信息资源产业、文化产业、创意产业、文化创意产业、数字产业、数字内容产业、信息产业七类产业搜集到的政策文件进行量化分析;其次,针对行业构成的政策文件进行梳理,包括"动漫""影视/电影""广播""电视""网游""音像""电子出版""数据库""通信内容"九类行业。

9.2.2 政策文件的定量分析

通过对信息资源产业经济政策文件的筛选整理,为了研究的便利和科学,本研究针对具体的经济政策主题设置了不同的分析单元编码表。编码表包含了产业行业构成类别、编号、文件名、文号、发布单位、是否联合发文、效力级别、发布时间、实施时间等,并根据不同的经济政策类型设置了不同的分析项目,如税收政策包含了政策对象、税种、优惠政策类型,专项资金政策包含了政策对象、支持方式、组织安排方式等。然后,本研究将 183 份信息资源产业经济政策文件从政策年度发布数量、政策主题分布、政策发布主体、行业类别政策四个维度展开频数统计分析。

9.2.2.1 政策文件的年度发布数量

我国对信息资源产业及其相关产业、构成行业的认识经历了较长的发展过程。从政策文件搜索的结果来看,改革开放初期,信息资源在国民经济发展中的重要作用没有凸显,1986 年之前我国没有出台与信息资源产业密切相关的经济政策,政府部门有关政策主要还是侧重于相关的制造业,如电视设备生产、影视基础设施建设等方面。进入 21 世纪以来,文件数量呈现快速增长趋势,从 1999 年前的 26 份发展到之后的 157 份,2006 年之后中央发布的相关政策数量有所减少,地方层面发文速度和数量也趋于平稳(见图 9-1)。

---

❶ 由于我国目前尚没有信息资源产业经济方面的法律出台,故主体分析不再单列全国人大及其常委会;"国务院其他下属机构"包括了国务院直属特设机构(国资委)、国务院直属事业单位、办事机构、部委管理的国家局;"较大的市"项下统计了包含了省(自治区)人民政府所在地的市、经济特区所在地的市、经国务院批准的较大的市三类市的人大及其常委会、人民政府颁布的地方性法规、地方政府规章和规范性文件。

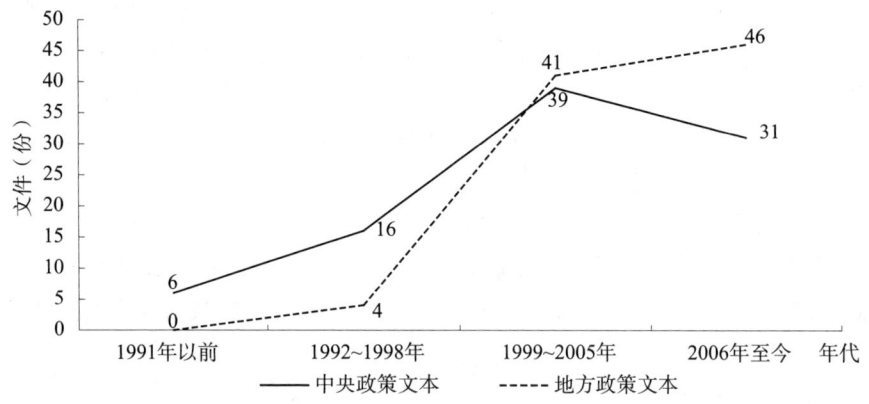

图 9-1 我国中央和地方现行信息资源产业经济政策年度分布统计折线图

比较中央和地方政府出台的产业经济政策，可以发现以下特点：第一，产业经济政策的颁布主体是中央政府部门机构和地方政府；第二，我国信息资源产业经济政策的中央部门机构带动性较强，2000年之前的大多数政策均是在中央部门层面颁布，中央部门机构文件出台频数和地方政府文件出台频数呈现正相关关系，且从出台时间和政策内容上看，都显示了部门文件具有较强引领性的特征；第三，我国地方政府在推出产业经济政策方面的积极性和主动性日益增强，1999年之前的政策以中央文件为主，进入21世纪之后，地方政府在出台规模上明显超出中央，在1999~2015年发布的157份经济政策文件中，中央层面（主要是中央机构）颁布了70份，地方政府则颁布了87份，占据了总政策数量的55.4%。

9.2.2.2 政策文件的主题分布

本研究对信息资源产业专项资金政策、发展基金政策、投融资政策、信贷政策、税收政策、外汇管理政策六类政策主题颁布的年度情况进行了统计分析（见表9-1）。

表9-1 我国信息资源产业经济政策主题年度分布统计 单位：次

	主题	专项资金	发展基金	投融资	信贷	税收	外汇管理	其他	总计
文本数量合计		20	0	19	0	144	0	0	183
中央政策	1986~1991	1	0	0	0	5	0	0	6
	1992~1998	1	0	0	0	15	0	0	16
	1999~2005	1	0	2	0	36	0	0	39
	2006~2015	2	0	3	0	26	0	0	31

续表

主题		专项资金	发展基金	投融资	信贷	税收	外汇管理	其他	总计
中央政策总计		5	0	5	0	82	0	0	92
地方政策	1986~1991	0	0	0	0	0	0	0	0
	1992~1998	0	0	0	0	4	0	0	4
	1999~2005	0	0	4	0	37	0	0	41
	2006~2015	15	0	10	0	21	0	0	46
地方政策总计		15	0	14	0	62	0	0	91

从政策主题年度分析的统计结果可以发现，1991年之前出台的信息资源产业经济政策主要集中在中央政府层面，出台的6份经济政策文件中有5份与税收政策相关，另一件是有关信息资源产业专项资金的规定，政策文件为《广播电影电视部、财政部、国家物价局、国家税务局、中国工商银行关于贯彻国务院批准〈关于明确电影票价管理权限和建立国家电影事业发展专项资金的通知〉的通知》（广发影字［1991］13号），该规定为电影行业专项资金建立确定了基础和标准，明确专项资金的投放范围主要是针对历史题材、革命题材等影片资助。

从1999年开始，我国中央和地方政府出台信息资源产业经济政策在数量规模上有了较大增长，除了税收政策密集出台之外，中央和地方政府开始尝试通过产业投融资政策来实现对产业发展的扶持。1999~2005年，中央政府层面的信息资源产业税收政策文件有36份，比1992~1998年增长了140%，数量规模超过新中国成立后到1998年的总和（20份）；2006~2015年税收政策数量有所下降。与之相对的是，投融资政策得到了较广泛的应用，地方政府在投融资政策方面开始有所创新，1999~2005年，地方投融资政策文件出台了4份，而2006~2015年地方投融资政策文件又新发布了10份，虽然总的数量不多，但一定程度上显示了地方管理机构对产业资本支持的重视以及在产业扶持理念上的转变。当然，地方政府运用最多、自主性最强的还是专项资金政策，2006年之前地方政府尚没有这方面的政策，而目前相关政策文件已有15份，成为仅次于税收政策的第二大广泛运用的经济政策工具。另外，虽然我国政府在一些文件中有提到通过设立政府主导基金以及建立信贷合作关系来改善信息资源产业的融资环境，但至今尚没有专门性的政策出台。

9.2.2.3 政策文件的发布主体

当前，信息资源产业经济政策的发布主体是以国务院组成部门、国务院直属机构、省级政府部门机构三者为主,国务院发文、国务院办公厅发文以及省级政府发文相对较少。可见,在政策发布主体方面,部门主导的色彩比较浓重,现有的政策文件大多是不同部门基于自身职能发布,旨在从一些具体领域来加强对产业的支持、扶植或者调控的力度(见表9-2)。

表9-2 我国信息资源产业经济政策发布主体统计

主题	中央政府及其下属机构					地方政府及其下属机构			
	国务院	国务院办公厅	国务院组成部门	国务院直属机构	国务院其他下属机构	省级人大及其常委会	省级政府	省级机构	较大的市	较大的市级下属机构
	3	1	37	88	0	0	10	85	2	9

在信息资源产业经济政策的发布主体中,相关的国务院组成部门主要包括国家发展改革委、国家教育部、国家工业和信息化部、国家财政部、国家商务部、国家文化部、中国人民银行等机构,国务院直属机构主要涉及海关总署、税务总局、工商总局、新闻出版广电总局(版权局)等五部门。相关的地方政府及其机构分布较为广泛,1992～1998年,北京、浙江、江苏分别出台涉及电影、通信内容税收政策方面的地方文件,属于最早出台信息资源产业经济政策的地方省级政府。1999年之后,地方政府相关产业政策出台频次加强,并且政策主题不再局限于税收政策,在专项资金政策、投融资政策等方面有所强化,不仅是东部沿海地区,中部地区如内蒙古、河北、河南、湖北等,西部地区如云南、四川、青海、贵州等均有相关的政策文件出台。

信息资源产业涉及多个构成行业,产业发展需要财政税收、专项资金、投融资等各领域经济政策的扶持,对跨部门、跨区域、跨级别的政府间合作要求较高。现行的183份政策文件中,有33份属于联合发文。从联合发文的主体来看,主要以中央机构之间的联合发文为主,涉及财政部、文化部、发改委、国家税务总局、海关总署等部门颁发的税收、进出口退税、专项资金管理等领域;地方政府机构之间联合发文有9件,涉及的部门和领域与中央机构之间联合发文类似,如2007年重庆市财政局、重庆市经济委员会《关于下达2007年度创意产业发展项目专项资金的通知》(渝财企〔2007〕508号)等。值得注意的是,信息资源产业经济政策的联合发文中,一些政策还涉及了银行等非政府部门,如前文提到的广发影字〔1991〕13号文件。可见,建立政府与金融机构、基金机构的合作模式,鼓励社会资本向信息资源产业的投入,在满足产业资本需求上具有较大的实践意义。

另外，在目前33份联合发文中，24份中央机构之间的联合发文都是有关产业税收政策的，9份地方政府机构之间联合发文中有8份是关于产业专项资金政策的。而我国中央机构和地方政府、中央机构和地方机构、地方政府之间、地方政府和地方机构等，尚没有联合发布的政策文件（见表9-3）。

表9-3 我国信息资源产业经济政策联合发文统计

联合发文	中央机构之间联合发文	中央机构和地方政府联合发文	中央机构和地方机构联合发文	地方政府之间联合发文	地方政府和地方机构联合发文	地方政府机构之间联合发文
33	24	0	0	0	0	9

9.2.2.4 政策文件的行业分类

我国中央和地方政府信息资源产业经济政策的行业分类情况基本一致，中央政府层面相关政策有9份文件是针对文化产业、创意产业等大类产业的，具体行业政策大多分布在通信内容业、广播业、电视业三类行业之中，在音像、动漫、影视/电影、数据库、电子出版等行业中也有涉及，可见中央政府在产业经济扶持上既有宏观层面又有微观层面的政策出台。地方政策除分布在影视/电影和广播业外，在各行业之中均有分布，其中除了针对动漫业颁布了3份专项资金政策文件外，其他针对各具体行业的政策均与税收相关。总之，我国针对信息资源产业构成行业的经济政策主要集中在通信内容、电视业两类上，且税收政策占了绝大部分，涉及新兴信息资源产业如动漫业、网游业的政策很少，体现了我国信息资源产业经济政策以税收政策为主、以产业大类调整为主的特征（见表9-4）。

表9-4 我国信息资源产业经济政策行业分类统计　　　　单位：份

主题	产业	专项资金	发展基金	投融资	信贷	税收	外汇管理	其他	总计	百分比
中央政策	产业大类	0	0	3	0	6	0	0	9	4.9%
	动漫	0	0	0	0	3	0	0	3	1.6%
	影视/电影	1	0	0	0	3	0	0	4	2.2%
	广播	0	0	0	0	10	0	0	10	5.4%
	电视	0	0	0	0	22	0	0	22	12.0%
	网游	0	0	0	0	0	0	0	0	0.0%
	音像	1	0	0	0	4	0	0	5	2.7%
	电子出版	0	0	0	0	3	0	0	3	1.6%
	数据库	0	0	0	0	3	0	0	3	1.6%
	通信内容	1	0	0	0	32	0	0	33	18.0%

续表

主题	产业	专项资金	发展基金	投融资	信贷	税收	外汇管理	其他	总计	百分比
地方政策	产业大类	9	0	15	0	1	0	0	25	13.7%
	动漫	3	0	0	0	0	0	0	3	1.6%
	影视/电影	0	0	0	0	0	0	0	0	0.0%
	广播	0	0	0	0	0	0	0	0	0.0%
	电视	0	0	0	0	27	0	0	27	14.8%
	网游	0	0	0	0	2	0	0	2	1.1%
	音像	0	0	0	0	4	0	0	4	2.2%
	电子出版	0	0	0	0	2	0	0	2	1.1%
	数据库	0	0	0	0	4	0	0	4	2.2%
	通信内容	0	0	0	0	24	0	0	24	13.2%

9.2.3 结论与建议

对政策文件的统计和分析表明，随着信息资源产业在国民经济中的重要作用日益凸显，我国政府正逐步加强对产业经济政策工具的开发和利用以支持其发展，但同时也出现一些问题。

第一，中央政府对信息资源产业经济政策的推动性较强，地方政府可发挥的积极性和主动性空间很大。从文件发布主体来看，进入21世纪以来，我国信息资源产业经济政策的出台体现了由中央统一部署、自上而下推动到中央有效引领、注重中央和地方政策互动的变化，地方政府的积极性和主动性得到有效发挥。但是，中央主导和推动依然是产业经济政策出台的主要力量，这一特征在未来一定时期或许还将持续，因为经济政策具有综合性，关涉部门利益较多，制度需求空间较大，需要重视发挥中央经济政策指导性作用。我国地方政府信息资源产业经济政策自主空间并不大，大多都是在中央政策的推动和引领下，制定具体的实施标准，甚至相对于部门政策而言有所保留。因此，政策如何因地制宜、如何发挥地方政府在发挥经济政策支持力度上的自主性，这或许不仅仅是地方政府提升管理能力方面的问题，也是涉及我国金融体制改革和政治体制改革的重大问题。

为此，需要在发挥中央政策指导性、引领性作用的前提下，重视中央政策与地方政策的良性互动，注重发挥地方政府处于产业发展前线的优势，促进地方政府探索产业发展规律、总结产业发展经验的积极性和主动性。在这方面，个别地方政府已经开始了一些的积极探索，比如，2006年北京市颁布了《北京市促进文化创意产业发展的若干政策》（京办发〔2006〕30号），旨在结合本地实际探索产业投融资政策的创新；以宁夏、湖北等为代表的一些省区政府通过组建省级产业发展投资公司的方式参与产业投融资，这些投资公司基本都是由省级机构（如省委宣传部）牵头组建并管理，由产业内实力强大的公司共同入股，以有限公司形式进行运作。这些探索对于利用更加灵活的经济政策来解决产业融资难、降低产业资本风险具有较大的示范意义。

第二，信息资源产业经济政策大多局限于税收、专项资金等领域，发展基金、信贷支持等方面的经济政策供给不足。从搜集的政策文件来看，不论是中央出台还是地方出台信息资源产业经济政策，政策调控面都较为狭窄，中央层面发布的经济政策中税收政策、专项资金政策文件分别占到了政策文件总数的89%和5.4%，而在地方政府政策中相应的比例为68%和16.5%，可见大部分经济政策都局限于税收、专项资金等领域，发展基金、信贷支持、外汇管理等方面的经济政策还有待拓展。例如，与专项资金相比，建立发展基金更具有规模和效益上的优势。基金通过项目资助、投资入股、信贷扶持等多种方式实现对产业的投融资支持，来源更广、规模更大、管理更规范，能广泛吸收社会资本，但是当前与之相关的产业经济政策还十分有限。

因此，有必要拓展信息资源产业经济政策空间，积极开发有效配合、协同作用的多样性经济政策体系。虽然目前税收政策在支持产业发展上依然具有可施展空间，尤其是当前我国社会数字鸿沟十分显著，落后地区借鉴先行地区税收方面的经验仍然具有可行性，但从长远来看，信息资源产业的发展还需要注重发挥产业资本市场的巨大效力。事实上，这方面的实践已经启动，比如，2008年以来，信贷、私募基金、债券融资、上市融资等诸多产业融资方式在信息资源产业的多个行业中得到应用；2011年财政部牵头发起设立中国文化产业投资基金，总规模200亿元，拟以股权投资方式，投向新闻出版发行、广播电影电视、文化艺术等领域；2012年，杭州将设立数字出版产业发展专项资金，以用于扶持数字出版产业发展。这些实践，不仅为产业发展提供了资本支持，更为完善我国信息资源产业经济政策提供了经验素材，使得构建有效协同的多样性产业经济政策工具体系具备了较好的基础和平台。

第三，信息资源产业经济政策的实施保障有待改善，现行政策在一些行业领域的针对性和有效性仍需提升。我国信息资源产业经济政策的实施存在较大的问题。以专项资金为例，在资金支持上中央出台了相关政策文件，地方政府对之细化的同时，多数文件扩大了专项资金的资助范围，一般用于人才培养、基础设施建设、出口支持、贷款贴息、项目补贴、人才或科研项目奖励、科研补助等项目，其中以贷款贴息、项目补贴、人才或科研项目奖励为主，但是缺乏较为具体的操作程序，对于政策实施的监督、政策对象使用资金情况的核查等都没有到位。另外，信息资源产业经济政策大部分都是集中在大类行业如文化产业之中，在具体的行业领域，经济政策集中在诸如通信内容、电视电影等传统行业，对于一些具有较大市场前景和辐射力的新兴行业，相关的政策支持严重不足。例如，在动漫业、网游业及其他新型媒介行业领域，相关的经济政策多以专项资金支持为主，与国际上较为普遍的发挥资本市场作用、提供社会资本支持的趋势不相符。

对此，相关部门需要进一步完善产业经济政策的管理机制，通过有效市场竞争的作用来促使具体行业政策优化升级。产业经济政策的效果需要建立在严格的审查、批准、执行、监督等机制基础上，并且需要细化具体的操作手段。随着产业更新换代步伐的加快，数字化、信息化将进一步影响产业利润的重新分配，我国信息资源产业经济政策也应当不断优化和调整。同时，还应该认识到，信息资源产业具有其内在的发展规律，尤其是在目前我国产业发展处于初级阶段的情况下，各个构成行业发展水平不一，产业设备、人才力量、科研创新能力等都具有一定的不确定性，政策制定者和执行者需要把握市场发展规律，掌握最新产业动向，切实发挥经济政策鼓励技术创新的积极作用，为开发多样化融资产品和融资渠道，防范和化解产业市场风险营造更加良好的政策环境。

9.3 我国信息资源产业人力资源政策分析

信息资源产业的推陈出新和快速发展，需要中央和地方政府一系列产业政策的支持，特别是产业人力资源政策，因为人才队伍建设是产业发展的核心力量，是产业兴盛之基、发展之本。信息资源产业是"知识－劳动双密集型产业"，其生产过程既需要大量的科技研发、文化创意等创新性活动，又涉及大量的数据处理、服务提供等一般劳动。因此，信息资源产业具有巨大的吸纳就业人口能力，既能解决大量"蓝领"工作者的就业问题，又能在吸纳知识型"白领"工作者就业方面发挥重要作用。目前，我国信息资源产业发展过程中对人力资源的需求十分巨大，但是有关信息资源开发、利用与管理方面人才供给却明显不足。首先，从人才供给总量来看，我国信息资源产业的从业人口增加比较缓慢；其次，从人才供给构成来看，信息资源产业各行业的人才供给不平衡。传统信息资源产业如图书出版、广播电视等行业的人力资源供给较充裕，而现代信息资源产业如网络出版、游戏、动漫等行业的人才则非常短缺。为此,有必要对我国信息资源产业的人力资源政策总体状况展开整理和分析,把握当前有关人力资源政策制定的特征和重点,探讨如何构建健全有效的信息资源产业人力资源政策,开发切实有效的政策工具,形成产业实践与产业政策的良性互动。

9.3.1 政策文件的选择与分析维度确定

本研究所选取的信息资源产业人力资源政策均来源于2013年5月1日前公开的数据资料,政策文件包含了法律、行政法规、部门规章、国务院及其下属机构规范性文件、地方性法规、地方政府规章、省级政府及其下属机构规范性文件、较大的市及其下属机构规范性文件八类不同效力级别的文件类型。政策文件来源于北大法宝网中中国法律信息总库中的法律法规数据。

9.3.1.1 政策样本选择

基于对信息资源产业边界的认识,本研究按照产业和产业构成两个层面展开政策文件搜索。在产业层面,由于目前我国中央和地方层面对产业认知和称谓上的差异,本研究选取了与信息资源产业相类似的称谓进行统计,将文化产业、创意产业、文化创意产业、数字产业、数字内容产业、信息产业六个关键词纳入关键词范围;在产业构成层面,本研究将信息资源产业主要分为动漫、影视/电影、广播、电视、网游、音像、电子出版、数据库、通信内容9类具体行业,同时鉴于目前我国中央和地方层面对信息资源产业行业形态和行业名称界定上的多样性,本研究将视频、电子书、手机报等在内的名词纳入搜索范围之内,通过一定的标准进行政策文件的遴选,最终得到信息资源产业人力资源政策文件共27份,并确立了四个维度进行文件分析。

9.3.1.2 政策文件分析维度

本研究从政策文件类型、发布主体、发布时间、文本主题四个维度进行政策文件的统计分析,以期对信息资源产业人力资源政策进行较全面的了解。①政策文件类型。本研究将政策文件分为中央和地方两大类展开分析。②政策发布主体。根据政策文件效力级别的高低,本研究将"政策发布主体"维度的分析单元设定为:国务院办公厅、国务院组成部门、省级政府机构和市级政府机构。另外,本研究还对政策文件是否属于不同主体间的联合发文情况进行了分析。③政策发布时间。"五年计划"是中国国民经济计划的一部分,主要是对全国重大建设项目、生产力分布和国民经济重要比例关系等做出规划,国家相关政策的出台也往往与此周期有一定的关系。因此,本研究也将所统计的政策文件按照5年的时间段进行分析,即1980~1985年、1986~1990年、1991~1995年、1996~2000年、2000~2005年、2006~2010年、2011

年至今。其中，最后一个时间段由于《国家中长期人才发展规划纲要（2010～2020)》的出台，对信息资源产业人力资源政策也产生了特殊影响。④政策文件主题。依照产业人力资源管理的流程和具体模块，本研究构建出我国信息资源产业人力资源政策框架体系，将政策文件的主题划分为人才引进和准入、人才配置、人才培训、人才薪酬和福利、人才激励和考核、人才领导队伍、人才队伍建设7类展开量化分析。

9.3.2 政策文件定量分析

通过对信息资源产业人力资源政策文件的筛选整理，本研究针对具体的人力资源政策主题设置了不同的分析单元编码表。编码表包含了产业行业构成类别、编号、文件名、文号、发布单位、是否联合发文、效力级别、发布时间、实施时间等。然后，本研究将所收集的信息资源产业人力资源政策文件从文件类型、发布主体、发布时间、文件主题四个维度进行频数统计分析。

9.3.2.1 政策文件类型分析

本研究所搜集的政策文件可分为法规和规范两大类，而每一类又包括中央和地方两类。具体的统计情况如表9-5所示。

表9-5 我国信息资源产业人力资源政策文件类型统计　　　　单位：份

	国家法规	省级法规	部门规范	地方规范	合计
数量	2	1	12	12	27
占比	7.40%	3.70%	44.45%	44.45%	100%

由表9-5可见，在本研究所选收集的政策文件中，大部分（88.9%）都属于规范性文件，法律性文件只占一成左右。而从政策制定的层级来看，中央性和地方性的政策文件基本均衡，各占50%左右。

政策文件类型少、法律多、规章多的特点，显示出我国的信息资源产业人力资源政策具有弱稳定性、强变动性和强指导性的特点，带有明显的试探性和渐进性，集中体现了国家和各级地方政府在信息资源产业人力资源管理方面的职能界定、监管策略等方面尚处于探索阶段，不少人力资源政策甚至缺乏有效的立法支持。

9.3.2.2 政策发布主体分析

将政策文件按照发布主体进行量化分析，其频数统计结果如表9-6所示。

表9-6　我国信息资源产业人力资源政策发布主体统计　　　单位：份

	联合发布	国务院办公厅	国务院组成部门	省级政府机构	市级政府机构	合计
数量	10	2	7	5	3	27
百分比	37.0%	7.4%	25.9%	18.5%	11.1%	100%

从分析结果可以看出，有超过1/3的政策文件属于跨部门、跨层级联合发布，其余的政策文件分布比较均衡，中央部门和地方政府机构发布的文件均各自占政策文件总量的1/3左右。可见，政策发布主体的层级分布较为均衡，这体现了政府管理体制严格的自上而下的科层组织特点。另外，本研究还针对联合发布的政策文件进行了统计分析，如表9-7所示。

表9-7　我国信息资源产业人力资源政策发布联合发布统计　　　单位：份

	国务院机构间	省级地方机构间	市级地方机构间	合计
数量	5	4	1	10
百分比	50%	40%	10%	100%

从分析的结果来看，中央部门之间与地方机构之间的联合发布情况比较均衡，各占总量的一半。政策联合发布的特征体现了政府部门集合多元力量和多方资源支持信息资源产业发展的思路，但与此同时政策执行时的协调工作难度亦有所增加。纵横交织的政策制定者可能存在"政策重叠、多重目的下目标功能不同"等问题，相关政策制定部门需要注重提高资源配置和管理的效率。

9.3.2.3　政策发布时间分析

改革开放之后，我国陆续出台专门针对信息资源产业的人力资源政策，其时间分布如表9-8所示。从分析的结果来看，20世纪80年代，信息资源产业人力资源政策出现零星发布，20世纪90年代以后，政策进入平稳发布阶段，但文件数量比较有限。进入21世纪以来，随着我国于2001年加入世界贸易组织，相关产业政策也亟需与国际接轨，政策文件的数量呈现快速增长的趋势。2010年，随着我国第一个中长期人才发展规划《国家中长期人才发展规划纲要（2010—2020）》的发布，人力资源储备和人才队伍建设对信息资源产业的重要意义也必将受到更广泛的重视，可以设想在这一阶段相关的政策会不断健全和丰富。

表9-8 我国信息资源产业人力资源政策发布时间统计　　单位：份

年代	国家法规	省级法规	部门规范	地方规范	合计	百分比
1980～1985	—	—	1	—	1	3.7%
1986～1990	—	—	1	—	1	3.7%
1991～1995	1	—	1	1	3	11.1%
1996～2000	1	1	1	—	3	11.1%
2000～2005	—	—	6	—	6	22.2%
2006～2010	—	—	2	8	10	37.0%
2011年至今	—	—	—	3	3	11.1%
合计	2	1	12	12	27	100.0%
百分比	7.4%	3.7%	44.4%	44.4%	100.0%	

9.3.2.4 政策文件的主题维度分析

对政策文件的主题的分析涉及人才引进和准入、人才配置、人才培训、人才薪酬和福利、人才社会保障、人才激励和考核、人才队伍建设七个方面，统计分析结果如表9-9所示。

表9-9 我国信息资源产业人力资源政策发布主题统计　　单位：份

年代	人才引进和准入	人才配置	人才培训	人才薪酬和福利	人才社会保障	人才激励和考核	人才队伍建设	合计	百分比
1980～1985	—	1	—	1	1	1	1	5	9.4%
1986～1990	—	1	—	—	—	—	—	1	1.9%
1991～1995	1	2	—	1	1	1	1	7	13.2%
1996～2000	—	1	—	1	—	2	1	5	9.4%
2000～2005	1	3	4	—	—	1	4	13	24.5%
2006～2010	3	6	1	1	—	2	3	16	30.2%
2011年至今	1	—	2	—	—	1	2	6	11.3%
合计	6	14	7	4	2	8	12	53	100%
百分比	11.3%	26.4%	13.2%	7.5%	3.8%	15.1%	22.6%	100%	

由表9-9可知，从人才引进到人才队伍建设，总体而言各个主题下的政策分布比较均衡，但有关人才薪酬、福利和人才队伍建设方面的政策相对欠缺。一方面，作为国家和地方政府颁布实行的政策文件需要在宏观层面上涵

盖人力资源管理的各个领域,另一方面这些政策又要在具体的细节上有较强的操作性,能确保政策从制定到实施整个环节的有效性。因此,各个主题下的政策文件内容各有侧重。

(1) 人才引进、准入和配置方面。自 20 世纪 90 年代以来,随着我国人事制度改革的不断深化,各类人力资源的配置由计划调节逐步向市场配置的方向来转变,用人单位和专业技术、管理人员双向选择的人才市场机制逐步形成。因此,政府部门在信息资源产业的人才引进和准入方面制定了相关政策,进一步促进了人力资源的合理配置和人才的有序流动。

(2) 人才培训方面。人才培训是人力资源管理的重要方面,相关政策明确了人才培训的工作目标、指导思想和主要任务,重点内容包括:改革创新培训体制,建立和完善培训网络;改革创新人才培训管理体制;努力拓展人才培训手段;创新人才培训工作机制,提高培训质量;改革创新人才培训内容和方式;建立和完善培训考核激励机制;探索建立多渠道投入的经费保障机制;加强培训师资队伍建设和教材建设;加强人才培训工作的组织领导;建立和完善人才培训工作责任制;加强人才培训自身队伍建设等。

(3) 人才薪酬、福利和社会保障方面。目前出台的政策确定了相关单位工作人员的工资制度改革实施方案,制定了以职务工资为主要内容的结构工资制,包括基础工资、工龄津贴、奖励工资和职务工资 4 个部分,其中前三部分按照国家统一规定的标准执行。同时,对新参加工作的人员,实行学徒期、熟练期制度。

(4) 人才激励和考核方面。现行的政策强调开展动漫开发软件(工具)技术人才扶持工作,在全国范围内遴选优秀技术人才(团队)并以扶持资金作为激励。制定一套完整的考核制度,并制定一套定性、定量的考核标准,按评选人员的工作业绩,对做出重大贡献的人员进行"特别贡献奖"奖励。同时,对工作人员违反宣传纪律的,也进行了不同层次的处分规定。

(5) 人才队伍建设方面。现有政策对实行人事垂直管理人员的交接工作进行了规范,规定了加强领导、密切配合、严肃纪律、按照政策办事的总体要求,确定了领导人员交接的范围及相关问题,并严格规定了交接工作的方法步骤。

9.3.3 研究结论与政策建议

对政策文件的统计和分析表明,随着信息资源产业在国民经济中的重要作用日益凸显,我国政府正逐步加强对产业人力资源政策的优化以支持其发展,但同时也暴露出一些问题。

第一，政策出台起步时间较晚，政策数量供给不足。一方面，从政策文件发布的时间来看，我国有关信息资源产业的人力资源政策最早出台于20世纪80年代中期，较之于其他发达国家，我国相关政策出台的起步时间较晚。另一方面，从数量上来看，相关人力资源政策供给存在明显的不足，政策环境还有待改善。

因此，政府必须意识到信息资源产业人才培养的重要性。信息资源产业是知识密集型产业，人力资源对其发展具有至关重要的作用，而目前信息资源产业人才短缺问题已经成为制约其发展的瓶颈。因此，必须重视信息资源产业的人力资源开发与储备问题，特别是要从国家政策高度上加以关注和引导。

第二，现行政策涵盖了人力资源管理的主要模块，但总体呈现碎片化分布。由上述分析可知，虽然现行的信息资源产业人力资源政策体系已经涵盖了产业人才引进和准入、人才配置、人才培训、人才薪酬和福利、人才激励和考核、人才领导队伍、人才队伍建设等人力资源管理的主要领域，但各个领域的政策分布呈现碎片化、区域化和专门化的特点，缺乏一部结合信息资源产业发展特征的、具有指导意义的基本法律或国家政策的指引。

针对这一问题，首先，在观念上相关部门要从过去单纯的人事及培训工作，转变到以人力资源开发为主要任务，发展具有国际竞争力的产业实体，在宏观层面上推动产业人力资源的整体开发。其次，政府主管部门围绕信息资源产业人力资源开发的目标开展政策创新，制定符合我国国情的产业人力资源政策，建立社会化的专业技术人才引进和评价机制，努力创造使优秀人才脱颖而出的环境。

第三，鼓励产业人才合理引进和流动的政策环境还有待优化。我国信息资源产业人力资源政策制定的主旨之一就是大力引进人才，促进人才合理流动。但是有关信息资源产业人才引进和配置的政策尚存在一定缺失，例如，目前相关部门还没有制定专门的面向社会进行公开招揽信息资源产业人才的招聘政策和相关优惠措施。另外，现行政策在制定过程中偏重于对人才环境整体的管理，缺乏对个体从业人员需求的理解和满足，人文关怀不够充分。许多政策制定的依据往往是对产业人力资源整体状况的评估，缺乏对从业人员个体的深入调查，政策设计和实施过程中往往存在主观印象多于客观评判的问题，信息资源产业人力资源政策环境还存在一定的优化空间。

基于此，相关部门应积极开展信息资源产业人力资源发展状况的调查，及时制定信息资源产业人力资源发展规划，确立信息资源产业人才标准，整合社会的资源和力量，推动产业人才培养工作的有效开展。规划的作用在于为信息资源产业人才培养指明方向,明确具体的工作阶段和操作步骤,并成为有关信息资源产业人才引进和流动政策制定的重要依据,进而推动政策环境的改善。

9.4 我国信息资源产业的融资结构分析*

信息资源产业的高创新、高科技、高风险、高依赖性特征,决定着其融资方式、渠道和结构,而融资结构直接决定着信息资源产业的发展方向和程度。下面以数字出版业为例,对我国信息资源产业的融资环境和融资结构进行分析,从而提出相应的建议。

9.4.1 我国信息资源产业融资的政策环境分析

发展信息资源产业作为国家产业融资政策支持的重点,整体上拥有较好的政策环境。

国家支持信息产业融资发展的政策环境不断优化。在国务院发布的《2006—2020年国家信息化发展战略》对信息产业融资支持中,建设企业、个人征信系统,完善财政、金融等经济运行信息系统获得全面支持。在国家发布的《文化产业振兴规划》《中共中央关于深化文化体制改革 推动社会主义文化大发展大繁荣若干重大问题的决定》(以下简称《若干重大问题的决定》)等规划及任务部署中,对文化产业的支持已具体到财政税收、拓展融资渠道、提供融资支持等方面,并对相关信息资源产业融资作出了战略布局。国家《新闻出版总署关于发展电子书产业的意见》(2009年)、《新闻出版部署关于进一步推动新闻出版产业发展的指导意见》(2010年)、《新闻出版总署关于加快我国数字出版产业发展的若干意见》(2010年)和《新闻出版总署关于进一步推进新闻出版体制改革的指导意见》,分别从提出深化体制改革、引导和规范非公有资本有序进入新闻出版产业、充分利用多种融资渠道等方式方法上,提出了进一步推进新闻出版业的发展政策。《财政部、海关总署国家税务总局关于支持文化企业发展若干税收政策问题的通知》(2009年),明确了支持文化企业出口的税收优惠政策。国家商务部、中共中央宣传部、财政部等十部门联合出台的《关于进一步推进国家文化出口重点企业和项目目录相关工作的指导意见》(2010年),提出了加大资金支持力度,实行税收优惠政策,通过贷款贴息、项目补助、奖励、保费补助等多种方式支持

---

* 注:本节部分内容已发表于《国家行政学院学报》,2012年第2期第51-55页。

文化出口和市场开拓等政策；中共中央宣传部、中国人民银行等联合出台的《关于金融支持文化产业振兴和发展繁荣的指导意见》（2010年），提出从开发信贷产品、加大信贷投放、完善授信模式、改进金融服务、发展多层次资本市场、培育和发展产业保险市场等方面支持文化产业融资的政策。同时，全国各省市就建立金融机构合作关系、财政税收、建立专项资金、拓展融资渠道等方面，出台了加大信息资源产业支持力度的地方性政策。

解决信息产业融资发展问题的紧迫性日益增强。针对我国信息资源产业融资方式单一、融资保障不足的普遍问题，其融资体系面临着诸多挑战。现存的问题，一是产业集中度不高、经营布局分散、管理水平较低、资金融通单一、盈利模式不清晰等，二是产业有形资产不足和无形资产难融资等，三是产业前期投资大、资金链易断裂等，它们正制约着融资主体对产业的投资意向。国家政策支持对信息资源产业的高要求，正与现实发展基础及其状态形成了新的矛盾。因此，在进一步推进产业发展新阶段、提高产业发展程度的进程中，更加大了产业融资的风险，致使产业融资问题不断紧迫。

9.4.2 我国数字出版业融资结构的表现

数字出版作为利用数字技术处理编辑并依托网络传播的新型出版方式，其特征为生产数字化、管理过程数字化、产品形态数字化和传播渠道网络化。据《中国数字出版产业年度报告（2010年）》统计，2009年数字出版产业整体收入为795亿元，首次超越传统出版产业，2010年国内数字出版产业总体收入规模达到1051.79亿元，比2009年增长了31.97%。国家新闻出版业规划显示，"十二五"末期数字出版产值将超过7000亿，为2010年的7倍，为新闻出版产业总产值的25%，其规模跃居世界首位。因此，数字出版业将面临巨大的融资需求，要求融资结构必须完善，需要从以政府融资、间接融资、债券融资为主，向以股权融资、风险融资和多种融资模式为主进行拓展。

9.4.2.1 政府融资支持

推动数字出版业发展需要政府主体融资支持。政府可以通过财政税收、金融政策、信息平台、发展基金等方式提供融资渠道，通过融资支持政策释放利好信号来引导社会资本流向数字出版业。近年来，政府支持数字出版业的方式，正在集中显现为：促进行业转型升级与改制重组相结合的方式。

首先，政府出台了系列化的财政税收支持政策。2007年，国家商务部等出台了《文化产品和服务出口指导目录》，根据《2009—2010年度国家文化出口重点项目目录》遴选的225项涉及数字出版业的有中华数字书苑、《赤壁》网络游戏等150家企业，国家对此实施出口税收支持。2011年，上海市出台了《关于促进本市数字出版产业发展的若干意见》，明确对数字出版业给予财政扶持和税收优惠；2012年，杭州市将数字出版高新技术企业纳入市级高新技术企业认定范畴，享受15%的所得税征收优惠，并对政府鼓励新办报业、出版、发行等数字出版类企业免征3年企业所得税。

其次，应设立产业发展专项资金，引导社会资本流向。现阶段，北京、上海、浙江、山西等地政府均通过探索设立专项资金方式，定向支持数字出版业的发展。具体采取贷款贴息、项目补助、资金奖励等措施来加大对有市场前景的数字出版类企业及项目的支持，其中杭州市于2012年在文化创意专项资金中设立了杭州市数字出版产业发展专项资金，用于扶持数字出版业的发展和国家数字出版基地的建设。由国家财政部牵头，中银国际控股有限公司、中国国际电视总公司等四家机构共同发起设立了总规模为200亿元的国内首支国家级文化产业投资基金——中国文化产业投资基金，投向新闻出版发行、广播电影电视、文化艺术等领域。通过设立产业发展专项基金，活跃了资本向数字出版业的流向和配置，为提升其产业效力、产业竞争力创造了更好的环境。

再次，通过出台贷款贴息、融资担保、平台建设等政策，促进了产业实体和资本市场的良性互动。以北京为例，近年来北京先后出台了一系列为数字出版类企业提供融资支持的措施，如《北京市文化创意产业发展专项资金管理办法（试行）》《北京市文化创意产业贷款贴息管理办法（试行）》《北京市文化创意产业担保资金管理办法（试行）》等，2009年，北京出台的《北京市义化创意产业担保基金的管理办法（试行）》建立了贷款担保机制，通过对担保公司进行再补贴的形式，引导再担保公司加大对企业贷款的担保力度，从而为产业信贷提供保障。

9.4.2.2　间接融资

银行贷款对数字出版业而言是最重要、最普及的融资方式。2006年以来，北京银行、中国工商银行、招商银行等大规模介入以影视制作为主的数字出版产业。2006～2009年，北京银行累计发放"创意贷"661笔、共计97亿元，其中为影视节目企业发放贷款47笔、共计14.93亿元。基于对数字出版业市场前景的普遍看好和国家利好政策的推动，尤其在中央部委和地方政府通过与以银行为代表的金融机构建立长期战略合作关系的推动下，银行业加大了对数字出版类企业的信贷力度，银行成为了产业融资中最活跃的资金来源。但是，银行贷款显示出重点倾向于实力雄厚的大型出版类企业、重点为影视制作行业提供信贷支持等特点，信贷结构呈不平衡性的特点。如何推动银行业在产业资金融上转变信贷模式，不断推出新的、个性化的金融产品来适应中小数字出版类企业的发展需要，成为当前解决企业融资难的迫切问题。

目前我国的三种间接融资模式为：政府牵头的概括授信模式、银行概括授信模式和银行项目授信模式。前两种授信模式发起主体不同，政府牵头的概括授权模式是政府和银行签订一定额度的信贷协议，之后银行针对符合信贷标准的企业实行贷款支持，这一授信相对来说降低了银行的坏账风险，建立了银行和政府的长期合作关系，对于支持性政策的贯彻具有重要的作用，同时，政府会通过提供贴息或资金支持减少企业贷款的成本；银行概括授权主要是针对特定的企业或个人、团体进行一定时间内的信贷额度支持，由于不能通过个别项目衡量信贷对象的经营风险和预期收益，所以一般针对实力雄厚、信用较好的企业，概括性授信能够为信贷对象提供一定时期的资金支持同时又保持对象选择、经营项目的灵活性，可以说十分有利于主体经营；针对一般的企业，银行主要采取项目授信模式，即针对企业现有的数字出版类项目进行信贷，这样可以对项目进行评估和测验，并能在项目开展时进行实时效益监控，信贷风险相对较低（见表9-10）。

表9-10 数字出版业间接融资模式和示例

模式	主体	示例
政府牵头的概括授信模式	中央部委和银行	2009年8月、2010年1月、2010年2月、2010年8月新闻出版总署分别与中国银行、中国农业银行、中国工商银行、国家开发银行签署合作备忘录，提供意向性融资 2009年4月，文化部与中国银行签署了《支持文化产业发展战略合作协议》
	地方政府和银行（以北京市为例）	2010年，北京市文化创意产业促进中心与中国工商银行签订战略合作协议，每年为文化创意企业贷款提供100亿元的授信额度 2010年2月，北京市文化局和北京银行签署协议，未来3年北京银行将为以动漫网游等为代表的文化创意企业提供100亿元专项授信额度 2010年4月，北京市广播电影电视局与北京银行签署《支持北京市广播电影电视产业发展全面战略合作协议》，北京银行将在未来3年内为以广播、电影、电视为代表的企业提供意向性专项授信额度100亿元
银行概括授信模式	银行和特定企业和个人	2008年5月，北京银行以版权质押方式为华谊兄弟提供1亿元的电视剧多个项目打包贷款 2008年12月，北京银行向中国电影集团提供意向性授信6亿元，合作涉及电影制作、影视院线拓展等诸多内容 2009年12月，中国民生银行创设"电视剧导演融资新模式"，为国内23名优秀电视剧导演进行总额为1亿元授信额度 2010年9月13日，北京银行与中国动漫集团签署合作协议，北京银行将为中国动漫集团提供意向性授信30亿元

续表

模式	主体	示例
银行项目授信模式	银行针对特定项目和特定企业或个人建立信贷关系	2008年，招商银行向《集结号》投入5000万元无担保贷款，开了影视业无担保贷款的先河 中国银行推出专门针对影视文化类中小企业特定影视项目的融资产品"影视通宝"，允许企业以影视作品的版权和应收账款作为质押向中国银行申请贷款

9.4.2.3 债券融资

债券融资因成本较低而较多地运用于大型企业融资。2004年10月，网络游戏运营商盛大互动娱乐有限公司发行总面额达1.5亿美元的无利息可转换债券；2007年12月，中国电影集团公司发行了5亿元人民币企业债券，发债资金主要用于投资建设国家电影数字制作基地工程、发展数字影院、新建及改造影院等资金密集型项目。2010年，歌华有线公司向社会公开发行可转换公司债券，募集资金总额为16亿元人民币，用于高清交互数字电视基础应用工程项目。

现阶段我国对债券融资实行较复杂的审批程序，中小企业获得融资的难度较大。债券融资主要用在大型上市企业中，而中小企业则难以进行债券融资。针对产业内中小企业普遍不符合债券发行标准的现状，出现了地方政府通过发行集合债券进行探索的情况。2003年，中国高新技术产业开发区12家企业采用"统一冠名、分别负债、分别担保、捆绑发行"的方式发债，开创国内捆绑式发行企业债券的先河；2007年，深圳市20家中小企业集合发行面向境内机构投资者、面额10亿元人民币的"2007年深圳市中小企业集合债券"，其中，网游服务器制造、网游开发企业宝德科技集团股份有限公司获政府扶持债券7000万用于企业发展；2010年，北京发行总额为3.83亿的中关村高新技术中小企业集合债券，虽惠及对象并没有数字出版类企业，但却为发行数字出版集合债券积累了经验。"2009首都金融论坛"透露北京市正在研究论证发行文化创意产业集聚区企业债券，但目前尚没有确切结果。

9.4.2.4 股权融资

股权融资是获得长期稳定资金、进行企业改制重组的重要途径，通过股东权利和证券市场可实现正规化、公司化运营。但股权融资对自身实力和资本运作能力要求高。我国数字出版业的企业股权融资特征：一是融资与改制、重组的结合；二是融资与拓展多业务、实现转型的结合。数字出版业的高风险性，使其产业链内高度关联，资本市场的股权融资能够为其募集资金，借助于资本运作，数字出版类企业可通过并购、入股等方式开展多样化经营。

目前我国数字出版类企业上市融资的进程加快，特别是2009年创业板制度为市场前景好但不能适合主板上市的企业，提供了上市融资的机会。数字出版业股权融资有五种模式：整体直接上市、资产剥离上市、借壳上市、境外上市和创业板上市（见表9-11）。

表9-11 数字出版业上市融资类型

股权融资类型	主要案例	评价
整体直接上市	歌华有线、中视传媒、中文传媒等	能够形成集团优势，保留经营业绩，同时，可以形成上市后的整体竞争力提升。比较适合盈利模式比较清晰、业务组合较好的企业
资产剥离上市	北方联合出版传媒、电光传媒等	有两种类型：母公司剥离资产形成上市公司和母公司剥离后自行上市。一方面，可以使企业摆脱负担，形成具有竞争优势的业务组合，同时，在我国对出版类行业管制的情况下，剥离上市能够平衡国家对企业的绝对控制和扩大资金规模的矛盾
借壳上市	博瑞传播、联游网络等	能通过复杂的资本操作，借助已上市公司的资本平台获得巨大的资本，同时，也规避了复杂的上市程序要求，具有上市时间快、成本低等优点，能避免直接上市的高昂成本、时间延滞和上市流产的风险
境外上市	华视传媒、盛大、九城网、土豆网等	境外上市适合对外资注入没有管控措施、需要高速成长的企业。我国主板或创业板上市审批程序较为复杂，而境外上市政策相对宽松；目前我国对企业到海外上市的管控力度逐渐加大
创业板上市	乐视网、华谊兄弟等	在上市门槛、监管制度、信息披露、交易者条件、投资风险等方面和主板市场有较大区别。对于中小企业，尤其是高成长性企业，为风险投资和创投企业建立正常的退出机制，提供充足的融资支持

9.4.2.5 风险融资

风险融资可帮助成长前景好、市场风险高但现阶段实力相对弱的数字出版企业融资并改善经营管理。我国数字出版类行业经过产业利好政策的引导后，其风险融资环境正在改善、实践案例开始增加。据文化部的不完全统计，目前已募集及设立的文化产业基金超过 300 亿元。2012 年以来，已设立了 15 支产业投资基金，总募资规模达 381.5 亿元，平均单支基金规模达 25.43 亿元。产业风险投资具有明显的细分行业偏好，据"清科研究中心"统计，2004～2010 年中国传媒娱乐投资主要分布在户外媒体、影视制作与发行、广告创意与代理、动漫四个细分行业，分别占总投资的 37%、22%、15%、12%，相比之下，传统媒体投资仅占 6%。随着国外进入中国数字出版类产业合格机构投资者的增多，风险融资将成为外资进入的主渠道。

9.4.2.6 其他融资方式

随着数字出版业的多样化发展，必然需要配套更适合的融资方式。现阶段在山西等地，已出现影视、动漫等新型业态直接吸引资源类企业投资的融资方式。它借助其他产业的资金来源和营销渠道，为数字出版提供了融资支持，加速了数字出版产业借势发展。在数字出版业中，也可使用国际贸易常用的出口押汇、BOT 等融资方式。

9.4.3 我国信息资源产业融资结构评析

目前，从我国数字出版业来看，我国信息资源产业实现了多元化融资，建立了包括政府融资支持、间接融资、股权融资、债券融资、风险融资等在内的融资体系。首先，政府融资支持力度加大，主导建立产业信贷合作关系、设立专项资金和引导设立基金、实施税收财政支持成为政府加大产业扶持的主流趋向，成果显著。其次，产业风险融资力度加大，包括国外合格投资者在内的风投基金进入产业融资市场的规模进一步提升，成为动漫、网游、视频等细分行业融资的一大亮点。再次，企业上市融资主要采取创业板上市和境外上市两种途径，产业上市融资渠道较以往有了扩展，弥补了境内主板单一上市融资渠道的不足。最后，间接融资走向纵深化发展，目前，商业银行业不仅向信息资源产业展开了版权抵押贷款、担保贷款等信贷方式，而且充分利用金融领域的优势，支持建立了产业服务平台和传播营销渠道建设，制定了涉及资金结算、机构理财、供应链融资、并购贷款、国际业务等综合性金融服务，使产业间接融资模式不断成熟。

但是，我国产业主体可以采用的融资方式仍是很有限的，大部分中小企业贷款难仍是不争的事实。并且，产业在各行业也具有极大的不均衡，如网游、网络视频、动漫企业是风险融资的主体，主板上市、创业板上市和境外融资上市的数字出版企业数量较少，很少有网游企业在国内直接上市筹资或者通过资产置换借"壳"、买"壳"上市，相反，境外上市多集中于网易、盛大、九城、联游等网游企业。对于大部分企业来说，能够利用的融资方式仍是单一的,我国的融资结构总体上看并没有发挥其针对产业的联动效应,融资集中在大型国有企业或者集团,中小企业融资能力不足是当前产业融资的一大问题。

应当认识到,我国信息资源产业的企业融资市场发展不健全,分散风险、共享收益的金融服务机制尚须完善。首先,目前适合产业发展的融资中介不健全,无法承担分散风险、共享收益的服务机制,导致银行信贷和风险投资缺乏足够的缓冲与熨平地带,融资市场需要健全相应的担保机构、信用评级机构、融资租赁等社会中介机构。其次,我国尚没有专门的适合信息资源产业的风险评估、收益预测等指标体系,难以客观量化产业的投资风险。信息资源产业风险、收益、周期等和传统产业具有很大的不同,开发适合产业特征的风险评估、收益预测体系是健全融资市场所必需的。最后,总体来说,我国金融机构提供的金融产品较为单一、覆盖面狭窄,主要还是以针对大型出版类企业的短期银行借贷为主,与产业投资周期长的特征不相符,且专门针对产业的融资、财务、经营管理等一系列金融咨询服务还有待进一步发展。

9.4.4 结论与建议

从数字出版业的融资实践来看,我国信息资源产业融资存在的诸多问题严重制约了产业发展潜力的发掘。产业融资是产业盈利模式、产业发展成熟度、产业之间的关联程度、产业融资支持体系等在内的系统性问题,健全产业的融资体系也必须从多方面出发方能寻求整体性解决方案。对信息资源产业来说,需要在政府主导下,拓展产业之间、行业之间、产业与融资支持体系之间的良性互动关系,进一步完善包括知识产权保护、产业发展的支持等在内的政策法规,同时,完善与产业相关的金融市场,健全融资中介服务、开发安全有效的金融工具和融资工具是解决信息资源产业融资难题的有效方法。

9.5 我国网络信息资源产业的法律保护[*]

近年来,网络视频、网络游戏、软件、网络新闻、电子书等主要依托数字终端、互联网等数字化媒介进行信息资源制作、发行、传播、销售的网络信息资源产业获得了长足发展,相应地,也带来了更多信息资源权利人、网络运营商、网络用户等相关主体之间的权益冲突。因此,梳理我国现有的针对信息资源产业的法律保护制度,分析和思考基于互联网环境下信息资源产

---

[*] 注:本节部分内容已发表于《烟台大学学报:哲学社会科学版》,2012年第4期第96-99页。

业的法律保护问题，对于促进网络我国信息资源产业的健康持续发展具有十分重要的借鉴意义。

对产业发展过程中形成的民商事法律关系进行调整是以保护相关主体的民事权利为根本的。在信息资源产业中，民商事法律关系的产生有两种情形：一是基于主体享有的原权利，如主体对信息资源享有的排他性知识产权，主体享有的人格权、财产权等；二是基于产业参与主体之间的意思自治而享有的约定或默示的民事权利。具体而言，信息资源产业中的民事权利主要受知识产权法、合同法和侵权责任法等法律规范的调节。另外，反不正当竞争法不仅具有兜底性、补充性保护价值，而且随着经济的纵深发展和交易的广泛深入，其对相关主体的保护还更多地体现了独立性意义，为产业的发展提供了更加广泛的调整依据。

9.5.1 网络信息资源产业的知识产权保护

知识产权法所调整的是平等的民事主体之间因知识产权的获取、利用、转移等所发生的财产关系和人身关系，性质上属于私法领域的民商事法律关系（张玉敏，2011）。信息资源产业是以信息资源为劳动对象的产业形式，对信息资源产业的保护首先就是对其劳动对象、智力成果——信息资源本身的保护。所以，知识产权保护，尤其是知识产权中的著作权保护是信息资源产业发展的基础所在。

互联网具有实时性、高速性、全球性、交互性、无限复制性等特征，数字环境下信息资源产权的保护面临着更加严峻的挑战。我国立法对网络化信息资源产权的保护经历过一个由逐渐认识到加强保护的过程。2000年11月22日，最高人民法院出台的《最高人民法院关于审理涉及计算机网络著作权纠纷案件适用法律若干问题的解释》是我国第一个专门针对网络版权保护的法律规范性文件。该解释经过2003年、2006年的修改，明确了在文学、艺术和科学领域内具有独创性并能以某种有形形式复制（包括数字化复制）的智力创作成果都享有著作权。《中华人民共和国著作权法》（以下简称《著作权法》）自1991年6月1日实施以后，在2001年修订时将信息网络传播权纳入了著作权范围之内。2006年，我国加入了《世界知识产权组织版权条约》《世界知识产权组织表演和录音制品条约》两个互联网国际条约。这两个条约对我国知识产权的网络保护提出了新的要求，因此国务院又颁布了《信息网络传播权保护条例》对保护著作权人、表演者、录音录像制作者的信息网络传播权进行了具体规定。信息网络传播权控制的是交互式传播行为（interactive communication），信息网络传播权的著作权保护为维护网络信息资源的交易、流通安全提供了基本保障。

网络化的信息资源更具有公共产品的属性,所以,网络环境下信息资源产业中知识产权的保护更需要平衡权利人及相关人权利与文化传播、社会公共利益促进之间的矛盾。《与贸易有关的知识产权协议》(以下简称 TRIPS)和我国的知识产权法都将增进社会公益、防止权力滥用作为保护知识产权的出发点,可以说知识产权的保护是"以有利于社会福利的方式促进技术的生产者与使用者互利"(TRIPS 第 7 条)。现行著作权法确立了包括合理使用(《信息网络传播权保护条例》第 6~12 条)、保护期限等网络资源著作权权利限制制度,但对网络信息资源的法定许可制度尚没有相关规定。《著作权法》第 22 条、第 23 条对知识产权人权利的限制条款,其中有哪些条款可以适用于网络环境还有待探讨(马海群、王英等,2010;丛立先,2006)。在相关法律法规对合理使用的范围规定过窄的情况下,适当规定法定许可使用的方式,对于平衡权利人利益和社会整体利益都是十分必要的。

随着网络化应用的普及,信息资源产业的知识产权法保护也面临着一系列的挑战和问题。尤其是随着网络技术的普及,信息资源网络化的开发利用带来了更加严峻的权利人、邻接权人与网络运营商、网络用户之间的利益冲突。网络背景下数字记录和传播技术使得"作品不再靠固定在特定的媒介物上传播,而是脱离载体(物质介质)而流动"(高富平,2011),侵权形式更加多样、侵权行为更加隐蔽,单纯靠财产权的法定保护难免造成维权困难、保护不足的困境。正是由于对信息流控制的复杂性,加上信息资源权利人一旦面临侵权,无限复制、无限传播的网络特性使得权益人的损害将面临加倍放大、难以消除的危险。另外,数字权利管理技术(Digital Rights Managemen, DRM)是否造成知识产权的不当垄断也日益引起广泛探讨,不少学者认为 DRM 技术对数字信息产权的过度保护不利于知识的传播和扩散,对技术发展本身也造成封闭守旧的困境,阻碍了产业的发展(Hwang C., 2003)。但是不能否认,当前 DRM 技术成为信息环境下维护权利人对知识产权客体的利益,防止出现多样化网络侵权十分有利的工具。

9.5.2 网络信息资源产业的债关系保护

债的关系是特定人之间的请求相对人为特定行为的法律关系。信息资源产业的债关系保护即是对信息资源交易过程中产生的债权债务法律关系的保护和调整,主要是对合同之债和侵权之债的调整。

私法自治、意思自治的理念和原则是民法的基本精神,契约自由是私法自治的核心(王泽鉴,2002)。运用合同自由的方式发挥法律关系主体的自主性和支配性，能够促进市场交易和经济发展，能够减少其他法律手段带来的迟缓、冗杂和低效率的资源分配和利用。信息资源产业在生产、交易、流通、消费等各个环节都存在权益的分配和保护问题，权利人基于对信息资源知识产权的控制支配权，自由选择流转财产权利的交易对象、交易方式、授权程度和责任承担，是赋予权利人从"源头"上保护自己的权益，能更有益于权利人的保护，形成更加稳定健康的交易秩序。

网络环境下以合同之债的方式合理分配相关权利人的利益，将网络环境下信息资源的保护、控制责任分配给合同当事人，有益于建立起良好的信息资源生产、流转、使用机制，并在一定程度上降低日益复杂的网络环境无限侵害产权人权益的危险。实践中，网络运营商与版权人建立一对一授权方式的"超星模式"、产权入股的"龙源模式"、授权要约的"书生模式"等（贺德方，2006），保证了知识产权人分享网络化运作带来的利润，维护了公平合理的交易关系，可以说具有重要的参考价值（见表9-12）。

表9-12 信息资源产业合同授权的主要方式

	主体	形式	效果
超星模式	公司与作者个体	一对一版权授权，报酬确定形式：赠送读书卡、下载量付费、作者单独定价	确保了对著作权的尊重，实现了双赢；授权具有独占的排他性，不利于作品使用和传播
龙源模式	公司与作者个体	通过适当的价格评估将作品的知识产权转化为公司的股权	在网络公司、著作者、期刊社、访问者之间建立了真正平等、互动、互赢的关系
书生模式	公司与作者个体	作者在作品中自愿发出使用其作品的方式、条件等要约，接受其要约者自动达成与权利人的合同关系，并按照约定使用作品	避免了一对一授权模式的成本耗费，促进了作品普及运用
以权换权模式	同时享有作品著作权的两方之间	著作权人以允许他人使用其作品的权利换取对他人作品同样的权利，主要用于拥有著作权的集团之间的合同关系	交叉授权免去了作品价值评估上的麻烦
代理授权	出版商、版权代理机构、著作权集体管理组织等与数字化运作公司	著作权人和著作权相关人授权出版商、版权代理结构或著作权集体管理组织行使有关的著作权利	免去了个体授权的高成本、难维权困境，通过集团化代理行使权利，能保证合同更能得到有效履行

注：整理自贺德方《我国数字化信息资源知识产权保护问题研究》，科技与经济。

当然，合同之债对信息资源主体权利的保护不是绝对周全的。首先，建立合同关系需要较大的成本投入，能够以合同方式平等建立双方权利和义务关系的往往是一些具备较强实力的出版运营商和网络运营公司，合同之债的权利保护在实际操作上难以全面推广。其次，合同关系具有相对性，不能约束合同之外的第三人。由于网络环境十分复杂，大量链接网站、无资质网站、BT分享网站的出现，使得合同当事人难以掌控知识产权的传播、复制、出售。最后，建立在合同关系约束上的信息资源利用需要有专门的资源保护形式和技术，否则网络的盗用、共享将导致合同交易的流产，合同当事人难以寻求恰当的救济。除此之外，合同方式建立的双方权利义务关系在一定程度上也约束了信息资源的自由流动，从而给网络信息资源产业的长远发展带来了不利影响。

网络信息资源产业的债关系保护体系还包括侵权之债的法律保护。信息资源产业的发展不能忽略对产业相关人的利益保护，在网络化产业运作中，公民或组织的人格权纠纷日益增多，如公民隐私权、名誉权、人格尊严等。《民法通则》对合同之债、物权所有关系、公民的名誉权等人格权、民事责任承担等的规定，为处理这类案件提供了基本的法律框架。2000年通过的《最高人民法院关于审理涉及计算机网络著作权纠纷案件适用法律若干问题的解释》对在网络形势下的侵权责任主体、侵权形式进行了规定，网络用户和网络服务提供者在不同的情形下承担不同的责任，为网络化的侵权形式积累了丰富的司法经验，并最终上升到立法层面进行保护。2010年生效的《侵权责任法》第36条进一步明确规定"网络用户、网络服务提供者利用网络侵害他人民事权益的，应当承担侵权责任"。其中，对网络服务提供者适用网络侵权领域的"避风港原则"和"红旗原则"。保护产业相关人的民事利益，提供产业相关人的权利救济机制，是确保产业健康发展所必需的。

9.5.3 网络信息资源产业的反不正当竞争法保护

反不正当竞争法规范引导、调节监控市场主体的经济行为，维护公平有序的市场秩序和竞争秩序，成为市场参与主体保护其合法权益的主要法律依据之一。反不正当竞争法是调整不正当竞争规制关系的法律规范系统，广义地调整垄断行为、限制竞争行为、不正当竞争行为（徐孟洲，2010）。目前在网络信息资源产业民商事法律关系中，垄断行为、限制竞争行为尚不多见，民商事纠纷主要集中在由于网络经营者违背诚实信用和公平竞争原则而侵犯其他经营者合法权益的行为当中。

知识产权法和反不正当竞争法存在较复杂的运用关系，我国已经有很多学者提出，知识产权单行法和反不正当竞争法对知识产权的保护并行不悖，两者对知识产权提供了宽严相济的严密保护（郑成思，2003；车传和，2011；袁荷刚，2011）。理论界对知识产权法与反不正当竞争法的关系一直存在多种学说，如特别法和一般法的关系说（郑胜利，2006）、后者对前者的补充兜底保护说（袁荷刚，2011）等。两种法律手段在保护力度和举证责任上有较大差别，前者需要举证具有知识产权、侵害知识产权、损害等，对于独创性、新颖性等的举证往往是比较困难的，而后者对不正当竞争的举证相对较容易；另外，知识产权保护是法定的，"知识产权法定主义是指知识产权的种类、权利内容以及诸如获得权利的要件、保护期限等关键内容必须由法律统一确定，除立法者在法律中特别授权外，任何人不得在法律之外创设知识产权"（郑胜利，2006）。反不正当竞争法把一些不符合知识产权法保护的客体，如不满足著作权法要求的具有独创性，不构成著作权法中的"作品"，纳入反不正当竞争法领域。网络信息资源不一定都具有知识产权法规定的保护要件，一些不符合具有创造性而不能成为著作权法保护的"产品"，却有可能具有很大的经济价值。比如很多网页或者网页图像都具有很高的经济价值，其可能因为没有获得外观设计专利而不能被专利法所保护，但是可能会由于其成为知名商品或标识而受到《反不正当竞争法》第5条第2款保护。实践中，法院据知识产权法和反不正当竞争法共同认定侵害知识产权行为的判例日渐增多。综合运用知识产权法和反不正当竞争法维护民事权益是可行的，不会造成重复支持和重复判决，并且可以防止根据不同诉讼理由进行的重复诉讼，节约司法资源，更有利于保护产业当事人。

另外，反不正当竞争法对信息资源产业的保护还具有其独特的价值。网络经营行为具有更大的变动性和隐蔽性，通过知识产权法或者侵权合同法对网络信息资源产业中的民事权利进行保护往往呈现捉襟见肘的困境。反不正当竞争法不仅对规定的11种适用于任何形势下的经营者不正当竞争以及网络环境下经营者市场混淆行为（如擅自使用他人企业名称或姓名、假冒注册商标等）、网络虚假宣传行为、诋毁商誉行为、侵犯商业秘密行为等具有经济法上的规制作用，而且以"自愿、平等、公平、诚实信用的原则""公认的商业道德"和"损害其他经营者的合法权益，扰乱社会经济秩序"作为一般条款，对多种多样的不正当竞争行为进行了认定，具有兜底保护和授权规范的效用。反不正当竞争法对信息资源产业的保护，对于网络环境下信息资源侵权案件层出、复杂多样的现状和弥补其他法律的不周延性、滞后性，维护经营者的正当权益、净化市场环境和优化市场秩序具有重要意义。

9.5.4 我国网络信息资源产业的民商事法律应用

知识产权、债权、反不正当竞争是民法领域对信息资源产业的三类保护手段，构成了法定保护和自治保护相配合、财产权和人格权保护相统一、产业参与人权利和社会公共利益相协调、主体权利保护和市场秩序保护并重的多层次、多方面的法律保护体系。网络环境下的信息资源产业发展面临更复杂的权利冲突和权益损害，健全民商事法律保护体系成为维护产业健康发展的必要选择。根据网络环境下信息资源产业法律的保护现状，我国还存在一定的薄弱环节，集中体现在知识产权保护力度不足、产业发展主体力量失衡导致合作模式难以实现资源优化配置、产业正当竞争秩序维护不力这三个方面。

通过民商事法律手段为信息资源产业创造健康的发展环境和市场基础，需要综合发挥三种法律保护手段的保护作用，为产业的发展提供强有力的法律支撑。从知识产权、债权、反不正当竞争三方面保护产业发展，具有适用范围、构成要件、责任承担和权利救济方式等方面的差异，知识产权法保护具有较高程度的国际同一性，侵权责任认定较为简单，对产权人保护力度大。但保护客体具有法定性，范围相对窄，并且知识产权侵权在网络环境下具有认识上的模糊和界定上的困难。合同之债的法律保护适用于产业当事人之间存在明确的或者事实的合同关系，有益于建立良好的信息资源生产、流转、使用机制，侵权之债的保护主要是针对产业经营过程中对第三方的名誉权、肖像权、隐私权、人格尊严等人格利益可能造成的侵犯。反不正当竞争法在网络经营者违背诚实信用和公平竞争原则而侵犯其他经营者的合法权益时为维持正常的市场竞争秩序而实行产业交易秩序的动态保护，在网络情形下主要是对有价值的商标、商业秘密、商誉等方面进行兜底性、补充性保护，同时，反不正当竞争法具有独立的价值，对信息资源产业参与者之间的竞争行为具有更加宽泛和有力的保护力度，为权利人寻求司法保护提供了足够大的救济空间，在网络环境下具有更大的张性和价值，但保护力度较小，会使司法具有滥用裁量权之虞。每种法律手段都有其侧重和不足之处，综合运用三种保护手段，才能在为产业发展提供良好的市场环境和竞争秩序的同时，又能促进社会福利的提升。

同时，发展我国的网络信息资源产业，还需要加强信息资源产业的知识产权保护工作力度，普及知识产权保护方面的法律法规，强化社会产权保护意识。随着实践的发展，网络化信息资源产业的知识产权立法面临着如何适应产业发展需要的问题，如网络环境下如何放宽合理使用制度、如何引入法定许可制度、如何建立强制许可制度等，都关系着产业参与主体之间的权力分配、市场效率和公共利益等问题，应通过相关的司法解释、行政法规强化网络环境下的知识产权保护，寻求市场效率和社会效益的统一，为产业的发展提供了充分的法制基础。可以说，我国知识产权立法在理念和具体设计上已经相对完善，但能否成为产业发展的强有力武器，还需要在司法和执法层面强化产权保护力度。同时，我国人民的知识产权保护意识欠缺是不争的事实，应当开展广泛的法制宣传教育，使得知识产权保护深入人心，为产业的发展提供良好的市场环境和社会氛围。

目前，我国信息资源产业尚没有建立稳定的营利模式，产业主体之间的利益分配关系尚未厘清，产业主体之间以及产业与利害关系人之间纠纷层出不穷。产业健康发展需要发挥管理部门、行业自治组织等在引导产业主体建立双赢的利益分配方式和营利模式的作用，实现产业实现经济效率和社会效益的统一。前已述及，在当前网络运营环境日益复杂化的背景下，通过合同手段建立产业参与者之间的权利义务关系对保护当事人权益更有利，合同关系、损害事实、因果关系的举证相对容易，对违约人的主观恶意可以不予举证，减少了权利救济成本，同时对强化产权人的创作积极性和自我保护意识具有较大意义。合同之债的形成往往提高了市场的交易成本，所以，需要建立健全的运作模式和利益分配方式，当前，网络运营商与版权人建立产权入股、授权要约方式，应当说是较为妥当并且容易实行的，具有推广价值。同时，合同方式建立的双方权利义务关系在一定程度上强化了权利人的信息控制能力，使得一些本该进入公共领域的信息也被权利人垄断化，不利于信息资源产业的长远发展，应当引导产业参与主体建立合理的数字保密技术，确定合同期限和产权人控制方式，实现经济效益和社会效益的统一。

9.5.5 结论与建议

《若干重大问题的决定》提出了发展文化产业需要"营造公平参与市场竞争、同等受到法律保护的体制和法制环境"，民商事权利的法律保护是整体法制环境中的重要一环。知识产权、债权、反不正当竞争三类民法领域的保护手段，构筑了网络环境下的信息资源产业完整的民商事调整体系。随着网络环境下产业的侵权形式逐渐多元化和复杂化，发挥三类法律手段的体系化保护效应，弥补彼此之间的不足，对促进信息资源产业的健康快速发展具有十分重要的作用。

第五部分

信息资源产业持续发展：结论建议

10 信息资源产业发展中的问题与建议

10 信息资源产业发展中的问题与建议

信息资源产业价值的实现,离不开信息资源产业环境的支持,特别是政府产业政策的配套与协同。当前我国信息资源产业发展依然存在诸多问题,例如总体规模偏小、产业就业贡献偏低、地区间发展不均衡、创新动力不足等。本章拟就信息资源产业发展当中存在的主要问题开展分析与讨论,探讨推动信息资源产业发展的政策建议。

10.1 我国信息资源产业发展中存在的主要问题

近年来我国信息资源产业取得了长足发展,呈现较快的增长势头,但是在发展过程中,依然存在以下五个方面的问题。

10.1.1 产业发展较薄弱,就业贡献率偏低

在市场导向和政策扶持的双重作用下,信息资源产业近年来逐渐发展壮大,根据2013年信息资源产业产值数据,信息资源产业对我国对GDP的贡献率达到5.61%,产值年均增长率达到14%,可以说近年来我国信息资源产业发展取得了相当成就。但是由于我国信息资源产业发展整体进度落后,根基相对薄弱,与发达国家仍有不小的差距。经济合作发展组织(OECD)的报告显示,欧盟自2000年来,数字内容产业连续三年增长率都超过25%,远远超过传统产业发展增幅,产值占到国民生产总值8%以上,仅英国数字娱乐产业年产值对该国GDP的贡献率就超过7.9%。美国、日本、韩国的数字内容产值已超过传统的汽车产业,逐步成为国家经济发展的支柱产业。而在我国台湾地区,早在2002~2009年台湾数字内容产业规模达到4603亿元新台币,年增长率在20%以上。而美国已经存在大量以信息资源开发利用为核心盈利方式的企业,文化企业占到美国400家最富有公司的18%,类似微软、谷歌、苹果等世界知名企业层出不穷,反观我国信息资源产业本土上市公司仅有30家。由于旗舰公司对产业发展起到引领作用,美国信息资源产业无论在国际竞争力还是对国内经济贡献上都有着极大的优势,根据资料,美国内容产业

在信息产业中的销售额比重接近50%，文化产业产值占GDP的18%~25%。根据2013年统计数据，我国工业产值占到GDP比例最高为43.9%，排名的第二是其他服务业约占17.7%，第三产业中也仅有其他服务业占比重超过10%。可以说信息资源产业对GDP的贡献提高，意味着我国经济结构转型迈出了重要一步。

从就业贡献的角度看，我国信息资源产业的就业贡献偏低。根据统计数据，2012年全国从业人员为76704万人，第三产业从业人员为27690万人，而信息资源产业从业人员为2616万人，仅占全国从业人员的3.4%，占第三产业从业人员总数的9.4%。与国内其他产业相比，2012年，批发和零售业就业率贡献达到4.7%，教育业就业贡献率达10.9%。信息资源产业就业贡献的偏低，与其智力密集型的产业性质有关，但是更主要的原因是产业本身发展程度低，市场不成熟，缺乏良好的人才培养机制和政策。在发达国家，美国第三产业就业人口自2002年就已经超过就业总人口的75%，英国文化产业就业人口占到英国总就业人口数的8%以上，欧盟文化产业除了创造大量产值外，还保证了约500万个高质量的就业岗位。

总的来看，尽管近年来我国信息资源产业发展取得了一定成绩，但我国信息资源产业仍然处于萌芽期，产业价值偏低，占GDP比重要低于发达国家，缺少行业旗舰企业，对就业贡献不足。

10.1.2 地区差异比较大，产业发展不均衡

通过本章之前对我国信息资源产业发展总体状况的梳理和对全国不同地区及各细分行业之间发展的比较分析可以看出，当前我国信息资源产业存在总体发展不均衡的问题。一方面，我国信息资源产业地区间差异较大。目前我国信息资源产业基本可划分为三大梯队，从沿海向内地呈现阶梯状分布。最发达的是华东地区，各省区市信息资源产业指数得分平均排在全国第15位，我国信息资源产业总得分前十位中有一半是华东地区的省市；而西北地区的省区市大多数发展比较落后，平均排位仅仅排在全国第25名，说明整个地区的信息资源产业发展普遍比较落后。除西北和华东地区之外的其他地区之间的差距相对较小，这些地区的平均排名处于第13~19位，基本处于全国平均水平。除了地区之间的不平衡之外，地区内部的信息资源产业发展状况也存在大量不平衡的现象。以华南地区为例，广东在华南地区一枝独秀，排在全国各省区市的第三位，而海南（第20位）和广西（第17位）与之相比则存在不小的差距。另一方面，除了地区间发展不平衡外，产业类型在同一地区或不同地区之间均存在比较明显的差异。例如北京各项信息资源产业发

展得比较均衡，而广东则只有少数几个信息资源产业（如软件业）比较发达。再如，2013年，北京市的图书出版行业的产值占到了全国的30%，浙江与江苏电视行业的产值总和也占到了全国的30%。不同产业之间的差异大多数情况下是可以理解的，因为不同地区存在不同的优势，其信息资源产业的发展可能各有侧重。但一些比较基础、受地域影响较小的信息资源产业在各地区之间仍存在巨大差异，这对于缩小地区差距，平衡发展信息资源产业是不利的。

造成地区之间差距的原因是多方面的。例如，东南沿海地区地理位置优越，交通便利，经济发达，信息资源产业起步较早，产业规模较大，产业结构优化程度更高，产业价值更为领先，因此，比内陆的西北地区发达很多；除了产业价值之外，不同地区的信息资源产业发展环境也有所差异，对于北京、广东、浙江等省市，信息资源发展产业环境也远远优于西北地区的省区市，拥有更多的政策支持，政府工作也比较重视，信息资源产业的政策体系也比较完善，这就为信息资源产业的发展提供了强力的后盾；同时，信息资源本身的一些特点也容易导致地区之间的差异不断加大，如"信息孤岛"的出现使得一些偏远地区没有机会分享信息社会所带来的便利，也没有机会发展信息资源产业。再如"马太效应"，一些信息资源产业比较发达的地区，如北京、上海吸引了大批信息工作者，这些地区集中了全国最好的硬件资源，人才资源自然会被吸引过来，信息资源产业发展会越来越快，而比较落后的地区则无人眷顾，造成东西部之间的差距越来越大。

10.1.3 基础设施较薄弱，配套设施需加强

为了促进我国信息资源产业发展，各地纷纷投资建设了相关产业园区，为了吸引更多的投资，各地降低了土地价格、水电气等资源费用和其他一些税收标准。据不完全统计，目前我国内地31个省级市（不包括港、澳、台地区）中，已经有接近1700个信息资源产业相关园区，在数量上初步为信息资源产业发展提供了外部保障，而这1700多个产业园区以平均每平方米每天2.98元的价格使用土地，可见各地建设相关产业园区来发展信息资源产业的决心。但是，目前这些产业园区对我国信息资源产业的发展贡献还十分有限。

产生这样现象的原因，首先是缺乏总体规划，定位不明确。目前我国信息资源产业园区建设缺乏总体规划，各园区对于自身地位不明确，导致很多地区出现了重复建设，有的地方在产业园区的建设上属于跟风建设，大多数园区的建造者和管理者的目的在于一时的需求，缺乏长远的总体规划，没有根据自身的实际情况对建设园区的可行性和效益进行论证。另外，在园区的

实际建设中规划不足，容易造成园区与城市缺乏协调。例如目前规模比较大的中关村产业园区，由于中关村产业园区分布比较广泛、分散，部分园区在规划时缺乏与城市的资源共享，在发展中存在基础设施薄弱、服务设施不足等情况，制约了产业园区的发展。

另外，各自为政、缺乏合作意识也是一个明显存在的问题。因为随着社会的发展，资源的消耗，各种资源已经呈现紧缺的态势。但是，很多产业园区在发展过程中并未将资源整合，互通有无，实现合理配置；而是选择各自为政，导致资源浪费，引起不必要的竞争，制约了产业园区的发展。

除此之外，人才紧缺也是一个极大的问题。21世纪最大的竞争就是人才的竞争，由于目前国内信息资源产业发展刚刚起步，所以国内对于信息资源产业相关人才的培养力度还不足，人才还无法满足园区建设的需求；另外，相关产业园区的建设也处于初步发展阶段，虽然一些园区建立时已有大量的企业入驻，但是具备大量人才的企业却只占少数，并且很多的企业和园区外部环境较差，对于人才的吸引力度不够，导致人才缺口较大。

10.1.4 规章制度不完善，政策环境待优化

产业政策作为推动产业发展的一大动力，对于信息资源产业的发展有着至关重要的作用，通过本书对信息资源产业的分析，可以看出我国信息资源产业已经取得了巨大的经济成就，然而从管理体制和政策环境角度来观察产业发展，却不难发现我国信息资源产业相关政策现状并不理想，仍有待优化。

在信息资源产业发展指数体系中，产业环境指数是用来专门衡量一个地区信息资源产业发展环境优化程度相对水平的指标，2013年，我国信息资源产业的"产业环境指数"全国平均值为82.1，其二级指标"政策环境指数"值为79.6，"决策强度指数"值为80.2，均低于一级指标值。书中展示了我国内地31个省区市（不含港、澳、台）的政策环境指数和决策强度指数。通过观察不难看出：大部分地区政策环境指数值都小于80，仅有1/3（12个）的省区市指数值超过均值79.6；与此相对应的，仅有9个省区市的决策强度指数高于均值80.2，并且决策强度指数最高的北京与第二位的广东有较大的差值。由此可以看出，我国信息资源产业相关政策环境并不理想，政府部门对信息资源产业发展的重视程度和工作强度也有不足。

以信息资源产业中发展较为成熟的"测绘服务业"为例，可以观察到信息资源产业发展中政策环境亟待优化的问题。自测绘服务业起步发展至今，中央政府和各地政府部门都先后颁布过诸多法律法规和政策规章来规范产业发展，截至2013年11月，共有717篇现行有效的政策文件，然而在诸多的政

策文件中，有接近70%的文件为地方规范性文件，即不包含具体的指导措施，仅在宏观范围上为产业发展作出指导。这些政策的颁布对产业发展能起到一定的推动作用，然而这样的推动作用非常有限，因为如果缺乏详细的指导建议，实施部门难以将政策文件落到实处。通过对比近五年政策颁布情况与产业产值，可以发现地方政策文件的颁布对产业发展的促进作用是难以判断的，如2010年，总共颁布129部政策文件，但是之后的几年内，测绘服务业并没有出现与此同步的跨越式发展，其产值增长速度始终保持相对稳定。产生这种情况的原因有可能是政策生效的滞后效应，即政策颁布与生效之间存在较长时差；也有可能是政策文件对于产业的发展并没有起到实际的推动作用。

从测绘服务业的政策环境情况中可以推断，我国信息资源产业的政策环境仍然存在一些问题，需要中央各部门和各地政府相关部门根据各个产业的实际情况制定切实可行的措施，并将政策落到实处，真正推动信息资源产业的发展。

根据产业发展的实际情况，制定并颁布切实可行的政策，对于推动产业的发展具有非常实际的意义。

10.1.5 产业创新性不强，独创性活动匮乏

目前我国信息资源产业整体发展趋势良好，但仍存在产业整体创新性不足的问题。以知识产权服务业中的专利服务为例，根据之前章节中的数据可以看出，1985～2012年，我国专利申请量为10716477件，有效量为3508561件，其中实用新型数量为1501044件，占总体有效量的42.8%，外观设计数量为1132132件，占总体有效量的32.3%，而最能体现创新性的发明专利数量仅为875385件，占总体有效量的24.9%。同时，在仅占总有效量24.9%的比例中，有402740件是国外在华申请，占到发明专利有效量的46%。根据1985～2012年，国内外在华申请专利有效量的具体情况，可以明显看出，虽然国外在华申请专利数量较少，但主要集中在发明专利申请上，而在实用新型、外观设计等我国专利申请主要集中的领域上却申请较少。

专利的种类在不同的国家有不同规定，在我国《专利法》中规定：发明专利、实用新型和外观设计；在中国香港的专利法规中规定：标准专利（相当于大陆的发明专利）、短期专利（相当于大陆的实用新型）、外观设计；部分发达国家的分类为：发明专利和外观设计。由此可见，我国申请数量最多的实用新型在国际上的认可程度相对较低，而最受重视、能较好体现创新性、经济附加值最大的发明专利却是我国申请中的薄弱部分。

又例如，信息资源产业中的动漫产业也同样能反映出我国信息资源产业

目前创造性相对不足的特点。我国动漫产业发展起步较早,但目前仍处于发展的初级阶段,并未形成完整的产业模式。在 20 世纪 60 年代以前,我国已经涌现出一大批如《小蝌蚪找妈妈》《大闹天宫》等耳熟能详、充满中国特色的优秀动漫作品。但随着 60 年代之后世界各国动漫事业迅速发展,以美国和日本为代表的动漫强国强势崛起,并创造出 Snoopy、Hello Kitty、哆啦 A 梦等一系列经典形象,为美、日两国在动漫事业的强国地位奠定了优势。美国拥有世界上最大的动漫产业,依靠动漫作为媒介,结合其雄厚的资本和技术优势,将本国文化推向世界的同时,也通过发展动漫衍生品极大地挖掘了动漫产业的经济附加值,近年来,大制作、大产出模式也日渐发育成熟。日本作为第二大动漫强国,结合自身的国情,以漫画为基础,结合平民化的创作模式与专业人才的科学培养,带动了动画的发展,并最终实现了动漫产业的快速发展。反观近年来中国本土的动漫事业发展,发展速度较慢、受众群体过小、动漫产品制作粗糙等问题均有存在,最为严重的问题是缺乏创新性。我国动漫目前的受众主要集中在 0~12 岁的儿童,主要作品内容缺乏新意,对我国传统文化结合较少,转而模仿与借鉴其他国家的动漫作品,这样一来,难免给人以重复感,缺少趣味性,也丧失了中国文化的独特性,使角色形象缺乏特点,千篇一律,归根结底是缺乏创新性。

因此,可以看出,创新性的缺乏是目前我国发展信息资源产业中所面临的一大问题。

10.2 推动我国信息资源产业发展的建议

针对我国信息资源产业在当前发展中存在的上述问题,本书认为政府相关职能问题应至少从以下方面采取措施,优化产业的发展政策。

10.2.1 促进信息资源消费,加大政策支持力度

对于信息资源产业规模和就业贡献偏小,追究其问题核心,还是我国信息资源产业发展程度较低。产业规模偏小,一是由于信息消费不够,二是由于信息资源企业数量偏少,信息资源产品和服务提供不足。就业贡献偏小,信息资源产业提供的就业岗位少,需要扩大产业规模,增加企业数量和就业岗位。要促进信息消费,应该增强信息产品的供给能力,提高信息消费需求,政府一方面要打破行业壁垒,在原垄断的领域引入市场机制,扩大内需,另一方面,应引导信息资源企业应对内需,开发新兴市场,同时关注海外市场,增强信息资源产品和服务出口。增加信息资源企业的数量,政府应该制定有

利于信息资源企业发展的融资和税收政策。例如美国在20世纪初为鼓励信息资源企业的发展，制定了税收减免政策，减少企业压力。总的来说，鼓励和引导信息资源企业的创立和发展，培养旗舰企业带动行业整体水平是政府扩大信息资源产业规模的政策方向，同时还应制定配套的市场监管政策，从而规范信息资源市场。

对于如何促进信息资源产业的发展，宏观层面上，政府应加大对信息资源产业的政策支持力度，借助市场杠杆，通过供需关系扩大信息资源产业规模，促进信息消费，但不应过多干预市场。发达国家对于发展信息资源产业有着一定的经验，美国信息资源产业的发展基本依赖于市场机制，政府更多地将精力放在基础设施建设、人才政策上，同时提供金融政策的支持。因此从全国层面上来说，引导和促进信息资源产业发展，应该从基础设施建设和人才政策制定入手。在基础设施建设方面，根据2013年第一季度全球互联网网速排名，中国平均网速为1.7M每秒，在全球排名第98位，低于全球平均网速3.1M每秒的水平，相比于第一位的韩国（17.2M每秒），中国网速仅有韩国的十分之一。而移动网络的发展上，尽管2013年4G网络便开始投入使用，但是要进入普及阶段则需要到2015年，在此之前还是以3G网络为主。信息资源产业需要完备的网络设施支持，加大基础设施建设力度，应该着重网络设施建设，特别是移动网络升级。把提升网络传输效率，建设高速数据网络作为首要解决的问题。

我国信息资源产业发展的另一短板是人才短缺，政府制定人才政策应该着重解决人才资源短缺的问题。从美国人才政策来看，美国从两个方面入手解决人才短缺的问题，一是加强本国信息资源产业人才培养，二是提供优厚的移民政策，吸引信息资源产业人才入驻。那么我国在信息资源人才培养上，可以结合实际情况制定多层次的人才培养计划，充分发挥高校作用，在政策上鼓励高校设定信息资源人才专业，鼓励私人投资信息资源人才培养。除高校培养外，还应鼓励社会培训机构开设信息资源人才培训课程，为信息资源产业提供更灵活的人才培养方式，鼓励企业对在职人员进行相应培训。

结合我国信息资源产业刚刚起步的现状，行业标准的制定是政府面临的问题之一。信息资源产业主要通过提供信息资源产品和服务创造经济价值，对信息资源产品和服务，国家应该制定一系列具有规范作用的标准。发达国家如美国、日本和加拿大等，已经开始着手制定标准化战略。本研究认为，信息资源产业标准应该包含了信息资源产品设计标准、信息资源服务流程标准、信息资源开发标准、信息资源利用标准和信息资源提供标准等方面。

10.2.2 鼓励地区协调发展，实现跨地优势互补

信息资源产业发展不均衡既表现在地区之间，也存在于地区内部的不同省区市之间，还体现在同一区域内各个细分行业的发展不均衡。为此，需要中央政府优化地区间协调发展的相关政策，实现不同地区产业发展的优势互补。首先，政府需要加强对相对落后地区的政策扶持力度。通过政策支持，对于信息资源产业比较落后的地区，加强基础设施建设，引进人才，投入更多资金，同时注重发展绿色、环保可持续的信息资源产业。我国改革开放以来，经济特区的建设以及沿海开放城市的建设都表明，国家的政策扶持对于一个地区的发展能够起到举足轻重的作用。其次，落后地区可以向发达地区汲取经验，发达地区也应该给予落后地区更多的支援，中央政府应为地区间合作搭建起积极的政策环境。虽然我国信息资源产业的发展存在东西部之间的巨大差距，但一些比较发达的地区如北京、上海都为信息资源产业的发展提供了可借鉴的经验。例如，上海市政府在"十二五"规划中明确提出建设信息城市的战略规划，这就体现了对信息资源产业发展的重视和关注，通过发展智慧信息产业、注重信息资源产业的创新，提高城市信息化程度，这些相关的政策与实践都为我国其他地区发展信息资源产业提供了借鉴。另外，除了国内经验之外，也可以借鉴国外信息资源产业发达地区的发展经验。一些国际化大都市如纽约、东京，其信息资源产业的规模与发达程度都是值得学习和参考的。最后，有关部分可考虑在落后地区建立试点区域，例如西部地区的一些省会城市已经先后发展起来，以试点带动其周边地区发展，逐步缩小地区差距。例如，西南地区的成都已经率先发展起来，根据2013年《中国城市竞争力报告》，成都的信息城市竞争力指数为0.56（上海排全国第一名，1.00），尽管相对于东南部的一些地区仍有不小的差距，但在整个西南地区处于遥遥领先的位置。信息城市竞争力指数在一定程度能够间接反映出一个地区的信息资源产业发展状况，说明成都的信息资源产业已经有所发展。由于地理位置的辐射作用、规模效应、技术溢出等原因，一个地区的发展往往会带动周边地区的发展。因此，可以通过在落后地区建立试点区域的方式，保障一个地区的信息资源产业先发展起来，再通过辐射效应带动周边地区的发展。

要解决不同地区产业之间发展的不平衡问题，一方面，要发挥各地区的发展优势。例如广东拥有全国最早开放的经济特区深圳，其高新技术产业比较发达，从而带动了软件业的发展。再如，湖北地区的水资源丰富，可充分发展水文服务业，带动其他信息资源产业的发展。通过发挥地区优势，形成规模经济，也能够提高信息资源产业的生产效率。另一方面，由于信息资源

产业在很大程度上会共用某些基础设施，同时不同的信息资源产业之间很可能需要互相支援，因此各地区对于比较基础类、不受地域条件约束的信息资源产业要均衡发展。例如，图书出版、教育、电视等与地区地理环境相关度较小的产业，这些产业对于地区的经济发展、人才引进、人民生活水平的提升都有重要的影响，因此对于这些比较基础的信息资源产业，各个地区都应该予以重视。

总之，均衡发展信息资源产业，注重基础产业的建设，发挥优势产业的带动效应，应是各个地区发展的目标。

10.2.3 合理规划产业园区，加强基础设施建设

各级政府有关部门需要结合全国信息资源产业园区发展的实际情况和本地发展信息资源产业的现有条件，分析建立产业园区的必要性和可行性，然后进行定位，避免盲目跟风。例如，北京地区由于其科学水平较为发达，人才较为集中，拥有大量的信息资源，在这样的背景之下，中关村科技园便应运而生；由于重庆的广告产业较为发达，2013年11月20日，重庆广告产业园正式挂上了重庆国家广告产业试点园区的招牌，重庆广告产业园将连续三年获得总额约1亿元的中央补助资金支持，这将对重庆的广告产业发展有很大的促进作用。

除此之外，制定切实有效的管理规范，规范管理产业园区也能促进产业基础设施的完善。政府部门要从国家层面制定相关的产业园区管理法律法规，使得产业园区管理有法可依，设立专门的产业园区管理机构和监管机构，并且给予管理机构和监管机构合适的权限及职能，使得管理机构和监管机构在管理过程中具有较高的权威性，促进产业园区健康发展。同时，明确管理方和投资方在产业园区的建设、发展过程中的权利和义务，由监管机构对管理方和投资方进行监管，实施"问责制"，对于未能履行义务的要给予处罚，例如管理方未能按规定配套相应设施或者投资方未按规定开发生产，都应受到相应的处罚。

另外，人才是产业园区建设必不可少的资源，大力引进和培养人才是产业园区建设工作的重要任务。第一，与高等院校建立合作培养计划，为高等院校毕业生提供实习、学习环境，而高等院校负责教育、培养人才，同时输送相关研究成果及人才反馈产业园区；第二，与其他省区市、其他国家建立合作交流项目，引进其他地区的优秀人才，在合作交流中提升自身人才素质和业务水平；第三，加大产业园区宣传力度，同时完善基础服务措施，通过各种招聘渠道吸引人才。

10.2.4 加速管理体制改革，优化产业政策环境

加强信息资源产业相关部门建设，深化管理体制改革，完善政府部门的管理职能。根据信息资源产业的发展现状，为其"量身定做"切实可行的法律法规和相关政策，能够在很大程度上对优化产业政策环境起到推动作用。尽管我国信息资源产业的管理体制改革一直在进行，并且为推动产业发展颁布了许多相关的政策法规，但是从前面的分析不难看出，这些政策法规对于信息资源产业的发展起到的实际作用是微不足道的，产生这个问题的原因，除了缺乏具体的指导措施外，政策落实的监督也是一大问题。因此完善政府相关部门建设，监督信息资源产业相关政策的实际落实情况，对于优化产业环境、促进信息资源产业发展具有重大意义。

首先，各地政府可以制定专门的监管措施，并指派特定部门和人员负责监督相关政策的落实情况，保证将纸上的建议落到实处，将每一笔建设资金用到刀刃上；其次，制定细致的人才考核和管理制度、人才奖罚制度，能够保证产业相关技术人员的较高业务水平和管理水平，同时也为吸引更多的高精尖技术人才产生激励作用；最后，制定并颁布严格的市场准入制度，保证信息资源产业市场的秩序性和稳定性。政府部门通过制定一系列的政策措施，从产业源头至产业市场，以及产品售后，形成一系列完整的政策体系，对于促进信息资源产业的发展有着巨大的作用。

除此之外，我国各地政府相关部门也要积极借鉴国外信息资源产业发展的经验，根据我国的实际情况进行适当的调整，促进信息资源产业的发展。以测绘服务业为例，在制定基础管理政策时，可以借鉴美国政府的相关经验，因为美国测绘服务业的管理是由几个部门共同承担的，各个相关部门的分工由联邦政府以公告形式公布，并且联邦政府对下属的测绘部门实行纵向管理，这与我国目前已经形成的中央为指导、各地测绘部门为下属的管理体系十分类似，因此在制定和发布改革、管理政策时，吸取其经验和教训对于促进我国产业的发展有很大的积极作用。其次，我国也可以像德国一样颁布一系列信息公开和管理制度，根据各地的经济基础和信息资源产业发展状况，制定详细的定价原则，保证信息资源产业数据收集、数据加工、产品销售和应用都能够有合理的价格依据。

总之，政府加强对产业政策环境的关注，制定并颁布切实可行的相关政策法律，并且监督规章制度的落实情况，对于推动信息资源产业的发展有着十分重要的意义，也是保障信息资源产业能够长久发展的重要因素。

10.2.5 增强产业创新能力,促进产业整体创新

针对我国目前信息资源产业存在的创新性不足的问题,结合国外的发展方式,我国各地政府可以从培养创新人才、搭建产业交流平台、加大资金投入三大方面来促进我国信息资源产业人才的创新性培养。

创新性不足的根本原因在于相关从业人员缺乏创新性意识,在工作中缺少创造性的思维和尝试,因此,只有从根本上改变这种认识,才能真正激发从业人员的积极性。提高创新意识,就需要从业人员认识到所处的环境发生了根本性的变化,如果不创新,就无法获得持续的发展,就会被竞争对手所淘汰。只有创新会为自身提供更多的发展可能,而且创新的成果受到法律的保护并能从中获得相对应的回报。

从美国和日本的发展情况中可以看出,这两个国家都相当重视对创新性人才的培养,我国目前既缺少创新性较强的师资力量,又存在创新性教育不足的缺点。因此,需要加大力度培养、引进具有创造性的技术人员,并通过他们带动整体从业人口的整体素质,并摸索出一条创新性人才的培养之路,构建完善的教育体制,为产业的发展输送更多有能力的创新性人才。

由于人才的培养需要较长的周期,目前国内最具创新意识与能力的机构主要是高校,我国部分高校集中了大量的相关领域的专家、学者,拥有大量的信息资源,对我国信息资源产业的发展起到极大的促进作用。因此,各级政府需要加大政策鼓励措施,构建产学研一体的平台,将高校与相关产业领域中的企业无缝对接,提供交流的平台与机会。一方面,高校的创新性成果与观念可以促进企业的快速发展,引导产业向正确的方向前进,另一方面,在实际操作过程中遇到的实际问题与案例也可以反过来促进高校科学研究的进步,为其深入探究具体问题提供了大量实际数据。二者互相促进,可以使我国信息资源产业健康高效的发展。

除了人才和平台,资金的投入更是促进产业创新性培养的基础。目前我国信息资源产业的经费来源较为单一,投入比例也相对不合理。政府应该在加大资金投入和经济扶持力度的基础上,积极调动民间资本,拓展经济来源,在创造性人才的培养和高效交流平台的搭建等领域合理利用经济政策加快其发展步伐。这些措施能够较快的发挥作用的基础就是创造一个较为良好的行业环境,设立高新产业业园区,将处于同一个产业上下游的企业或同类型企业聚集在一起,降低其交流成本,增加其信息沟通途径,从而为信息资源产业的发展提供基础保障和有效动力。

参考文献

[1] 冯惠玲. 档案信息资源在经济社会发展中的综合贡献力及开发利用［J］. 档案与建设, 2010（1）：20-20.

[2] 冯惠玲, 侯卫真. 信息资源产业的基本特征与要素研究［J］. 图书情报工作, 2011, 55（5）：11-14.

[3] 冯惠玲, 杨红艳. 信息资源产业内涵及其与相关产业的关系探究［J］. 情报资料工作, 2011（2）：10-14.

[4] 冯惠玲, 周毅. 论公共信息服务体系的构建［J］. 情报理论与实践, 2010, 33（7）：6-30.

[5] 冯惠玲, 周毅. 关于"十一五"档案学科发展的调查和"十二五"发展规划的若干设想. 档案学研究［J］. 2010（5）.

[6] 冯惠玲, 周晓英. 信息资源管理研究与教育：一个大有作为的领域［J］. 图书情报工作, 2004, 48（9）：24-27.

[7] 冯惠玲, 钱明辉. 动态资源三角形及其重心曲线的演化研究［J］. 中国软科学, 2014（12）：157-169.

[8] 赵国俊. 培养基于信息资源的高层级管理者——关于创建我国信息资源管理专业硕士教育的设想［J］. 图书情报工作, 2004, 48（10）：24-29.

[9] 赵国俊. 浅议我国信息资源开发利用战略思想的形成与发展［J］. 档案学通讯, 2009（3）：4-6.

[10] 赵国俊. 我国信息资源开发利用基本法律制度初探［J］. 情报资料工作, 2009（3）：6-10.

[11] 赵国俊. 新时期我国信息资源开发利用战略思想的创新发展［J］. 档案学研究, 2012（3）：4-11.

[12] 张斌, 赵国俊, 张璋. 我国信息资源公益性开发利用和服务的政策研究［J］. 情报资料工作, 2009（3）：11-16.

[13] 崔洪铭, 赵国俊. 信息资源产业链的价值流动研究——兼论信息资源产品的价值束［J］. 情报杂志, 2013（8）：169-173.

[14] 侯卫真. 信息资源产业特性与政策优化［J］. 信息化建设. 2010（2）：16-17.

[15] 钱明辉, 林法纲, 李子南. 论信息资源产业政策研究的价值［J］. 科教文汇中旬刊. 2012（9）：3-5.

[16] 钱明辉，李子南，林法纲. 信息资源产业政策研究综述［J］. 情报资料工作，2012（1）：70-73.

[17] 钱明辉，林法纲，焦家良. 中国信息资源产业的融资结构分析——以数字出版行业为例［J］. 云南社会科学，2012（6）：83-87.

[18] 钱明辉，林法纲，赵峥. 我国网络信息资源产业的法律保护［J］. 烟台大学学报：哲学社会科学版，2012，25（4）：96-99.

[19] 钱明辉，李彦熹. 中外信息资源产业的人力资源政策研究［J］. 国家行政学院学报，2013，（3）：98-102.

[20] 钱明辉. 城市品牌与政府信息化［M］. 商务印书馆，2011.

[21] 钱明辉，杨建梁. 我国信息资源产业发展评价的实证分析［J］. 情报资料工作，2015（4）.

[22] 钱明辉，李蔚菱. 心理预算研究新进展及其启示［J］. 管理评论，2014（10）.

[23] 钱明辉. 地方政府门户网站类型及其优化策略——基于聚类分析方法的研究［J］. 情报科学，2013（11）.

[24] 钱明辉，林法纲. 信息资源产业的融资结构及政策优化——以数字出版行业为例［J］. 国家行政学院学报，2012（2）：51-55.

[25] 钱明辉. 我国档案应急管理研究进展与启示［J］. 档案学通讯，2013（2）：77-80.

[26] 钱明辉，王川，陈凤超. 国家竞争情报理论研究综述［J］. 情报科学，2015（11）.

[27] 钱明辉，黎炜祎. 我国知识产权服务业发展政策浅析［J］. 中国发明与专利，2015（5）.

[28] 钱明辉，黎炜祎. 浅谈中外知识产权服务业发展比较与启示［J］. 中国发明与专利，2015（6）.

[29] 钱明辉，陈丹，刘倩，郎玲玉. 我国文化创意产业园区品牌管理现状与趋势研究. 现代职业教育，2015（7）.

[30] 杨健，傅强，钱明辉. 国际化都市之路［M］. 经济科学出版社，2011.

[31] 朝乐门. 信息资源开发利用测度方法的实证分析［J］. 图书情报工作. 2014，58（2）：109-144.

[32] 朝乐门，王丽萍. 信息化整体水平测度研究［J］. 图书馆建设. 2001（1）：37-40.

[33] 国家统计局统计科研所信息化统计评价研究组，杨京英，熊友达，安筱鹏，苑春荟，姜澍，何强. 信息化发展指数优化研究报告［J］. 管理世界. 2011（12）：1-11.

[34] 丁韧. 我国内容产业资源整合及发展趋势［J］. 情报理论与实践，2005，28（4）：428-431.

[35] 韩芸. 信息资源产业及其在我国的发展策略［J］. 中国图书馆学报，2006，32（6）：41-44.

[36] 姜锡山. 发展我国数字内容产业的国际借鉴［J］. 上海信息化，2005（6）：27-29.

[37] 靖继鹏，马哲明. 信息经济测度方法分析与评价［J］. 情报科学，2003，21（8）：785-791.

[38] 赖茂生, 闫慧, 龙健. 论信息资源产业及其范畴 [J]. 情报科学, 2008, 26 (4): 481-484.

[39] 李晓玲, 李会明. 内容产业的产生及其影响 [J]. 现代国际关系, 2003 (5): 54-59.

[40] 刘瑜. 发掘信息资源潜力的研究 [J]. 中国信息界. 2012 (4): 26-27.

[41] 吕斌, 李国秋. 信息社会测度: 信息社会研究的新焦点 [J]. 中国图书馆学报, 2006, 32 (1): 18-23.

[42] 秦丽洁. 从 OCLC 看我国内容产业的发展模式 [J]. 情报杂志, 2005, 24 (1): 67-68.

[43] 田巧娣, 程瑶. 我国信息服务业经济竞争力评价研究 [J]. 中国经贸导刊, 2012 (26).

[44] 王海燕. 我国信息内容产业发展策略探析 [J]. 情报探索, 2005 (3): 9-11.

[45] 王军. 陕西省信息资源开发利用探讨 [J]. 科技管理研究, 2011 (18): 32-35.

[46] 王素芳. 我国信息资源开发利用政策法规初探 [J]. 现代情报, 2004, 24 (3): 45-47.

[47] 王欣, 靖继鹏, 王钢. 国内外信息产业测度方法综述 [J]. 情报科学, 2006, 24 (12): 1903-1908.

[48] 汪隽. 论新世纪10年我国政治环境对档案利用工作的影响 [J]. 云南档案, 2010 (11): 37-39.

[49] 乌家培. 信息内容开发与信息内容产业发展的法治与规制问题 [J]. 技术经济与管理研究, 2005 (4): 5-7.

[50] 宣小红. 我国信息资源产业管理的困境及改革策略 [J]. 江海学刊, 2008 (2): 215-219.

[51] 杨京英, 闫海琪, 杨红军. 信息化发展指数的测算 [J]. 中国统计, 2007 (2): 15-18.

[52] 杨京英, 熊友达, 何强, 龚振炜. "十一五"时期中国信息化发展指数 (IDI) 研究报告——中国信息化发展水平的国际比较与分析 [J]. 中国信息界, 2011 (1): 89-95.

[53] 尹达, 杨海平. 我国数字内容产业政策法规体系和运行保障机制研究 [J]. 图书情报工作, 2010, 54 (23): 19-22.

[54] 岳剑波. 我国信息环境管理的政策调控与信息立法问题 [J]. 情报资料工作, 2000 (3): 6-9.

[55] 张宗建, 李涛, 吴艳民. 知识产业对经济内容的软化作用 [J]. 经济论坛, 2003 (3): 14-15.

[56] 赵霞琦. 网络环境下内容产业的环境建设 [J]. 情报杂志, 2004 (7): 59-60.

[57] 周笑. 中国内容产业的壁垒与对策 [J]. 视听界, 2005 (2): 40-42.

[58] 周振华. 新产业分类: 内容产业、位置产业与物质产业——兼论上海新型产业体系的构建 [J]. 上海经济研究, 2003 (4): 13-21.

[59] 朱雪宁. 韩国发展信息资源产业的政策及启示 [J]. 情报杂志, 2009 (S1): 54-56.

[60] Bressers J Th. A. Implementation of Instruments for Sustainable Development. The Second Meeting of the SUSGOV Team. 2001.

[61] Benkler, Y. The Wealth of Networks. 2006.

[62] Deng J, L. Gray System Theory and Solution. 1992.

[63] Dodd P. A very different cultural revolution developing creative economies: As China nurtures its film and other media businesses, it must overcome more than just policy. Financial Times, 2005.

[64] Gasser Urs. "Legal Frameworks and Technological Protection of Digital Content: Moving Forward Towards a Best Practice Model". Berkman Center Research Publication No. 2006 – 04. 2006.

[65] Gassmann, H. P. Is there a fourth economic sector. OECDObserver. 1981.

[66] Hanne Nerreklit. The balance on the balanced scorecard—a critical analysis of some of its assumptions. Management Accountant. 2000.

[67] Hearn G, Cunningham S, Ordo ez D. Commercialization of knowledge in universities: Thecase of the creative industries. Prometheus. 2004.

[68] Hwang C. IPR law Mapping System With Digital Rights Man – agement for Forensic Computing. 7th IASTED International Conference on Internet and Multimedia Systems and Applications (USA). 2003.

[69] Jason Potts, Stuart Cunningham, John Hartley, Paul Ormerod. Social network markets: a new definition of the creative industries [J]. Journal of Cultural Economics. 2008 (3).

[70] Kogut B. Designing Global Strategies: Comparative and Competitive Value – added Chains. Sloan Management Review. 1985.

[71] Kaplan R S, Norton D P. The balanced scorecard – measures that drive performance. Harvard Business. 1992.

[72] Lancaster, Kelvin J. Socially Optimal Product Differentiation. The American Economist. 1975.

[73] Lester MSalamon. New Governance and the Tools of Public Action: An Introduction. The Tools of Government: AGuide tothe New Governance. 2002.

[74] Lorenzen M, Frederiksen L. Why do cultural industries cluster? Localization, urbanization, products, and projects. Creative cities, cultural clusters and local economic development. 2008.

[75] L. P Rai, K Lal. Indicators of the information revolution [J]. Technology in Society. 2000 (2).

[76] Liu Qian, Qian Minghui. Industrial Park Website Evaluation Research: Based on Brand Management Perspective. Journal of Chinese Marketing, 2014, 7 (3).

[77] Machlup, F. The Production and Distribution of Knowledge in the United States.. 1962.

[78] Manuel Laranja, Elvira Uyarra, Kieron Flanagan. Policies for science, technology and innovation: Translating rationales into regional policies in a multi – level setting. Research Policy. 2008.

[79] Namji Jung. Sources of Creativity and Strength in the Digital Content Industry in Seoul: Place, Social organization and Public Policy. 2007.

[80] Navin Girishankar. Reforming Institutions for Service Delivery: A Framework for Development

Assistance with an Application to the Health, Nutrition, and Population Porfolio. 1999.

[81] OECD. Measuring the Information Economy. OECD. 12. 2002.

[82] Paul Audley. Cultural Industries Policy: Objects, Formulation, and Evaluation. Canadian Journal of Communication, 1994.

[83] Pitta D. A. Internet Currency. The Journal of Product and Brand Management, 2003.

[84] Porat, M. V. The Information Economy. 1977.

[85] Prince R. Globalizing the Creative Industries Concept: Travelling Policy and Transnational Policy Communities. Journal of Arts Management, Law, and Society, 2010.

[86] Qian Minghui, Zhao Zheng, Li Zinan. Research on Technology Diffusion and Optimization Strategies for Information Resource Industry. International Journal of Digital Content Technology and its Applications, 2013, 7 (7).

[87] Qian Minghui, Lang Lingyu, Li Weiyi. Construction and Empirical Study of Industrial Park Brand Evaluation System. Journal of Chinese Marketing, 2015, 8 (1).

[88] Richard J. Government, Interest Groups and Policy Change. Political Studies, 2000.

[89] Stone D. Global public policy, Transnational Policy communities, and their Networks. Policy Studies Journal, 2008.

[90] Stone D. Non‐governmental Policy Transfer: the Strategies of Independent Policy Institutes. Governance, 2000.

[91] Steve Smith. The Rising Price of Privacy. Econtent, 2008.

[92] Stephen H. Linder, and B. Guy Peters. The Logic of Pubilic Policy Design: Linking Policy Actors and Plausible Instruments. Knowledye in Society, 1991.

[93] Woolthuis R. K., Lankhuizen M., Gilsing V. A System Failure Framework for Innovation Policy Design. Tech‐novation, 2005.

[94] Yong Gyu Joo, So Young Sohn. Structural Equation Model for Effective CRM of Digital Content Industry. Expert Systems with Applications, 2008.

[95] Zhang, J. China's State Assets Management System: How the State Exercises Its Ownership. 2001.

后　记

本书编委会成员主要来自国家自然科学基金重点项目（71133006）课题组、中国人民大学信息资源管理学院、中国人民大学智慧城市研究中心和中国人民大学科学研究基金（中央高校基本科研业务费专项资金资助）项目（NO.15XNLQ08）课题组。编委会依托各位成员前期的研究基础，以信息资源产业发展指数为评价工具，结合信息资源产业政策专题研究，对我国近年来信息资源产业发展的现状和趋势展开了探讨。

在本书编写的过程中，除了将信息资源产业与政策相关研究成果进行整理、编撰外，为了进一步丰富研究内容，还吸收了部分编委会成员在相关学术期刊上发表的专题研究内容。因此，本书主要分为五个部分，分别论述了信息资源产业基本内涵与发展意义；信息资源产业总体发展状况与指数测评框架体系；测绘服务业和知识产权服务业两个典型信息资源行业的发展状况、存在问题及其政策建议；我国信息资源产业政策专题研究；以及我国信息资源产业当前发展中面临的主要问题及其相应的政策优化建议。

历经一年多的细致撰写和认真校对，本书于2015年10月定稿。在此，向参与本书研究和撰写的每一位成员、提供相关数据和案例素材的企业组织及新闻媒体表达最衷心的感谢。相信这是一本值得手捧阅读并藏于书柜、待日后回顾和反思的书籍。

本书的顺利完成，还要感谢众多同行在研究过程中提供的宝贵建议，本书当中的一些调整正是基于此做出的，比如概念的完善、方法的优化、结构的调整、篇幅的精简、图表的增加等。同时，也要感谢那些长期以来关注中国信息资源产业发展的个人和组织，恳请大家继续指出本书的不足之处，提出改进意见。

编者